财务管理与会计实务研究

刘鹰仔 李兵 ◎主编

吉林科学技术出版社

图书在版编目（CIP）数据

财务管理与会计实务研究 / 刘鹰仔，李兵主编. --长春：吉林科学技术出版社，2023.6
ISBN 978-7-5744-0608-7

Ⅰ．①财… Ⅱ．①刘… ②李… Ⅲ．①财务管理－研究②会计实务－研究 Ⅳ．①F275②F233

中国国家版本馆CIP数据核字(2023)第130195号

财务管理与会计实务研究

主　　编	刘鹰仔　李　兵
出 版 人	宛　霞
责任编辑	袁　芳
封面设计	长春美印图文设计有限公司
制　　版	长春美印图文设计有限公司
开　　本	185mm×260mm　1/16
字　　数	320千字
印　　张	16
印　　数	1-1500册
版　　次	2023年6月第1版
印　　次	2024年2月第1次印刷

出　　版	吉林科学技术出版社
发　　行	吉林科学技术出版社
地　　址	长春市净月区福祉大路5788号
邮　　编	130118
发行部电话/传真	0431-81629529　81629530　81629531
	81629532　81629533　81629534
储运部电话	0431-86059116
编辑部电话	0431-81629518
印　　刷	三河市嵩川印刷有限公司

书　　号	ISBN 978-7-5744-0608-7
定　　价	90.00元

版权所有　翻印必究　举报电话:0431-81629508

前　言

在现代经济活动中，财务与审计是其重要的组成部分，在经济管理上具有重要的地位和影响。而在企业的经济管理活动中审计是直接工作人员，因此对经济管理进行优化，对审计工作也会有所提高。从本质含义来看，新经济代表的是全球化和科技网络化，在这样的前提之下，财务审计自然会受到一定的冲击。企业的财务审计要结合实际发展情况，加强理论与实践研究，强化财务审计业务，使企业财务管理发生创新性的转变。

财务管理是在一定的整体目标下，关于资产的购置、资本的融通和经营中的现金流量，以及利润分配的管理。财务管理是企业管理的一个组成部分，它是根据财经法规制度，按照财务管理的原则，组织企业财务活动，处理财务关系的一项经济管理工作。在现代企业管理当中，财务管理是一项涉及面广、综合性和制约性都很强的系统工程。它是通过价值形态对企业资金流动进行计划、决策和控制的综合性管理，是企业管理的核心内容。会计既是一门学问，又是一门艺术。由于它能被广泛地用来描述各种商业活动与经济行为，因此，会计也被称为是一种国际通用的"商业语言"。会计在当今飞速发展的经济社会中的作用与意义，已远远超过了其初始功能，很多人都希望能读懂并掌握会计这门语言。

本书从财务管理理论介绍入手，针对筹资管理、长期融资、短期融资、财务管理决策进行了分析研究；另外对会计基础做了一定的介绍；还有企业要素综合费用的核算、资产的核算、收入、费用与利润的核算做了研究。本书重视知识结构的系统性和先进性，具有较强的科学性、系统性和指导性。

本书在撰写时，由于时间较紧，水平有限且形式上略显粗糙，内容上也难免有差错，敬请读者批评指正！

目 录

第一章 财务管理理论 ... 1
第一节 财务管理概述 ... 1
第二节 财务管理的基本观念 ... 10

第二章 筹资管理 ... 17
第一节 筹资管理概述 ... 17
第二节 资金需求量预测 ... 21
第三节 权益筹资与混合筹资 ... 24
第四节 负债资金筹集 ... 36
第五节 资本成本与结构 ... 45

第三章 长期融资 ... 53
第一节 普通股融资 ... 53
第二节 非流动负债融资 ... 67
第三节 混合性融资 ... 75
第四节 融资结构的选择 ... 85

第四章 短期融资 ... 87
第一节 短期财务计划 ... 87
第二节 短期融资 ... 89
第三节 现金及有价证券管理 ... 95
第四节 应收账款管理 ... 97
第五节 存货管理 ... 103

第五章 财务管理决策 ... 107
第一节 资本投资决策 ... 107

第二节　融资决策 ……………………………………………………… 114

  第三节　营运资本决策 …………………………………………………… 124

  第四节　收益分配决策 …………………………………………………… 135

第六章　会计基础 …………………………………………………………… 143

  第一节　会计理论 ………………………………………………………… 143

  第二节　会计要素 ………………………………………………………… 154

  第三节　会计等式 ………………………………………………………… 163

第七章　企业要素综合费用的核算 ………………………………………… 166

  第一节　材料与外购动力的核算 ………………………………………… 166

  第二节　职工薪酬与损失费用的核算 …………………………………… 172

  第三节　辅助生产费用与制造费用的核算 ……………………………… 183

第八章　资产的核算 ………………………………………………………… 189

  第一节　固定资产的核算 ………………………………………………… 189

  第二节　无形资产的核算 ………………………………………………… 205

  第三节　投资性房地产的核算 …………………………………………… 211

第九章　收入、费用与利润的核算 ………………………………………… 220

  第一节　收入的核算 ……………………………………………………… 220

  第二节　费用的核算 ……………………………………………………… 230

  第三节　利润的核算 ……………………………………………………… 235

参考文献 ……………………………………………………………………… 246

第一章 财务管理理论

第一节 财务管理概述

一、财务管理相关概念

（一）资金运动

财务管理的对象是财务管理工作的客体，即企业的资金及其运动过程。资金运动是企业在生产过程中客观存在的经济现象，其存在的基础是商品经济。企业的再生产过程由使用价值的生产过程和价值的生产过程组成。其中，使用价值的生产过程指物资的生产和交换过程，又称为物资的实物运动过程；价值的生产过程即物资的价值运动过程，指价值的形成与实现过程，通常用货币来表现。物资的价值运动过程实际上就是资金运动过程，从货币资金形态开始，依次经过储备资金、生产资金、成品资金、结算资金，最终又回到货币资金形态。

1.资金运动具有空间上的并存性和时间上的继起性

即在空间上同时并存于货币资金和采购、存储、生产、销售、分配阶段的各种资金，在时间上各阶段的资金相继向下一阶段转换。如果资金过多地集中于某一阶段，而其他阶段的资金出现短缺或空白，循环过程就会出现障碍。因此，财务管理要求进行资金的合理配置，保证资金周转畅通无阻。

2.资金运动同物资运动存在是既相一致又相背离的关系

一方面，物资运动是资金运动的基础，资金运动反映着物资运动，两者具有相互一致的关系，体现了在生产过程的实物形态和价值形态本质上的必然联系；另一方面，资金运动又可能背离物资运动，呈现一定的独立性。比如，赊购、赊销商品等结算原因造成的实物和货币资金在流量上的不一致，固定资产折旧等物质损耗原因造成的价值单方面减值等。因此，从事财务管理工作既要着眼于物资运动，保证供产销活动的顺利进行；又要充分利用上述背离性，合理组织资金运动，以较少的价值投入获取较多的使用价值，提高企业经济效益。

（二）财务活动

1. 筹资活动

资金是企业的推动力，筹集资金是企业资金运动的起点，是企业投资的必要前提。企业取得资金以及由此而产生的一系列经济活动便构成了企业的筹资活动。在筹资过程中，企业一方面要确定合理的筹资规模；另一方面还要通过对筹资渠道、筹资方式的选择，确定合理的资本结构，从而降低筹资成本。

企业取得的资金从性质上来讲，不外乎有两种：一种是通过向投资者吸收直接投资、发行股票、利用内部留存收益等方式取得资金，该种资金为权益资金；另一种则是通过从银行贷款、发行债券、利用商业信用等方式取得资金，即负债资金。

2. 投资活动

企业筹集的资金只有投入使用，才能与劳动者相结合创造效益，增加企业的价值。企业对资金的运用包含两方面的内容，即将资金投放于长期资产或短期资产。企业将资金投放于长期资产，便是投资活动；而将资金用于短期资产则为营运活动。财务管理中的投资活动有广义和狭义之分。广义的投资活动既包括企业内部使用资金的过程（如购置固定资产、无形资产等），也包括对外投放资金的过程（如购买其他企业的股票、债券或与其他企业联营等）；狭义的投资活动仅指对外投资。无论是对内投资，还是对外投资，都会有资金的流出；当企业收回投资时，如处置固定资产、转让债券等，又会引起资金的流入。这种由资金的投放而引发的资金的收支活动就是投资活动。

3. 营运活动

企业短期资金的周转是伴随着日常生产经营循环而实现的。企业在日常经营活动中，会发生一系列的资金收付业务。这些收付业务具体表现为：企业运用资金购买原材料并组织劳动者对其进行加工，直至加工成可供销售的商品，同时又向劳动者支付劳务报酬以及支付各种期间费用。当企业用资金来偿付这些料、工、费的消耗时会引起资金的流出；当产品销售出去后，取得收入又会形成资金的流入。这种因企业日常经营活动而引起的各种资金收支活动就是资金营运活动。

4. 分配活动

企业通过对内外投资、销售商品等活动取得收益，即表明企业获得了利润，企业的利润要按规定的程序进行分配。首先，要依法纳税；其次，要用来弥补亏损，提取盈余公积金、公益金；最后，要向投资者分配利润。这种因实现利润并对其进行分配而引起的各种资金收支活动就是分配活动。

（三）财务关系

1. 企业与投资者之间的财务关系

企业与投资者之间的财务关系主要是投资者要按照投资合同、协议、章程约定，履行出资义务，形成企业的资本金。企业利用资本金进行经营，实现利润后，按照出资比例或合同、章程规定，向投资者支付报酬。投资者的出资不同，对企业承担的责任也不同，在企业享有的权益也不同。

2.企业与债权人之间的财务关系

企业与债权人之间的财务关系主要指企业向债权人借入资金，并按借款合同的规定，按时支付利息和归还本金所形成的经济关系。企业的债权人主要有债券持有人、贷款机构、商业信用提供者以及其他出借资金给企业的单位和个人。

3.企业与受资者之间的财务关系

企业与受资者之间的财务关系主要是企业以购买股票或直接投资的形式向其他企业投资所形成的经济关系。企业向其他单位投资，应按约定履行出资义务，并依据其出资份额参与受资企业的经营管理和利润分配。企业之所以将资金投给其他企业，而不是借给它们，主要着眼于受资者所提供的高额回报。

4.企业与债务人之间的财务关系

企业与债务人之间的财务关系主要是指企业将资金购买债券、提供借款或商业信用等形式，出借给其他单位所形成的经济关系。企业出借资金，而不是投放资金，主要着眼于资金的安全性。

5.企业内部各单位之间的财务关系

企业内部各单位之间的财务关系主要是指企业内部各单位之间，在生产经营各环节中相互提供产品或劳务所形成的经济关系。这种在企业内部形成的资金结算关系，体现了企业内部各单位之间的经济利益关系。

6.企业与职工之间的财务关系

企业与职工之间的财务关系主要是指企业向职工支付劳动报酬所形成的经济关系。职工以自身提供的劳动作为参加企业分配的依据，企业根据劳动者的劳动情况，向职工支付工资、津贴和奖金，体现了职工个人和企业在劳动成果上的按劳分配关系。

7.企业与政府之间的财务关系

企业与政府之间的财务关系表现为企业必须按照税法规定，向政府缴纳各种税款，包括所得税、流转税、资源税、财产税和行为税等。这一关系体现了依法纳税和依法征税的税收权利义务关系，并蕴含着强制性、无偿性的特点。

二、财务管理目标

（一）利润最大化

利润是企业一定时期的收入补偿成本费用后的余额，是衡量企业经济效益和社会效益的重要指标。一方面，在市场竞争环境下，利润水平较高的企业可以在资本市场占据更有利的竞争位置，进而为企业获取更多的资源；另一方面，利润又是企业补偿资本的重要来源，企业通过留存部分利润实现资本增资和扩大生产规模。

利润最大化虽然可以作为财务管理目标，但在实践中也存在着一些难以解决的问题：

1.没有考虑资金的时间价值

比如今年获利300万元和明年获利300万元显然对企业的影响是不同的。

2.没有考虑风险问题

在复杂的市场经济条件下，忽视获利与风险并存可能会导致企业管理当局不顾风险大小而盲目追求利润最大化。例如，两家企业年初都投入10万元，本年也都获利1万元，其中，一家企业获利为现金形式，而另一家企业的获利则为应收账款。如果不考虑风险大小，就难以正确地判断哪一家更符合企业的目标。

3.没有反映创造的利润与投入资本之间的关系

比如，同样获得10万元的利润，一家企业投入资本100万元，而另一家企业则投入200万元，若不与投入的资本额相联系，就难以判断哪家企业的效益更好。

4.可能导致企业短期财务决策倾向，影响企业长远发展

追求利润最大化很容易导致企业对自然资源采用"掠夺式经营"或对商业行为使用"一锤子买卖"等短期行为，以牺牲长期利益来换取短期利润的增加。例如，企业放弃战略发展性投资，一味地只顾使用现有设备而不注意其维护与更新，使设备的完好状态受到影响。这样做的结果是，虽然短期内能增加利润，但丧失了长远持久的竞争力。更有甚者，为了多出利润以美化自己任期内的业绩，拿到任职奖励或达到其他目的，采取少提折旧、少摊各种费用损失、多计收入或收益等手段，使企业形成虚盈实亏的有害局面。

（二）股东财富最大化

以股东财富最大化作为财务管理目标，是近年来较为流行的一种观点。在股份制经济条件下，股东财富由其所拥有的股票数量和股票市场价格两方面来决定。在股票数量一定的前提下，当股票价格最高时，股东财富也就达到了最大化。所以，股东财富最大化，又演变为股票价格最大化。

（三）企业价值最大化

企业价值是指企业能在市场上实现的价值，即企业资产未来预期现金流的现值（该现值是以资金的时间价值为基础对未来现金流量进行折现计算得出的），而并非企业的账面价值总额。

该目标要求企业应采用最优财务政策，充分考虑资金的时间价值、风险与报酬的关系，在保证企业长期稳定发展的基础上，满足各方利益关系，只有这样，才能使企业总价值达到最大。

（四）相关者利益最大化

在市场经济中，企业的理财主体更加细化和多元化。股东作为企业所有者，在企业中承担着最大的权利、义务、风险和报酬，但是债权人、员工、企业经营者、客户、供应商和政府也要承担相应风险。因此，在确定企业财务管理目标时，不能忽视这些相关利益群体的利益。

在衡量相关者利益时，股东的评价指标可以使用股票市价；债权人可以寻求风险最小、利息最大；工人可以确保工资福利；政府可考虑社会效益等。

（五）不同利益主体间的冲突及协调

1. 所有者与经营者的利益冲突与协调

在所有权与经营权分离之后，股东的目标是实现财富最大化，千方百计地会要求经营管理者以最大的努力去实现这一目标。但经营管理者通常会偏离这一目标，他们的努力方向是：①增加报酬，包括物质和非物质的，如工资、奖金、荣誉和社会地位等；②增加闲暇时间和舒适享受；③避免风险，不愿意为股东财富最大化冒决策风险。

2. 所有者与债权人的利益冲突与协调

在企业向债权人借入资金后，委托代理关系就在股东与债权人之间形成了。债权人将资金贷给企业，其目的是到期收回本金，并得到约定的利息收入。所以，安全地收回本息是债权人的目标。企业借款的目的是扩大经营，增加股东财富，为此企业通常会将借入的资金投入高风险的项目。可见，二者的目标并不一致。

三、财务管理环节

财务管理环节是指财务管理的工作步骤和一般程序。企业财务管理一般包括以下环节：

（一）财务预测

财务预测是企业根据财务活动的历史资料（如往年的财务分析等），考虑现实条件与要求，运用特定方法对企业未来的财务活动和财务成果做出科学的预计或测算。财务预测是进行财务决策的基础，是编制财务预算的前提。

财务预测所采用的方法主要有两种：一是定性预测，是指企业缺乏完整的历史资料或有关变量之间不存在较为明显的数量关系时，专业人员进行的主观判断与推测；二是定量预测，是指企业根据比较完备的资料，运用数学方法建立数学模型，对事物的未来进行的预测。实际工作中，通常将两者结合起来进行财务预测。

（二）财务决策

决策即决定。财务决策是企业财务人员按照企业财务管理目标，利用专门方法对各种被选方案进行比较分析，并从中选出最优方案的过程。它不是拍板决定的瞬间行为,而是提出问题、分析问题和解决问题的全过程。正确的决策可使企业起死回生,错误的决策可导致企业毁于一旦,所以财务决策是企业财务管理的核心,其成功与否直接关系到企业的兴衰成败。

(三) 财务预算

财务预算是指企业运用科学的技术手段和数量方法,对未来财务活动的内容及指标进行综合平衡与协调的具体规划。财务预算是以财务决策确立的方案和财务预测提供的信息为基础编制的,是财务预测和财务决策的具体化,是财务控制和财务分析的依据,贯穿于企业财务活动的全过程。

(四) 财务控制

财务控制是在财务管理过程中,利用有关信息和特定手段,对企业财务活动所施加的影响和进行的调节。实行财务控制是落实财务预算、保证预算实现的有效措施,也是责任绩效考评与奖惩的重要依据。

(五) 财务分析

财务分析是根据企业核算资料,运用特定方法,对企业财务活动过程及其结果进行分析和评价的一项工作。财务分析既是本期财务活动的总结,也是下期财务预测的前提,具有承上启下的作用。通过财务分析,相关人员既可以掌握企业财务预算的完成情况、评价财务状况,又可以研究和掌握企业财务活动的规律,改善财务预测、财务决策、财务预算和财务控制,提高企业财务管理水平。

四、财务管理环境

(一) 法律环境

财务管理的法律环境是指企业进行财务活动,处理与各方经济关系时应遵守的各种法律、法规和规章。财务管理是一种社会行为,必然要受到法律规范的约束。与企业理财活动关系密切的法律法规包括以下几方面:

1. 企业组织法律规范

企业组织必须依法成立。组建不同的企业,要依照不同的法律规范。按组织形式,可将企业分为独资企业、合伙企业和公司。

2. 税务法律规范

税法是税收法律制度的总称,是调整税收征纳关系的法律规范。任何企业都有法定的纳税义务,与企业相关的税种主要有以下五种:

(1) 所得税类

企业所得税、个人所得税;

(2) 流转税类

增值税、消费税、营业税、城市维护建设税;

(3) 资源税类

资源税、土地使用税、土地增值税；

(4) 财产税类

财产税；

(5) 行为税类

印花税、车船使用税等。

3. 财务法规

财务法规主要有财务通则和分行业的财务制度，是专门规范企业财务活动的法规。对建立资本金制度、固定资产折旧、成本开支范围和利润分配等方面做出了规定。

(二) 经济环境

1. 经济周期

经济周期又称商业周期、景气循环，是指经济运行中周期性出现的经济扩张与经济紧缩交替更迭、循环往复的一种现象。经济周期一般分为复苏、繁荣、衰退和萧条四个阶段，处于不同阶段的企业，其财务管理也不尽相同。（见表1-1）

表1-1 经济周期中不同阶段的财务管理战略

复苏	繁荣	衰退	萧条
1. 增加厂房设备	1. 扩充厂房设备	1. 停止扩张	1. 建立投资标准
2. 实行长期租赁	2. 继续建立存货	2. 出售多余设备	2. 保持市场份额
3. 建立存货储备	3. 提高产品价格	3. 停产不利产品	3. 压缩管理费用
4. 开发新产品	4. 开展营销规划	4. 停止长期采购	4. 放弃次要利益
5. 增加劳动力	5. 增加劳动力	5. 削减存货	5. 削减存货
—	—	6. 停止扩招雇员	6. 裁减雇员

2. 经济发展水平

一国或某一经济体的经济发展速度对企业财务管理也有重大影响。当一国经济飞速发展时，能为企业扩大规模、调整方向、打开市场以及拓宽财务活动的领域带来许多机遇。同时，经济快速发展与资金紧张又是一对长期存在的矛盾，这又给企业财务管理带来了严峻的挑战。

3. 经济政策

经济政策是国家或政府制定的解决经济问题的一系列指导原则和措施。经济政策包括经济和社会发展战略、方针，如产业政策、财税政策、货币政策、收入分配政策等。经济政策直接或间接地影响着企业的发展和财务活动的运行。例如，财税政策会影响企业的资本结构和投资项目的选择；金融货币政策会影响企业投资的资金来源和投资的预期收益；会计制度的改革会影响会计要素的确认和计量，进而影响企业财务预测、决策、分析等。

4.通货膨胀水平

通货膨胀是指在一段时间内物价水平普遍上涨、单位货币的购买力下降的经济现象。通货膨胀形成的原因一般是，投入流通中的货币数量大大超过流通实际需要的数量，以致引起货币贬值。通货膨胀对企业财务活动的影响主要表现为：资金占用大量增加，资金需求压力增大；企业利润虚增，资金由于利润分配而流失；利润上升加大企业权益资本成本；有价证券价格下降，资金供应紧张，增加企业筹资难度。

企业应在通货膨胀的不同阶段，采取相应的财务策略减轻和防范通货膨胀对企业造成的不利影响。（见表1-2）

表1-2 通货膨胀不同阶段的财务策略

阶段	影响	对策
初期	货币贬值	进行投资，实现保值增值
	物价上涨（采购成本增加）	签订长期购货合同，锁定价格
	资本成本上升	取得长期负债，保持成本稳定
持续期	对债权人不利	采用严格信用条件，减少企业债权
	利润虚增	调整财务政策，减少资本流失

（三）金融市场环境

1.金融市场与企业财务管理的关系

（1）金融市场是企业筹资和投资的场所

金融市场集合了资金供应者和需求者，并提供各种金融工具和选择机会，使双方能够自由灵活地调度资金。对融资者来说，金融市场为其提供多种融资渠道，使融资者根据自己的需要适时有效地融通所需资金。对资金供应者来说，金融市场为其提供了各种投资工具，投资者可从中选择合适的投资方式，达到灵活使用资金并取得最大收益的目的。

（2）企业通过金融市场实现长短期资金的相互转化

企业持有的股票、债券在企业急需资金时，可在金融市场上转手变现，成为短期资金；远期票据通过贴现，可变为现金；大额可转让定期存单，可在金融市场卖出，成为短期资金。与此相反，短期资金也可以在金融市场上转变为股票、债券等长期资金。

（3）金融市场为企业理财提供有用的信息

金融市场的利率变动，反映资本的供求状况；有价证券市场的行市反映投资人对企业的经营状况和盈利水平的评价。这些都是企业经营和投资的重要依据。总之，金融市场作为资金融通的场所，是企业向社会融通资金必不可少的条件。企业财务人员必须熟悉金融市场的类型和管理规则，有效地利用金融市场来组织资金的供应和使用，发挥金融市场的积极作用。

2.金融市场的种类

（1）金融市场按交易的期限，分为短期资本市场和长期资本市场

短期资本市场是指期限不超过一年的资本交易市场。由于短期有价证券易于变成货币或作为货币使用，所以该市场也叫货币市场。短期资本市场主要有拆借市场、票据市场、大额定期存单市场和短期债券市场等。

长期资本市场是指期限在一年以上的股票和债券交易市场。由于发行股票和债券的资金主要用于固定资产等资本货物的购置，所以这一市场也叫资本市场。长期资本市场上的交易活动由发行市场和流通市场构成，其交易组织形式主要有证券交易所和柜台交易两种。其具体交易方式主要有现货交易、期货交易、期权交易和信用交易。

（2）金融市场按交割的时间，分为现货币场和期货币场

现货币场是指买卖双方成交后，当场或几天之内买方付款、卖方交出证券的交易市场；期货币场是指买卖双方成交后，在约定的未来某一特定时日才交割的交易市场。

（3）金融市场按交易的性质，分为发行市场和流通市场

发行市场是指从事新证券和票据等金融工具买卖的转让市场，也叫初级市场或一级市场；流通市场是指从事已上市的旧证券或票据等金融工具买卖的转让市场，也叫次级市场或二级市场。

3.金融市场的构成要素

金融市场由主体、客体、参与人和调节机制组成。

（1）金融市场的主体

金融市场的主体即连接资金供应者和需求者的中介机构，由银行性质的金融机构和非银行性质的金融机构组成。目前，我国银行性质的金融机构主要有以下几种：①中国人民银行，它是我国的中央银行，代表政府管理全国的金融机构和金融活动，主要负责制定货币政策履行相关职责及经营国库业务；②政策性银行，是由政府设立，以贯彻国家产业政策、区域发展政策为目的，不以盈利为目的的金融机构，如国家开发银行、中国进出口银行、中国农业发展银行；③商业银行，是以经营存款、贷款、办理转账结算为主要业务，以盈利为主要经营目标的金融企业，如国有独资商业银行、股份制商业银行、外资商业银行。

（2）金融市场的客体

金融市场的客体是指金融市场上的买卖对象，即金融资产，如票据、债券、股票等。金融资产通常具有流动性、收益性、风险性等特点。

（3）金融市场的参与人

金融市场的参与人即资金的供应者和需求者。

（4）金融市场的调节机制

金融市场主要借助利率来实现资本的优化配置。利率是资本的价格，它主要取决于资本的供求关系。作为资本价格，它对资本供应方来说属于收益，对资本需求方而

言则属于成本。在金融市场中，利率的构成可用下式表示：

利率=纯利率+通货膨胀补偿率+风险补偿率

其中，纯利率与通货膨胀补偿率构成基础利率，风险补偿率又分为违约风险补偿率、流动性风险补偿率和到期风险补偿率三种。

第二节 财务管理的基本观念

一、资金时间价值

（一）资金时间价值的概念

1.资金时间价值的含义

日常生活中，我们经常会遇到这样一种现象，例如现在有1000元，存入银行，银行的年利率为5%，1年后可得到1050元。1000元经过1年的时间增值了50元，增值的50元就是资金经过1年时间产生的价值。因此，资金的时间价值是指一定量的资金经历一定时间的投资和再投资所增加的价值，也称为货币时间价值。一定量的资金在不同时点上具有不同的价值，人们将资金在使用过程中随时间的推移而发生增值的现象，称为资金具有时间价值的属性。资金时间价值的实质是资金周转使用后的增值额，是资金所有者让渡资金使用权而参与社会财富分配的一种形式。

2.资金时间价值的表示

资金时间价值的大小通常有两种表现形式，一种是绝对数形式即资金时间价值额，资金在生产经营中带来的真实增值额；另一种是相对数形式即资金时间价值率。为了便于不同数量货币资金之间时间价值大小的比较，在实务中，人们常使用相对数表示资金的时间价值。由于资金时间价值率经常以利率的形式表示，很多人认为它与一般的市场利率相同，实际上资金时间价值率与市场利率是有区别的。市场利率除了包括时间价值因素外，还包括风险价值和通货膨胀因素。

在资金时间价值的学习过程中还应注意以下几点：

（1）时间价值产生于生产领域、流通领域，消费领域不产生时间价值。因此，企业应将更多的资金或资源投入生产领域和流通领域而非消费领域。（2）时间价值产生于资金运动中。只有运动着的资金才能产生时间价值，处于停滞状态的资金不会产生时间价值，因此企业应尽量减少资金的停滞时间和数量。（3）时间价值的大小取决于资金周转速度的快慢。时间价值与资金周转速度同方向变动，因此企业应采取各种有效措施加速资金周转，提高资金使用效率。

（二）资金时间价值的计算

1.利息的计息方式

（1）单利计息

单利计息是指每期仅按初始本金计算利息，当期利息即使不取出也不计入下期本金，因此每期产生的利息额均相等。

（2）复利计息

复利计息是指以当期期末本利和作为下期计息基础来计算利息，由于计息基础在逐年增长，所以每期产生的利息额也呈递增趋势，俗称"利滚利"或"驴打滚"。根据经济人假设，人们都是理性的，会用赚取的收益进行再投资，企业的资金使用也是如此。因此，财务管理中一般都按照复利方式计算资金的时间价值。

2.款项的收付方式

（1）一次性款项收付

一次性款项收付是指在某一特定时点上发生的某项一次性付款（或收款）业务，经过一段时间后发生与此相关的一次性收款（或付款）业务。银行整存整取的储蓄方式就是典型的一次性款项收付方式。例如，现在将一笔10000元的现金存入银行，5年后连本带利将其取出。

（2）系列性款项收付

系列性款项收付是指在某一特定时点上发生某项一次性付款（或收款）业务，然后在未来一段时间内多次发生与之相同的业务，最后一次收付款业务与起点业务恰好相反。银行零存整取的储蓄方式就是典型的系列性款项收付方式。

资金时间价值的计算，涉及两个重要的概念：现值和终值。现值又称本金，是指未来某一时点上的一定量资金折算到现在的价值。终值又称将来值或本利和，是指现在一定量的资金在将来某一时点上的价值。由于终值与现值的计算与款项的收付方式有关，因此资金时间价值的计算实际上就是一次性款项收付的终现值计算及系列性款项收付的终现值计算。

3.一次性款项收付的终值、现值计算

（1）一次性款项收付的终值计算

一次性款项收付的终值，又称复利的终值，是指一定量的本金按复利计算的若干期后的本利和。复利终值的计算公式为：

$$F = P \times (1+i)^n = P \times (F/P, i, n)$$

式中：F——代表复利终值；

P——代表复利现值；

i——代表利息率；

n——代表计息期数；

$(1+i)^n$——代表复利终值系数，可用$(F/P, i, n)$来表示。

（2）一次性款项收付的现值计算

一次性款项收付的现值，又称复利的现值，是指未来一定时期的资金按复利计算的现在价值，或者说是为取得将来一定的本利和在现在需要投入的本金量，它是复利

终值的逆运算,也叫贴现。复利现值的计算公式为:

$$P = F/(1+i)^n = F \times (1+i)^{-n}$$
$$= F \times (P/F, i, n)$$

式中:P——代表复利现值;

F——代表复利终值;

i——代表利息率;

n——代表计息期数;

$(1+i)^{-n}$——代表复利现值系数,可用(P/F,i,n)来表示。

二、风险价值

(一) 资产的收益

1.资产收益的含义与计算

资产的收益是指资产的价值在一定时期的增值。一般情况下,有两种表述方式:

(1) 资产的收益额

通常以资产价值在一定期限内的增值量来表示,该增值量来源于两部分:

①期限内资产的现金净收入(利息、红利或股息收入);②期末资产的价值(或市场价格)相对于期初价值(价格)的升值,即资本利得。

(2) 资产的收益率或报酬率

它是资产增值量与期初资产价值(价格)的比值,该收益率也包括两部分:

①利息(股息)的收益率=利息(股息)收益/期初资产价值(价格);②资本利得的收益率=资本利得/期初资产价值(价格)。

注意:以金额表示的收益不利于不同规模资产之间收益的比较,通常情况下,我们都是用收益率的方式来表示资产的收益;如果不做特殊说明的话,资产的收益指的是资产的年收益。

2.资产收益的类型

资产收益的类型详见表1-3。

表1-3 资产收益类型

实际收益率	①表示已经实现或者确定可以实现的资产收益率; ②当存在通货膨胀时,还应当扣除通货膨胀率的影响,才是真实的收益率
预期收益率	①预期收益率也称为期望收益率,是指在不确定的条件下,预测的某资产未来可能实现的收益率; ②预期收益率通常采用加权平均法计算: 预期收益率 $E(R)=\sum P_i \times R_i$ 式中:P_i表示情况i可能出现的概率;R_i表示情况i出现时的收益率

必要 收益率	①必要收益率也称最低必要报酬率或最低要求的收益率，表示投资者对某资产合理要求的最低收益率； ②必要收益率＝无风险收益率＋风险收益率 式中：无风险收益率是由纯利率（资金时间价值）和通货膨胀补偿率两部分组成，现实生活中常用短期国债利率近似替代； 风险收益率是某资产持有者因承担该项资产的风险而要求的超过无风险收益率的额外收益，其大小受风险程度和投资者对风险偏好的影响。 必要收益率＝纯粹利率＋通货膨胀补偿率＋风险收益率

（二）资产的风险及其衡量

1.风险的概念

风险是指收益的不确定性。虽然风险的存在可能意味着收益的增加，但人们考虑更多的是损失发生的可能性。

从财务管理的角度看，风险就是企业在各项财务活动过程中，由于各种难以预料或无法控制的因素作用，使企业的实际收益与预计收益发生背离，从而蒙受经济损失的可能性。

2.风险的类型

企业面临的风险主要有两种：市场风险和企业特有风险。

（1）市场风险

市场风险是指影响所有企业的风险，它由企业的外部因素引起，企业无法控制、无法分散，故又称系统性风险或不可分散风险，如战争、自然灾害、利率的变化、经济周期的变化等。

（2）企业特有风险

企业特有风险是指个别企业的特有事件所造成的风险，又称非系统性风险和可分散风险。

它是随机发生的，只与个别企业和个别投资项目有关，如产品开发失败、销售份额减少、工人罢工等。公司特有风险根据风险形成的原因不同，又可分为经营风险和财务风险。

①经营风险

指由于企业生产经营条件的变化给企业收益带来的不确定性，又称商业风险。生产经营条件的变化既可能来自企业内部，也可能来自企业外部。如顾客购买力发生变化、竞争对手增加、政策变化、产品生产方向不对路、生产组织不合理等，这些内外因素的变化，使企业的生产经营产生不确定性，最终引起收益变化。

②财务风险

指由于企业举债而给财务成果带来的不确定性，又称筹资风险。企业举债经营，虽可以解决资金短缺的困难，但也会对自有资金的获利能力产生影响；同时，借入资金还需还本付息,一旦无力偿付到期债务,企业便会陷入财务困境甚至破产。当企业息税前资金利润率高于借入资金利息率时,使用借入资金获得的利润除了补偿利息外还有剩余,因而可使自有资金利润率提高;反之,则会降低自有资金利润率。因此,必须要确定合理的资本结构,既要提高自有资金的盈利能力,又要防止财务风险加大。

3.风险的衡量

资产的风险是资产收益率的不确定性,其大小可用资产收益率的离散程度来衡量。离散程度是指资产收益率的各种可能结果与预期收益率的偏差。衡量风险的指标主要有收益率的方差、标准差和标准离差率等。

(1) 概率分布

在现实生活中,某一事件在完全相同条件下既可能发生也可能不发生,既可能出现这种结果也可能出现那种结果,我们称这类事件为随机事件。随机事件发生可能性的大小常用概率进行衡量。

(2) 期望值

期望值是随机事件的各种可能结果,以其相应的概率为权数计算的加权平均数。它反映了随机事件取值的平均化,但不能直接用来衡量风险。

(3) 离散程度

离散程度是用以衡量风险大小的统计指标。一般来说,离散程度越大,随机事件的可能结果偏离其平均状况的程度就越大,随机事件面临的风险就越高,反之亦然。统计学中反映随机事件离散程度的指标包括方差、标准差、标准离差率、全距等,这里主要介绍标准差、和标准离差率,因为这两个指标在衡量投资风险程度上使用频率较高。

① 标准差

标准差也叫均方差,是方差的平方根,其计算公式为:

$$\sigma = \sqrt{\sum_{i=1}^{n} \left(\bar{E} - X_i \right)^2 P_i}$$

式中:σ 表示标准差,其他同前。

根据上式,甲、乙方案的标准差分别为:

甲方案标准差=
$\sqrt{(32\% - 19\%) \times 0.4 + (17\% - 19\%)^2 \times 0.4 + (-3\% - 19\%)^2 \times 0.2} = 12.88\%$

乙方案标准差=
$\sqrt{(40\% - 19\%)^2 \times 0.4 + (15\% - 19\%)^2 \times 0.4 + (-15\% - 19\%)^2 \times 0.2} = 20.35\%$

标准差越小,表明离散程度越小,风险也就越小。但标准差是反映随机变量离散程度的绝对指标,只能适用于期望值相同时方案间风险的比较;若期望值不同,只能借助于标准离差率。

② 标准离差率

标准离差率是标准差与期望值的比值,该指标越大,说明投资者为获得随机事件一单位平均状况所承担的风险就越大。由于标准离差率是一个相对数指标,所以可用于期望值不同方案之间的比较。其计算公式为:

$$V = \frac{\sigma}{E}$$

式中:V——表示标准离差率,其他同前。

(三) 证券资产组合的风险与收益

两个或两个以上的资产所构成的集合,称为资产组合。如果资产组合中的资产均为有价证券,则该资产组合也称证券资产组合或证券组合。证券资产组合的风险与收益与单个资产的有所不同。尽管方差、标准离差、标准离差率是衡量风险的有效工具,但当某项资产或证券成为投资组合的一部分时,这些指标就可能不再是衡量风险的有效工具。下面首先讨论证券资产组合的预期收益率的计算,然后再进一步讨论组合的风险及衡量。

1.证券资产组合的预期收益率

证券资产组合的预期收益率就是组成证券资产组合的各种资产收益率的加权平均数,其权数为各种资产在组合中的价值比例。即:

$$E(R_p) = \sum_{i=1}^{n} W_i \times E(R)$$

式中:$E(R_p)$——表示证券资产组合的预期收益率;

$E(R)$——表示组合内第 i 项资产的预期收益率;

W_i——表示第 i 项资产在整个组合中所占的价值比例。

2.证券资产组合的风险及其衡量

(1) 证券资产组合的风险衡量

资产组合的风险也可用标准差进行衡量,但它并不是单项资产标准差的简单加权平均。组合风险不仅取决于组合内的各资产的风险,还取决于各个资产之间的关系。就两项资产组合来讲,其收益率的标准差满足以下关系式:

$$\sigma_p = \sqrt{w_1^2 \sigma_1^2 + w_2^2 \sigma_2^2 + 2w_1 w_2 \rho_{1,2} \sigma_1 \sigma_2}$$

式中:σ_p——表示证券资产组合的标准差,衡量组合的风险;

σ_1 和 σ_2——分别表示组合中两项资产的标准差;

w_1 和 w_2——分别表示组合中两项资产所占的价值比例;

$\rho_{1,2}$——反映两项资产收益率的相关程度,即两项资产收益率之间的相对运动状态,称为相关系数或协方差,相关系数总是在 −1 到 +1 之间的范围内变动,−1 代表完全负相关,+1 代表完全正相关。

一般来讲,随着证券资产组合中资产个数的增加,单项资产的标准差对组合总体的标准差形成的影响程度越来越小；而各种资产之间的相关系数形成的影响程度则越来越大。当组合中包含资产的数目趋向于无穷大时，单项资产的标准差对组合总体的标准差形成的影响程度趋向于零。这就意味着，通过多项资产的组合，可以使隐含在单项资产中的风险得以分散（即非系统性风险），从而降低资产组合的总体风险。

（2）单项资产的系统风险系数。

单项资产的β系数是指可以反映单项资产收益率与市场平均收益率之间变动关系的一个量化指标，它表示单项资产收益率的变动受市场平均收益率变动的影响程度，其计算公式如下：

$$\beta_i = \frac{COV(R_i, R_m)}{\sigma_m^2} = \frac{\rho_{i,m}\sigma_i\sigma_m}{\sigma_m^2} = \rho_{i,m}\frac{\sigma_i}{\sigma_m}$$

式中：$\rho_{i,m}$——表示第 i 项资产的收益率与市场组合收益率的相关系数；

σ_i——是该项资产收益率的标准差，反映该项资产的风险大小；

σ_m——是市场组合收益率的标准差，反映市场组合的风险；

$\rho_{i,m}\sigma_i\sigma_m$——表示该资产收益率与市场组合收益率的协方差。

市场组合，是指由市场上所有资产组成的组合。由于市场组合中包含了所有资产，因此，市场组合中的非系统性风险已经被分散，所以，市场组合的风险只剩系统性风险。

第二章 筹资管理

第一节 筹资管理概述

一、筹资的动机

企业筹资，是指企业为了满足其经营活动、投资活动、资本结构调整等需要，运用一定的筹资方式，筹措和获取所需资金的一种行为。企业在持续的生存与发展过程中，其具体的筹资活动通常受特定的筹资动机所驱使。在实际的企业筹资中，这些具体的筹资动机有时是单一的，有时是混合的，归纳起来主要有以下几种类型：

（一）创立性筹资动机

企业设立时，为取得资本金并形成开展经营活动的基本条件而产生的筹资动机。

（二）支付性筹资动机

为了满足经营业务活动的正常波动所形成的支付需要而产生的筹资动机。

（三）扩张性筹资动机

企业因扩大经营规模或对外投资需要而产生的筹资动机。

（四）调整性筹资动机

企业因调整资本结构而产生的筹资动机。

二、筹资的分类

（一）按企业所取得资金的性质不同，可分为权益筹资和负债筹资

权益筹资形成权益资本，是企业依法长期拥有、能够自主调配运用的资本。权益资本在企业持续经营期间内，投资者不得抽回，因而又称之为企业的自有资本。权益

资本是企业从事生产经营活动和偿还债务的本钱，是代表企业基本资信状况的一个重要指标。企业的权益资本通过吸收直接投资、发行股票、内部积累等方式取得。由于权益资本一般不用还本，形成了企业的永久性资本，因而财务风险低，但承担的资本成本相对较高。

负债筹资，是企业通过借款、发行债券、融资租赁以及赊销商品或服务等方式取得的，需在规定期限内清偿的债务。由于债务筹资到期要归还本金和支付利息，对企业的经营状况不承担责任，因而具有较大的财务风险，但付出的资本成本相对较低。从经济意义上来说负债筹资也是债权人对企业的一种投资，也要依法享有企业使用债务所取得的经济利益，因而被称为债权人权益。

（二）按其是否以金融机构为媒介，可分为直接筹资和间接筹资

直接筹资，是企业直接与资金供应者协商融通资本的一种筹资活动。直接筹资方式主要有吸收直接投资、发行股票、发行债券等。通过直接筹资既可以筹集股权资金，也可以筹集债务资金。按法律规定，公司股票、公司债券等有价证券的发行需要通过证券公司等中介机构进行，但证券公司所起到的只是承销的作用，资金拥有者并未向证券公司让渡资金使用权因此发行股票、债券属于直接向社会筹资。

间接筹资，是企业借助银行等金融机构融通资本的筹资活动。在间接筹资方式下，银行等金融机构发挥了预先集聚资金的中介作用。资金拥有者首先向银行等金融机构让渡资金使用权，然后再由银行等金融机构将资金提供给企业。间接筹资的基本方式除了向银行借款外，还有融资租赁等，其形成的主要是债务资金，用于满足企业资金周转的需要。

（三）按资金的来源范围不同，可分为内部筹资和外部筹资

内部筹资是指企业通过利润留存而形成的筹资来源。内部筹资数额的大小主要取决于企业可分配利润的多少和利润分配政策（股利政策），一般无需花费筹资费用，从而大大降低了资本成本。

外部筹资是指企业向外部筹措资金而形成的筹资来源。处于初创期的企业，内部筹资的可能性是有限的；处于成长期的企业，内部筹资往往也难以满足需要。这就需要企业广泛地开展外部筹资，如发行股票、债券，取得商业信用、向银行借款等。企业向外部筹资大多需要花费一定的筹资费用，因而会提高筹资成本。

（四）按所筹集资金的使用期限不同，可分为长期筹资和短期筹资

长期筹资，是指企业筹集使用期限在1年以上的资金筹集活动。长期筹资通常采取吸收直接投资、发行股票、发行债券、取得长期借款、融资租赁等方式，所形成的长期资金主要用于购建固定资产、形成无形资产、进行对外长期投资、垫支流动资金、产品和技术研发等。从资金性质来看，长期资金可以是股权资金，也可以是债务资金。

短期筹资，是指企业筹集使用期限在1年以内的资金筹集活动。短期筹资经常利用商业信用、短期借款、保理业务等方式，所形成的资金主要用于企业的流动资产和日常资金周转。

三、筹资的渠道与方式

（一）筹资渠道

筹资渠道是指客观存在的筹措资金的来源方向与通道。它体现着资金的来源与流量，属于资金供应的范畴。正确认识筹资渠道的种类及各渠道的特点，有助于企业从客观环境的分析中，拓宽和选择利用筹资渠道，为企业筹资服务。从我国企业的实际情况来看，企业的筹资渠道通常有以下几种：

1. 国家财政资金

国家对企业的直接投资是国有企业最主要的资金来源渠道，特别是国有独资企业，其资金全部由国家投资形成。现有国有企业的资金来源中，其资本大多是由国家财政以直接拨款方式形成的，除此以外，还有些是国家对企业"税前还贷"或减免各种税款而形成的。不管是何种形式形成的，从产权关系上看，它们都属于国家投入的资金，产权归国家所有。

2. 银行信贷资金

银行对企业的各种贷款，是目前我国各类企业最重要的资金来源。我国银行分为商业性银行和政策性银行两种。商业银行是以盈利为目的、从事信贷资金投放的金融机构，它主要为企业提供各种商业贷款；政策性银行则是为特定企业提供政策性贷款。

3. 非银行金融机构资金

非银行金融机构主要指信托投资公司、保险公司、租赁公司、证券公司及企业集团所属的财务公司等。它们所提供的各种金融服务，既包括信贷资金投放，也包括物资的融通，还包括为企业承销证券等金融服务。

4. 其他企业资金

企业在生产经营过程中，往往形成部分暂时闲置的资金，并为一定的目的而进行相互投资。另外，企业间的购销业务也可通过商业信用方式来完成，从而形成企业间的债权债务关系，形成债务人对债权人的短期信用资金占用。企业间的相互投资和商业信用的存在，使其他企业资金也成为企业资金的重要来源。

5. 居民个人资金

企业职工和居民个人的结余货币，作为"游离"于银行及非银行金融机构之外的个人资金，也可用于对企业进行投资，形成民间资金来源渠道，从而为企业所用。

6. 企业自留资金

企业自留资金是指企业内部形成的资金，也称企业内部资金，主要包括提取公积金和未分配利润等。这些资金的重要特征之一是，它们无须企业通过一定的方式去筹集，而直接由企业内部自动生成或转移。

（二）筹资方式

如果说筹资渠道属于客观存在，那么筹集资金的方式属于企业主观能动行为。筹资方式是指可供企业在筹措资金时选用的具体筹资形式，目前我国企业常用的筹资方式主要有以下几种：

（1）吸收直接投资。（2）发行股票。（3）利用留存收益。（4）银行借款。（5）发行公司债券。（6）融资租赁。（7）利用商业信用。

其中，利用（1）～（3）方式筹措的资金为权益资金；利用（4）～（7）方式筹措的资金为负债资金。

（三）筹资渠道与筹资方式的对应关系

筹资渠道解决的是资金来源问题，筹资方式则解决通过何种方式取得资金的问题，它们之间存在一定的对应关系。一定的筹资方式可能只适用于某一特定的筹资渠道，但是同一渠道的资金往往可采用不同的方式取得。因此，企业在筹资时，应实现两者的合理配合。

四、筹资的原则

企业筹资是企业的基本财务活动，是企业扩大生产经营规模和调整资本结构必须采取的行动。为了经济有效地筹集资本，企业筹资时应遵循以下基本原则：

（一）合法性原则

企业的筹资活动，影响着社会资本及资源的流向和流量，涉及相关主体的经济权益。为此，必须遵守国家有关法律法规，依法履行约定的责任，维护有关各方的合法权益，避免非法筹资行为给企业本身及相关主体造成损失。

（二）效益性原则

企业筹资与投资在效益上应当相互权衡。企业投资是决定企业是否融资的重要因素。投资收益与资本成本相比较，决定着是否要追加筹资；而一旦采纳某项投资项目，其投资数量就决定了所需筹资的数量。因此，企业在筹资活动中，一方面，需要认真分析投资机会，追求投资效益，避免不顾投资效益的盲目筹资；另一方面，由于不同筹资方式的资本成本高低不尽相同，这就需要综合研究各种筹资方式，寻求最优的筹资组合，以降低筹资成本。

（三）合理性原则

企业筹资必须合理确定所需筹资的数量。企业筹资不论通过哪些筹资渠道，运用哪些筹资方式，都要预先确定筹资的数量。企业筹资固然应当广开财路，但必须要有合理的限度，使所需筹资的数量与投资所需数量达到平衡，避免因筹资数量不足而影响投资活动或因筹资数量过剩而影响筹资效益。

企业筹资还必须合理确定资本结构。合理地确定企业的资本结构，主要应考虑两方面的内容：一方面，合理确定股权资本与债权资本的结构，也就是合理确定企业债权资本的规模或比例问题，债权资本的规模应当与股权资本的规模和偿债能力的要求相适应。既要避免债权资本过多，导致财务风险过高，偿债负担过重；又要有效地利用债务经营，提高股权资本的收益水平。另一方面，合理确定长期资本与短期资本的结构，也就是合理确定企业全部资本的期限结构问题，这要与企业资产所需的期限相匹配。

（四）及时性原则

企业筹资必须根据企业资本的投放时间安排予以筹划，及时取得资本来源，使筹资与投资在时间上相协调。企业投资一般都有投放时间上的要求，尤其是证券投资，其投资的时间性要求非常重要，筹资必须与此相配合，避免筹资过早而造成投资前的资本闲置或筹资滞后而贻误投资的有利时机。

第二节 资金需求量预测

一、定性预测法

所谓定性预测法，就是依靠熟悉业务知识、具有丰富经验和综合分析能力的人员或专家，根据已经掌握的历史资料和直观材料，运用人的知识、经验和分析判断能力，预测企业未来的财务状况和资金需要量的方法。定性预测法偏重于事物发展性质上的分析，主要是凭借知识、经验和人的分析能力。它是一种很实用的预测方法。常用的定性预测法有个别专家预测法、专家集体会议法、德尔菲法等。

（一）个别专家预测法

这种方法是聘请专家顾问或个别征求专家意见，然后把各方面的意见整理、归纳、分析、判断后做出预测结论的方法。这种方法的片面与局限问题仍然不可避免。

（二）专家集体会议法

这种方法是建立在个别专家预测法的基础上，通过会议进行集体的分析判断，将专家个人的见解综合起来，寻求较为一致结论的预测方法。这种方法参加的人数多，所拥有的信息量远远大于个人拥有的信息量，因而能凝集众多专家的智慧，避免个人判断法的不足，在一些重大问题的预测方面较为可行可信。但是，集体判断的参与人员也可能受到感情、个性、时间及利益等因素的影响，不能充分或真实地表明自己的判断。

(三) 德尔菲法

这种方法是由美国兰德公司在20世纪40年代首创和使用的，最先用于科技预测，后来在市场预测中也广泛应用。德尔菲法实际上就是专家小组法或专家意见征询法。这种方法是按一定的程序，采用背对背的反复函询的方式，征询专家小组成员的意见，经过几轮的征询与反馈，使各种不同的意见渐趋一致，经汇总和用数理统计方法进行收敛，得出一个比较合理的预测结果供决策者参考。

定性预测法通常在数据不足或不能充分说明问题的情况下采用。定性预测法十分有效，但它不能揭示相关变量之间的数量关系。在进行财务预测时，可以先采用定量预测法进行预测，再用定性预测法予以修正。

二、定量预测法

定量预测法是指借助一定的数学方法对企业财务发展趋势、未来财务状况和财务成果做出数量分析的预测方法。常用的定量预测法有资金习性法、销售百分比法等。

(一) 资金习性法

资金习性法是指根据资金习性预测未来资金需求量的方法。

所谓资金习性，是指资金的变动同产销量变动之间的依存关系。按照资金同产销量之间的依存关系，可以把资金区分为固定资金、变动资金和混合资金。

固定资金是指在一定的产销量范围内，不受产销量变动的影响而保持固定不变的那部分资金。这部分资金包括：为维持营业而占用的最低数额的现金，原材料的保险储备、必要的成品储备等占用的资金。

变动资金是指随产销量的变动而同比例变动的那部分资金。它一般包括直接构成产品实体的原材料、外购件等占用的资金。另外，在最低储备以外的现金、存货、应收账款等也具有变动资金的性质。

混合资金是指虽然受产销量变化的影响，但不成同比例变动的资金，如一些辅助材料上占用的资金。混合资金最终可采用一定的方法将其分解为固定资金和变动资金两部分。

设销售为自变量 x，资金需求量为因变量 y，它们之间的关系可用下式表示：

$$y = a + bx$$

式中：y——为资金需求量；

x——为销售额或产销量；

a——为固定资金需求量（即不随销售额增加而变化的资金需求量）；

b——为变动资金率（每增加1元的销售额需要增加的资金）。

若能确定 a、b 值，则上述模型便可确定。a、b 值确定常用的方法如下：

1. 高低点法

高低点法是指根据企业一定期间资金占用的历史资料，按照资金习性原理和 $y=a+$

bx 直线方程式,选用最高收入期和最低收入期的资金占用量之差,同这两个收入期的销售额之差进行对比,便可求出 b 值,然后再代入原直线方程,求出 a 值,从而估计推测资金发展趋势。

$$b=(最高收入期资金占用量-最低收入期资金占用量)/(最高销售收入-最低销售收入)$$

$$a=最高收入期资金占用量-b\times 最高销售收入$$

2.回归分析法

回归分析法是根据若干期业务量和资金占用的历史资料,运用最小平方法原理计算固定资金 a 和单位销售额变动资金 b 的一种资金习性分析方法。

$$a=\frac{\sum y_i - b\sum x_i}{n}$$

$$b=\frac{n\sum(x_i y_i)-\sum x_i \sum y_i}{n\sum x_i^2 - (\sum x_i)^2}$$

式中:y_i——为第 i 期的资金占用量;

x_i——为第 i 期的产销量;

n——为观察次数。

高低点法简单易懂,但采用两个极点计算,其代表性不强,适用于变动趋势稳定的企业;回归直线法利用了微分极值原理,计算结果虽更准确,但计算工作量很大。

(二)销售百分比法

1.销售百分比法的基本原理

销售百分比法,是根据销售增长与资产增长之间的关系,预测未来资金需求量的方法。企业的销售规模扩大时,要相应增加流动资产;如果销售规模增加很多,还必须增加长期资产。为取得扩大销售所需增加的资产,企业需要筹措资金。这些资金,一部分来自留存收益,另一部分通过外部筹资取得。通常,销售增长率较高时,仅靠留存收益不能满足资金需要即使获利良好的企业也需外部筹资。因此,企业需要预先知道自己的筹资需求,提前安排筹资计划,否则就可能发生资金短缺问题。

销售百分比法,将反映生产经营规模的销售因素与反映资金占用的资产因素连接起来,根据销售与资产之间的数量比例关系,预计企业的外部筹资需求量。销售百分比法首先假设某些资产与销售额存在稳定的百分比关系,根据销售与资产的比例关系预计资产额,根据资产额预计相应的负债和所有者权益,进而确定筹资需求量。

2.销售百分比法的基本步骤

(1)确定随销售额变动而变动的资产和负债项目

资产是资金使用的结果,随着销售额的变动,有些资产就会随之发生相应变动,如库存现金、应收账款、存货等,这类资产便是"敏感性资产"。同时,随着敏感性资产的增加,相应短期债务也会增加,如存货增加会导致应付账款增加,这类债务便是"敏感性负债"。

至于固定资产究竟是否会随销售额的变动而变动，要视企业生产能力而定。若企业在基期生产能力大量闲置，则在报告期资金需求量增加时，无需添置固定资产，此时固定资产便属于非敏感性资产，反之则属于敏感性资产。

（2）确定敏感性资产与敏感性负债有关项目与销售额的稳定比例关系

如果企业资金周转的营运效率保持不变，敏感性资产与敏感性负债会随销售额的变动而呈正比例变动，保持稳定的百分比关系。企业应当根据历史资料和同业情况，剔除不合理的资金占用，寻找与销售额的稳定百分比关系。

（3）确定需要增加的筹资数量

预计由于销售增长而需要的资金需求增长额，扣除敏感性负债、留存收益解决的资金后，便为所需要的外部筹资额。即有：

$$外部筹资数额 = A/S_0 \times \Delta S - B/S_0 \times \Delta S - S_1 \times P \times E$$

式中：A——为随销售而变化的敏感性资产；

B——为随销售而变化的敏感性负债；

S_0——为基期销售额；

S_1——为预测期销售额；

ΔS——为销售变动额；

P——为销售净利率；

E——为留存收益率；

A/S_0——为敏感资产与销售额的关系百分比；

B/S_0——为敏感负债与销售额的关系百分比。

资金习性法从数量上揭示了资金同销售量之间的规律性，对准确地预测资金需要量有很大帮助。实际上，销售百分比法是资金习性分析法的具体运用。此法能为筹资管理提供短期预计的财务报表，以适应外部筹资的需要，且易于使用。但在有关因素发生变动的情况下，必须相应地调整原有的销售百分比。

第三节 权益筹资与混合筹资

一、权益筹资

（一）吸收直接投资

吸收直接投资是指企业按照"共同投资、共同经营、共担风险、共享利润"的原则来吸收国家、法人、个人、外商投入资金的一种筹资方式。

1. 吸收直接投资的种类

（1）吸收国家投资

国家投资是指有权代表国家投资的政府部门或机构，以国有资产投入公司，这种情况下形成的资本叫国有资本。在公司持续经营期间，公司以盈余公积、资本公积转增实收资本的，国有公司和国有独资公司由公司董事会或经理办公会决定，并报主管财政机关备案；股份有限公司和有限责任公司由董事会决定，并经股东大会审议通过。

（2）吸收法人投资

法人投资是指法人单位以其依法可支配的资产投入公司，这种情况下形成的资本被称为法人资本。

（3）吸收外商直接投资

企业可以通过合资经营或合作经营的方式吸收外商直接投资，即与其他国家的投资者共同投资，创办中外合资经营企业或者中外合作经营企业，共同经营、共担风险、共负盈亏共享利益。

（4）吸收社会公众投资

社会公众投资是指社会个人或本公司职工以个人合法财产投入公司，这种情况下形成的资本称为个人资本。

2.吸收直接投资的出资方式

（1）以货币资产出资

以货币资产出资是吸收直接投资最重要的出资方式之一。所需投入货币资产的数额，取决于投入的实物、工业产权之外尚需多少资金来满足建厂的开支和日常周转的需要。全体股东的货币资产出资额不得低于有限责任公司注册资本的百分之三十。

（2）以实物资产出资

以实物资产出资就是投资者以厂房、建筑物、设备等固定资产和原材料、商品等流动资产所进行的投资。企业吸收的实物资产一般应符合以下条件：①确为企业科研、生产、经营所需；②技术性能比较好，③作价公平、合理。实物出资所涉及的实物作价方法应按国家的有关规定执行。

（3）以土地使用权出资

土地使用权是指按有关法规和合同的规定使用土地的权利。企业吸收投资者用土地使用权作为出资时，一般应符合以下条件：①企业科研、生产、销售活动需要；②交通、地理条件比较适宜；③作价公平、合理。

（4）以工业产权出资

以工业产权出资是指投资者以专利权、专有技术、商标权等无形资产所进行的投资。企业吸收的工业产权一般应符合以下条件：①能帮助研究和开发出新的高科技产品；②能帮助生产出适销对路的高科技产品；③能帮助改进产品质量，提高生产效率；④能帮助企业大幅度降低各种消耗；⑤作价比较合理。

（5）以特定债权出资

特定债权,是企业依法发行的可转换债券以及按照国家有关规定可以转作股权的债权。

3.吸收直接投资的评价

(1) 吸收直接投资的优点

①有利于增强企业信誉。吸收直接投资所筹集的资金属于企业的自有资金,与借入资金相比,能增强企业的信誉和负债能力,对扩大企业经营规模,壮大企业实力具有重要作用。②有利于企业尽快形成生产能力。吸收直接投资不仅可以获取现金,而且还能够直接获得所需的先进设备和先进技术,与仅获取现金的筹资方式相比,有利于企业尽快形成生产经营能力,尽快开拓市场。③有利于降低财务风险。吸收直接投资所筹资金属自有资金,不需支付利息和偿还本金,不存在偿债风险;还可根据企业经营状况好坏,向投资者支付较多或较少的报酬,比较灵活,所以财务风险较小。④吸收直接投资方式与股票筹资方式相比,其履行的法律程序相对简单,筹资速度较快。

(2) 吸收直接投资的缺点

①吸收直接投资的成本较高。吸收直接投资向投资者支付的报酬是根据其出资数额和企业实现的利润来分的,由于出资者承担较高的风险,因此,要求的报酬率也比较高。②企业的控制权容易分散。采用吸收直接投资方式筹集资金,投资者一般都要求获得与投资数量相适应的经营管理权,这是企业接受外来投资的代价之一。如果外部投资者的投资较多,则投资者会享有相当大的管理权,甚至会对企业实行完全控制。③不利于产权流动。吸收直接投资由于没有以证券作为媒介,所以有时产权关系不清晰,不便于进行产权交易。

(二) 股票筹资

1.股票的特征与分类

股票是股份证书的简称,是股份公司为筹集资金而发行给股东作为持股凭证并借以取得股息和红利的一种有价证券。

(1) 股票的特征

①不可偿还性

股票是一种无偿还期限的有价证券,投资者认购了股票后,就不能再要求退股,只能到二级市场卖给第三者。股票的转让只意味着公司股东的改变,并不减少公司资本。从期限上看,只要公司存在,它所发行的股票就存在,股票的期限等于公司存续的期限。

②参与性

股东有权出席股东大会,选举公司董事会,参与公司重大决策。股票持有者的投资意志和享有的经济利益,通常是通过行使股东参与权来实现的。股东参与公司决策的权利大小,取决于其所持有的股份的多少。从实践中看,只要股东持有的股票数量达到左右决策结果所需的实际票数时,就能掌握公司的决策控制权。

③收益性

股东凭其持有的股票,有权从公司领取股息或红利,获取投资收益。股息或红利的大小,主要取决于公司的盈利水平和公司的盈利分配政策。股票的收益性,还表现在股票投资者可以获得价差收入或实现资产保值增值。通过低价买入和高价卖出股票,投资者可以赚取价差利润。

④流通性

股票的流通性是指股票在不同投资者之间的可交易性。流通性通常以可流通的股票数量、股票成交量以及股价对交易量的敏感程度来衡量。可流通股数越多,成交量越大,价格对成交量越不敏感（价格不会随着成交量一同变化),股票的流通性就越好,反之就越差。股票的流通,使投资者可以在市场上卖出所持有的股票,取得现金。通过股票的流通和股价的变动,可以看出人们对于相关行业和上市公司的发展前景和盈利潜力的判断。那些在流通市场上吸引大量投资者、股价不断上涨的行业和公司,可以通过增发股票,不断吸收大量资本进入生产经营活动,达到优化资源配置的效果。

⑤价格波动性和风险性

股票在交易市场上作为交易对象,同商品一样,有自己的市场行情和市场价格。股票价格要受到诸如公司经营状况、供求关系、银行利率、大众心理等多种因素的影响,其波动有很大的不确定性。正是这种不确定性,可能使股票投资者遭受损失。价格波动的不确定性越大,投资风险也越大。因此,股票是一种高风险的金融产品。例如,称雄于世界计算机产业的国际商用机器公司（IBM),当其业绩不凡时,每股价格曾高达170美元,但在其地位遭到挑战、出现经营失策而招致亏损时,股价又下跌到40美元。如果不合时机地在高价位买进该股,就会导致严重损失。

（2）股票的分类

①按股东享有的权利和义务不同,分为优先股和普通股

优先股是股份公司发行的在分配红利和剩余财产时比普通股具有优先权的股份。普通股是"优先股"的对称,是随企业利润变动而变动的一种股份,是公司资本构成中最普通、最基本的股份。

②按票面形态不同

可分为记名股、无记名股、面值股和无面值股。

③按投资主体不同,可分为国有股、法人股和社会公众股

国有股指有权代表国家投资的部门或机构以国有资产向公司投资形成的股份,包括以公司现有国有资产折算成的股份。由于我国大部分股份制企业都是由原国有大中型企业改制而来的,因此,国有股在公司股权中占有较大的比重。

法人股指企业法人或具有法人资格的事业单位、社会团体以其依法可经营的资产

向公司非上市流通股权部分投资所形成的股份。目前，在我国上市公司的股权结构中，法人股平均占20%左右。根据法人股认购对象的不同，可将法人股进一步分为境内发起法人股、外资法人股和募集法人股三部分。

社会公众股是指我国境内个人和机构，以其合法财产向公司可上市流通股权部分投资所形成的股份。

④按上市地点不同，可分为A股、B股、H股、N股、S股

A股的正式名称是人民币普通股票。它由我国境内的公司发行，供境内机构、组织或个人（不含台、港、澳投资者）以人民币认购和交易的普通股股票。

B股的正式名称是人民币特种股票。它以人民币标明面值，以外币认购和买卖，在境内（上海、深圳）证券交易所上市交易。它的投资人限于：外国的自然人、法人和其他组织；我国香港、澳门、台湾地区的自然人、法人和其他组织；定居在国外的中国公民；中国证监会规定的其他投资人。B股公司的注册地和上市地都在境内，只不过投资者在境外或在中国香港、澳门及台湾。

H股，即注册地在内地、上市地在香港的外资股。香港的英文是 Hong Kong，取其字首，在港上市外资股就叫作H股。

依此类推，纽约的第一个英文字母是N，新加坡的第一个英文字母是S，纽约和新加坡上市的股票就分别叫作N股和S股。

⑤按公司业绩不同，可分为绩优股和垃圾股

绩优股就是业绩优良公司的股票，但对于绩优股的定义，国内外却有所不同。在我国，投资者衡量绩优股的主要指标是每股税后利润和净资产收益率。

一般而言，每股税后利润在全体上市公司中处于中上地位，公司上市后净资产收益率连续三年显著超过10%的股票当属绩优股之列。而在国外，绩优股主要指的是业绩优良且比较稳定的大公司股票。这些公司经过长时间的努力，在行业内达到了较高的市场占有率，形成了经营规模优势，利润稳步增长，市场知名度较高。

2. 股份有限公司的设立、股票的发行与上市

（1）股份有限公司的设立

设立股份有限公司，应当有2人以上200人以下为发起人，其中须有半数以上的发起人在中国境内有住所。股份有限公司的设立，可以采取发起设立或者募集设立的方式。发起设立，是指由发起人认购公司应发行的全部股份而设立公司。募集设立，是指由发起人认购公司应发行股份的一部分，其余股份向社会公开募集或者向特定对象募集而设立公司。

以发起设立方式设立股份有限公司的，公司全体发起人的首次出资额不得低于注册资本的20%，其余部分由发起人自公司成立之日起2年内缴足（投资公司可以在5年内缴足）。

以募集设立方式设立股份有限公司的，发起人认购的股份不得少于公司股份总数

的35%；法律、行政法规另有规定的，从其规定。

股份有限公司的发起人应当承担下列责任：①公司不能成立时，发起人对设立行为所产生的债务和费用负连带责任；②公司不能成立时，发起人对认股人已缴纳的股款，负返还股款并支付银行同期存款利息的连带责任；③在公司设立过程中，由于发起人的过失致使公司利益受到损害的，应当对公司承担赔偿责任。

（2）股份有限公司首次发行股票的一般程序

①发起人认足股份、缴付股资

发起方式设立的公司，发起人认购公司的全部股份；募集方式设立的公司，发起人认购的股份不得少于公司股份总额的35%。发起人可以用货币出资，也可以非货币资产作价出资。在发起设立方式下，发起人缴付全部股资后，应选举董事会、监事会，由董事会办理公司设立的登记事项；在募集设立方式下，发起人认足其应认购的股份并缴付股资后，其余部分向社会公开募集。

②提出公开募集股份的申请

以募集方式设立的公司，发起人向社会公开募集股份时，必须向国务院证券监督管理部门递交募股申请，并报送批准设立公司的相关文件，包括公司章程、招股说明书等。

③公告招股说明书，签订承销协议

公开募集股份申请经国家批准后，应公告招股说明书。招股说明书应包括公司的章程、发起人认购的股份数、本次每股票面价值和发行价格、募集资金的用途等。同时，与证券公司等证券承销机构签订承销协议。

④招认股份，缴纳股款

发行股票的公司或其承销机构一般用广告或书面通知的办法招募股份。认股者一旦填写了认股书，就要承担认股书中约定的缴纳股款义务。如果认股者的总股数超过发起人拟招募的总股数，可以采取抽签的方式确定哪些认股者有权认股。认股者应在规定的期限内向代收股款的银行缴纳股款，同时交付认股书。股款认足后，发起人应委托法定的机构验资，出具验资证明。

⑤召开创立大会，选举董事会、监事会

发行股份的股款募足后，发起人应在规定期限内（法定30天）主持召开创立大会。创立大会由发起人、认股人组成，应有代表股份总数半数以上的认股人出席方可举行。创立大会通过公司章程，选举董事会和监事会成员，并有权对公司的设立费用进行审核，对发起人用于抵作股款的财产作价进行审核。

⑥办理公司设立登记，交割股票

经创立大会选举的董事会，应在创立大会结束后30天内，办理申请公司设立的登记事项。登记成立后，即向股东正式交付股票。

（3）股票上市交易

1）股票上市的目的

股票上市，是指股份有限公司公开发行的股票经批准在证券交易所进行挂牌交易。经批准在交易所上市交易的股票称为上市股票。股份公司申请股票上市，一般出于以下目的：

①促进股权流通和转让

股票上市后便于投资者认购和交易，提高了股权的流动性和股票的变现力。

②便于筹措新资金

股票上市必须经过有关机构的审查批准并接受相应的管理，执行各种信息披露和股票上市的规定，这就大大增强了社会公众对公司的信赖，使之乐于购买公司的股票。同时，由于一般人普遍认为上市公司实力雄厚，也便于公司采用其他方式（如负债）筹措资金。

③便于确定公司价值

股票上市后，公司股价有市价可循，便于确定公司的价值。对于上市公司来说，即时的股票交易行情，就是对公司价值的市场评价。同时，市场行情也能够为公司收购兼并等资本运作提供询价基础。

2）股票上市的条件

股份公司公开发行的股票进入证券交易所交易，必须受严格的条件限制。股份有限公司申请股票上市，应当符合下列条件：

①股票经国务院证券监督管理机构核准已公开发行；②公司股本总额不少于人民币3000万元；③公开发行的股份达到公司股份总数的25%以上；公司股本总额超过人民币4亿元的，公开发行股份的比例为10%以上；④公司最近3年无重违法行为，财务会计报告无虚假记载。

3）股票上市的暂停、终止与特别处理

当上市公司出现经营情况恶化、存在重大违法违规行为或其他原因导致不符合上市条件时，就可能被暂停或终止上市。

上市公司出现财务状况或其他状况异常的，其股票交易将被交易所"特别处理"（ST：Special Treatment）。"财务状异常"是指以下几种情况：

①最近2个会计年度的审计结果显示的净利润为负值；②最近1个会计年度的审计结果显示其股东权益低于注册资本；③最近1个会计年度经审计的股东权益扣除注册会计师和有关部门不予确认的部分后，低于注册资本；④注册会计师对最近1个会计年度的财产报告出具无法表示意见或否定意见的审计报告；⑤最近一份经审计的财务报告对上年度利润进行调整，导致连续2个会计年度亏损；⑥经交易所或中国证监会认定为财务状况异常的。

3.上市公司的股票发行

（1）首次上市公开发行股票（IPO）

首次上市公开发行股票（Initial Public Offering，IPO），是指股份有限公司对社会公开发行股票并上市流通和交易。实施IPO的公司，应当符合中国证监颁布的规定的相关条件，并经中国证监会核准。

实施IPO的基本程序是：①公司董事会应当依法就本次股票发行的具体方案、本次募集资金使用的可行性及其他事项作出决议，并提请股东大会批准。②公司股东大会就本次发行股票作出的决议。③保荐人保荐并向证监会申报。④证监会受理，并审核批准。⑤自证监会核准发行之日起，公司应在6个月内公开发行股票；超过6个月未发行的，核准失效，须经证监会重新核准后方可发行。

（2）上市公开发行股票

上市公开发行股票，是指股份有限公司已经上市后，通过证券交易所在证券市场上对社会公开发行股票。上市公司公开发行股票，包括增发和配股两种方式。其中，增发是指增资发行，即上市公司向社会公众发售股票的再融资方式，而配股是指上市公司向原有股东配售发行股票的再融资方式。增发和配股也应符合证监会规定的条件，并经过证监会的核准。

（3）非公开发行股票

上市公司非公开发行股票，是指上市公司采用非公开方式，向特定对象发行股票的行为，也叫定向募集增发。其目的往往是为了引入该机构的特定能力，如管理、渠道等。定向增发的对象可以是老股东，也可以是新投资者。总之，定向增发完成之后，公司的股权结构往往会发生较大变化，甚至发生控股权变更的情况。

（4）股票筹资的评价

1）股票筹资的优点

①股票融资所筹资金具有永久性，无到期日，不需归还。在公司持续经营期间可长期使用，能充分保证公司生产经营的资金需求。②没有固定的股利负担。公司有盈余，并且认为适合分配股利，就可以分给股东；公司盈余少，或虽有盈余但资金短缺或者有有利的投资机会，就可以少支付或不支付股利。③可以提高公司声誉，增强举债能力。发行股票筹集的是权益资金，权益资金的多少，反映了公司的实力，较多的权益资金为债权人提供了坚实的信用基础和保障，可以增强公司的举债能力。④有利于帮助企业建立规范的现代企业制度。

2）股票筹资的缺点

①资本成本较高。由于股利要从税后利润中支付，使股利不能像负债利息那样具有抵税效应；而且相对于债务资本，股票的投资风险较高，投资者要求的报酬率相应也较高。②股票融资上市时间跨度长，竞争激烈，无法满足企业紧迫的融资需求。③容易分散控制权。利用股票融资会增加新股东，从而稀释原有股东对公司的控制权，导致股权分散。④新股东分享公司未发行新股前积累的盈余，会降低普通股的净收益，从而可能引起股价的下跌。

（三）留存收益

留存收益也是权益资金的一种，是指企业的盈余公积、未分配利润等。与其他权益资金相比，取得更为主动简便。无需作筹资活动，也无需筹资费用，因此这种方式既节约了成本，又增强了公司的信誉。留存收益的实质是投资者对公司的再投资，但这种方式受制于公司盈利的多寡及公司的分配政策。

二、混合筹资

（一）优先股

1.优先股的特征

优先股是股份公司依法发行的在分配公司收益和剩余财产方面比普通股具有一定优先权的股票。由于优先股所筹集的资本属于公司权益资本，其股利必须从税后净利中支付，这一特征类似于普通股；同时优先股具有面值和固定的股利率，这一特征又类似于债券，因此常被看成是一种混合性证券。

2.优先股的种类

（1）累积优先股和非累积优先股

累积优先股是指在某个营业年度内，如果公司所获的盈利不足以分派规定的股利，日后优先股的股东对往年未付给的股息，有权要求如数补给。对于非累积的优先股，虽然对于公司当年所获得的利润有优先于普通股获得分派股息的权利，但如该年公司所获得的盈利不足以按规定的股利分配时，非累积优先股的股东不能要求公司在以后年度中予以补发。对投资者来讲，累积优先股比非累积优先股具有更大的优越性。

（2）参与优先股与非参与优先股

当企业利润增大，除享受既定比率的股息外，还可以跟普通股共同参与利润分配的优先股，称为"参与优先股"。除了既定股息外，不再参与利润分配的优先股，称为"非参与优先股"。一般来讲，参与优先股较非参与优先股对投资者更为有利。

（3）可转换优先股与不可转换优先股

可转换的优先股是指允许优先股持有人在特定条件下把优先股转换成为一定数额的普通股。否则，就是不可转换优先股。

（4）可赎回优先股与不可赎回优先股

可赎回优先股是指允许发行该类股票的公司，按原来的价格再加上若干补偿金将已发行的优先股收回。当该公司认为能够以较低股利的股票来代替已发行的优先股时，就往往行使这种权利。反之，就是不可赎回的优先股。

3.优先股股东的权利

（1）优先分配股利权

优先分配股利的权利，是优先股最主要的特征。优先股的股利除数额固定外，还必须在支付普通股股利之前予以支付。对于累积优先股来说，这种优先权就更为突出。

（2）优先分配剩余资产权

在企业破产清算时，出售资产所得的收入，优先股位于债权人的求偿之后，但先于普通股。其金额只限于优先股的票面价值，加上累积未支付的股利。

（3）部分管理权

优先股股东的管理权限是有严格限制的。通常，在公司的股东大会上，优先股股东没有表决权，但是，当公司研究与优先股有关的问题时有权参加表决。

4.优先股筹资的动机

（1）防止公司股权分散

公司增发普通股筹资，由于控制权分散，可能会导致股票价格下跌。而优先股股东在股东大会上一般没有表决权，发行优先股不会分散原有股东对公司的控制权。通过优先股筹资，即可以筹集到权益资本，避免财务风险升高，又可以避免普通股股东股权分散。因此，对公司和普通股股东来讲，优先股筹资具有普通股筹资和债券筹资所不具有的特别意义。

（2）调剂现金余缺

优先股没有固定的到期日，公司可根据资本需求状况来决定发行优先股和可赎回优先股。公司需要现金时，可发行优先股筹集资本；公司现金充足时，可将可优先股赎回，从而调剂现金余缺。因此，优先股筹资具有较大的弹性。

（3）改善公司资本结构

发行优先股所筹集的资本虽属权益资本，但优先股可规定赎回条款，根据资本结构的实际情况，利用优先股这一特性来调整资本结构。

（5）降低资本成本，控制财务风险

公司筹集资本，可以选择权益筹资或负债筹资方式。若通过负债来筹集，虽可降低资本成本，但会增加财务风险；若通过权益来筹集，虽可降低财务风险，但资本成本较高。而通过发行优先股筹集资本，其成本要低于普通股，且财务风险较低，因而可以兼顾降低资本成本和控制财务风险的双重要求。

（二）认股权证

1.认股权证的性质

（1）证券期权性

认股权证本质上是一种股票期权，属于衍生金融工具，具有实现融资和股票期权激励的双重功能。但认股权证本身是一种认购普通股的期权，它没有普通股的红利收入，也没有普通股相应的投票权。

（2）认股权证是一种投资工具

投资者可以通过购买认股权证获得市场价与认购价之间的股票差价收益，因此它是一种具有内在价值的投资工具。

2.认股权证的筹资特点

（1）认股权证是一种融资促进工具

它能促使公司在规定的期限内完成股票发行计划顺利实现融资。

（2）有助于改善上市公司的治理结构

采用认股权证进行融资，融资的实现是缓期分批实现的，上市公司及其大股东的利益与投资者是否在到期之前执行认股权证密切相关，因此，在认股权证有效期间，上市公司管理层及其大股东任何有损公司价值的行为，都可能降低上市公司的股价，从而降低投资者执行认股权证的可能性，这将损害上市公司管理层及其大股东的利益。因此，认股权证可有效约束上市公司的败德行为，并激励他们更加努力地提升上市公司的市场价值。

（3）作为激励机制的认股权证有利于推进上市公司的股权激励机制

认股权证是常用的员工激励工具，通过给予管理者和重要员工一定的认股权证，可以把管理者和员工的利益与企业价值成长紧密联系在一起，建立一个管理者与员工通过提升企业价值再实现自身财富增值的利益驱动机制。

（三）可转换债券

可转换债券是可转换公司债券的简称，又简称可转债。它是一种可以在特定时间、按特定条件转换为普通股票的特殊企业债券。

1.可转换债券的性质

（1）债权性

与其他债券一样，可转换债券也有规定的利率和期限，投资者可以选择持有债券到期，收取本息。

（2）股权性

可转换债券在转换成股票之前是纯粹的债券，但在转换成股票之后，原债券持有人就由债权人变成了公司的股东，可参与企业的经营决策和红利分配，这会在一定程度上影响公司的股本结构。

（3）期权性

期权性是可转换债券的重要标志，债券持有人可以按约定的条件把债券转换成股票。转股权是投资者享有的、一般债券所没有的选择权。可转换债券在发行时就明确约定，债券持有人可按照发行时约定的价格把债券转换成公司的普通股。如果债券持有人不想转换，则可以继续持有债券，直到偿还期满时收取本金和利息，或者在流通市场出售变现。如果持有人看好发债公司股票的增值潜力，在转换期内可以行使转换权，按照约定的转换价格把债券转换成股票，发债公司不得拒绝。正因为具有期权性，可转换债券利率一般低于普通公司债券利率。企业发行可转换债券可以降低筹资成本。

2.可转换债券的基本要素

（1）标的股票

一般是发行公司本身的股票，也可以是其他公司的股票，如该公司的上市子公司的股票。

（2）票面利率

一般会低于普通债券的票面利率，有时甚至低于同期银行存款利率。

（3）转换价格（转股价格）

在转换期内据以转换为普通股的折算价格。在债券发售时，所确定的转换价格一般比发售日股票市场价格高出一定比例，如高出10%～30%。

（4）转换比率

每一份可转债在既定的价格下能转换为普通股股票的数量。

转换比率=债券面值÷转换价格

（5）转换期

可转换债券持有人能够行使转换权的有效期限。转换期可以与债券的期限相同，也可以短于债券的期限。由于转换价格高于公司发债时的股价，投资者一般不会在发行后立即行使转换权。

（6）赎回条款

发债公司按事先约定的价格买回未转股债券的条件规定。赎回一般发生在公司股票价格在一段时期内连续高于转股价格达到某一幅度时。设置赎回条款最主要的功能是强制债券持有者积极行使转股权，因此又被称为加速条款。同时，也能使发债公司避免在市场利率下降后，继续向债券持有人支付较高的债券利率所蒙受的损失。

（7）回售条款

债券持有人有权按照事先约定的价格将债权卖回给发债公司的条件规定。回售一般发生在公司股票价格在一段时期内连续低于转股价格达到某一幅度时。回售有利于降低投资者的持券风险。

（8）强制性转换条款

具备某些基本条件之后，债券持有人必须将可转换债券转换为股票，无权要求偿还债券本金的条件规定。

3.可转换债券的发行条件

发行可转换债券的公司，按国家相关规定，必须满足以下基本条件：

（1）最近3年连续盈利，且最近3年净资产收益率平均在10%以上；属于能源、原材料、基础设施类的公司可以略低，但是不得低于7%。（2）可转换债券发行后，公司资产负债率不高于70%。（3）累计债券余额不超过公司净资产额的40%。（4）上市公司发行可转换债券，还应当符合关于公开发行股票的条件。

4.可转换债券筹资评价

（1）可转换债券有利于调整资本结构

可转换债券是一种具有债权筹资和股权筹资双重性质的筹资方式。可转换债券在转换前属于发行公司的一种债务，转换后便成为公司的权益资本，通过转换可以调整资本结构。

（2）可转换债券有利于降低资金成本

可转换债券的利率通常低于普通债券，因此，在转换前可转换债券的资金成本低于普通债券。转换为股票后，又可节省股票的发行成本，从而降低股票的资金成本。

（3）可转换债券存在一定的财务压力

当公司的股票价格在转换期内连续低于转换价格时，持券者到期不会转股，会造成公司因集中兑付债券本金而产生财务压力。

第四节 负债资金筹集

一、短期负债资金筹集

（一）短期借款

1. 短期借款的信用条件

（1）信贷额度。

信贷额度亦即贷款限额，是借款企业与银行在协议中规定的借款最高限额，信贷额度的有效期限通常为1年。一般情况下，在信贷额度内，企业可以随时按需要支用借款。但是，银行并不承担必须贷款的义务。如果企业信誉恶化，即使在信贷限额内，企业也可能得不到借款。此时，银行不会承担法律责任。

（2）周转信贷协议。

周转信贷协议是银行从法律上承诺向企业提供不超过某一最高限额的贷款协议。在协议的有效期内，只要企业的借款总额未超过最高限额，银行必须满足企业任何时候提出的借款要求。企业享用周转信贷协议，通常要对贷款限额的未使用部分付给银行一笔承诺费。

（3）补偿性余额。

补偿性余额是银行要求借款人在银行中保持按贷款限额或实际借用额一定百分比计算的最低存款余额。补偿性余额有助于银行降低贷款风险，补偿其可能遭受的风险；对借款企业来说，补偿性余额则提高了借款的实际利率，加重了企业的利息负担。

（4）借款抵押

借款抵押是借款者以一定的抵押品作为物品保证向银行取得借款。抵押品通常包括有价证券、国债券、各种股票、房地产、货物的提单、栈单或其他各种证明物品所有权的单据。贷款到期，借款者必须如数归还，否则银行有权处理抵押品，作为一种补偿。

（5）偿还方式。

贷款的偿还有到期一次偿还和在贷款期内定期（每月、季）等额偿还两种方式。一般来讲，企业不希望采用后一种偿还方式，因为这会提高借款的实际利率；而银行不希望采用前一种偿还方式，因为这会加重企业的财务负担，增加企业的拒付风险，同时也会降低实际贷款利率。

2.短期借款利息支付方式

（1）收款法

收款法又称利随本清法，是指借款期内不支付利息，到期时连本带利一并偿还的利息支付方式。采用该方法，借款的名义利率等于实际利率。

（2）贴现法

贴现法是银行向企业发放贷款时，先从本金中扣除利息部分，而到期时借款企业要偿还贷款全部本金的一种计息方法。采用这种方法，企业可利用的贷款额只有本金减去利息部分后的差额，因此贷款的实际利率高于名义利率。

（3）加息法

加息法是银行发放分期等额偿还贷款时所采用的利息收取方法。在分期等额偿还贷款的情况下，银行要将根据名义利率计算的利息加到贷款本金上，计算出贷款的本息和，要求企业在贷款期内分期偿还本息之和的金额。由于贷款分期均衡偿还，借款企业实际上只平均使用了贷款本金的半数，却支付全额利息。这样，企业所负担的实际利率便高于名义利率大约1倍。

（二）短期融资券

短期融资券具有以下一些特征：

（1）发行人为非金融企业；（2）它是一种短期债券品种，期限不超过（≤）365天；（3）发行利率（价格）由发行人和承销商协商确定；（4）发行对象为银行间债券市场的机构投资者，不向社会公众发行；（5）实行余额管理，待偿还融资券余额不超过企业净资产的40%；（6）可以在全国银行间债券市场机构投资人之间流通转让。

（三）商业信用

1.商业信用的含义及形式

（1）应付账款

应付账款是供应商给企业提供的一个商业信用。由于购买者往往在到货一段时间后才付款，商业信用就成为企业短期资金来源。当企业扩大生产规模时，其进货和应付账款相应增加，商业信用就提供了增产所需要的部分资金。

（2）应付票据

应付票据是指企业之间在购销活动中延期付款所开的反映债权债务关系的票据。

应付票据有两种：一是商业承兑汇票，二是银行承兑汇票。应付票据也是一种短期筹资方式。

（3）应计未付款

应计未付款是企业在生产经营和利润分配过程中已经计提但尚未以货币支付的款项，主要包括应付职工薪酬、应缴税费、应付利润或应付股利等。以应付职工薪酬为例，企业通常

（4）预付货款

预付货款是销货单位按照协议规定，在付出商品之前向购货单位预先收取部分或全部货款的信用行为。购买单位对于紧俏商品往往乐于采用这种方式购货；销货方对于生产周期长造价较高的商品，往往采用预收货款方式销货，以缓和本企业资金占用过多的矛盾。

2.商业信用条件

商业信用条件是销售方对付款时间、现金折扣和折扣期限作出的具体规定，通常包括以下两种形式：①有信用期，但无现金折扣。如"N/30"表示30天内按发票金额全数支付。②有信用期和现金折扣，如"2/10，N/30"表示10天内付款享受现金折扣2%，若买方放弃折扣，30天内必须付清款项。

3.放弃现金折扣成本的计算

在销售方提供现金折扣的情况下，如果购货方在规定折扣期内付款，便可享受免费信用；反之若放弃现金折扣，购货方便要承受因放弃而造成的隐含利息成本。一般而言，放弃现金折扣成本的计算公式为：

放弃现金折扣成本=［折扣率÷（1-折扣率）］/［360÷（信用期-折扣期）］

企业是否选择享受现金折扣，取决于放弃现金折扣成本与企业为享受现金折扣早日付款所筹措资金的代价或将应付账款用于临时性短期投资所获收益之间的比较。

4.商业信用的评价

（1）商业信用融资的优点

①筹资便利

利用商业信用筹集资金非常方便，因为商业信用与商品买卖同时进行，属于一种自发性融资，不用做非常正规的安排，也无需另外办理正式筹资手续。

②筹资成本低

如果没有现金折扣，或者企业不放弃现金折扣，以及使用不带息应付票据和采用预收货款，则企业采用商业信用筹资几乎没有实际成本。

③限制条件少

与其他筹资方式相比，商业信用筹资限制条件较少，选择余地较大，条件比较优越。

（2）商业信用融资的缺点

①期限较短

采用商业信用筹集资金,期限一般都很短,如果企业要取得现金折扣,期限则更短。

②筹资数额较小

采用商业信用筹资一般只能筹集小额资金,而不能筹集大量的资金。

二、长期负债筹资

(一) 长期借款

长期借款是企业从银行或其他金融机构借入的使用期限在一年以上的各种借款,主要用于购建固定资产和满足长期流动资金占用的需要。

1. 长期借款的种类

(1) 按照用途划分

可分为固定资产投资借款、更新改造借款、科技开发和新产品试制借款等。

(2) 按提供贷款的机构划分

可分为政策性银行贷款、商业银行贷款等。政策性银行贷款指执行国家政策性贷款业务的银行向企业发放的贷款。例如:国家开发银行主要为满足企业承建国家重点建设项目的资金需要提供贷款;进出口信贷银行则为大型设备的进出口提供买方或卖方信贷。商业银行贷款指由各商业银行向工商企业提供的贷款,这类贷款主要为满足企业建设竞争性项目的资金需要。此外,企业还可以从信托投资公司取得实物或货币形式的信托投资贷款,从财务公司取得各种中长期贷款等。

(3) 按有无担保划分

可分为信用贷款和抵押贷款。信用贷款指不需企业提供抵押品,仅凭其信用或担保人信誉而发放的贷款。抵押贷款则要求企业以抵押品作为担保的贷款。长期贷款的抵押品,常常是房屋、建筑物、机器设备、股票、债券等。

2. 长期借款的保护性条款

(1) 一般性保护条款

该类条款是对企业资产的流动性及偿债能力等方面的要求条款,它适用于大多数借款合同。主要包括如下条款:

①保持企业的资产流动性。要求企业需持有一定最低额度的货币资金及其他流动资产,以保持企业资产的流动性和偿债能力,一般规定了企业必须保持的最低营运资金数额和最低流动比率数值。②限制企业非经营性支出。如限制支付现金股利、购入股票和职工加薪的数额规模,以减少企业资金的过度外流。③限制企业资本支出的规模。控制企业资产结构中的长期性资产的比例,以减少公司日后不得不变卖固定资产以偿还贷款的可能性。④限制公司再举债规模。目的是防止其他债权人取得对公司资产的优先索偿权。⑤限制公司的长期投资。如规定公司不准投资于短期内不能收回资

金的项目,不能未经银行等债权人同意而与其他公司合并等。

(2) 例行性保护条款

该类条款作为例行常规,在大多数合同中也都会出现。主要包括如下条款:

①定期向提供贷款的金融机构提交公司财务报表,以使债权人随时掌握公司的财务状况和经营成果。②保持存货储备量,不准在正常情况下出售较多的非产成品存货,以保持企业正常生产经营能力。③及时清偿债务,包括到期清偿应缴纳税金和其他债务,以防被罚款而造成不必要的现金流失。④不准以资产作其他承诺的担保或抵押。⑤不准贴现应收票据或出售应收账款,以避免或有负债等。

(3) 特殊性保护条款

该类条款是针对特殊情况而出现在部分借款合同中的条款,只有在特殊情况下才能生效。主要包括:要求公司的主要领导人购买人身保险;借款的用途不得改变;违约惩罚条款等。

3.借款筹资评价

无论是短期借款,还是长期借款,都具有以下特点:

(1) 筹资速度快

企业利用借款筹资,一般所需时间较短,程序较为简单,可以快速获得资金。而通过发行股票、债券筹集资金,需做好发行前的各种工作,如印制证券等,发行也需要一定时间,故耗时较长,程序较为复杂。

(2) 筹资成本低

利用借款筹资,其利息可在所得税前列支,故可减少企业实际负担的成本,因此比股票筹资的成本要低得多;与债券相比,借款利率一般也会低于债券利率。此外,借款属于间接筹资,筹资费用也极少。

(3) 筹资弹性好

在借款之前,公司可就借款的时间、数量、条件等实际问题与贷款机构直接商定;在借款期间,若公司财务状况发生某些变化,也可与债权人就变更借款数量、提前偿还等问题进行协商。因此,借款筹资对公司具有较大的灵活性。

(4) 可发挥财务杠杆效应

银行借款的利率固定,当企业的投资收益率高于银行借款利率时,可以提高企业的净资产收益率。

(5) 筹资风险较高

借款通常有固定的利息负担和确定的还款期限,故借款企业还款压力较大,筹资风险较高。

(6) 限制性条件较多

借款合同中可能有一些保护债权人利益的条款,这将会影响企业以后的筹资和投资活动。

(7) 筹资数额有限。

(二) 发行公司债券

公司债券又称企业债券,指公司依照法定程序发行的,约定在一定期限内还本付息的有价证券。

1.公司债券的种类(见表 2-1)

表 2-1 公司债券的种类

按是否记名	①记名公司债券,即在券面上登记持有人姓名,支取本息要凭印鉴领取,转让时必须背书并到债券发行公司登记的公司债券
	②无记名公司债券,即在券面上不登记持有人姓名,支取本息无需凭印鉴领取,转让时也不必背书和到债券发行公司登记的公司债券
按分配利润依据	①参加公司债券,指除了可按预先约定获得利息收入外,还可在一定程度上参加公司利润分配的公司债券
	②非参加公司债券,指持有人只能按照事先约定的利率获得利息的公司债券
按是否可提前收回	①可提前赎回公司债券,即发行者可在债券到期前购回其发行的全部或部分债券
	②不可提前赎回公司债券,即只能到期一次还本付息的公司债券
按发行目的	①普通公司债券,即以固定利率、固定期限为特征的公司债券。这是公司债券的主要形式,目的在于为公司扩大生产规模提供资金来源
	②改组公司债券,是为清理公司债务而发行的债券,又称以新换旧债券
	③利息公司债券,又称调整公司债券,是指面临债务信用危机的公司经债权人同意而发行的较低利率的新债券,用以换回原来发行的较高利率债券
	④延期公司债券,指公司在已发行债券到期无力支付,又不能发新债还旧债的情况下,在征得债权人同意后可延长偿还期限的公司债券
按有无选择权	①附有选择权的公司债券,指在一些公司债券的发行中,发行人给予持有人一定的选择权,如可转换公司债券(附有可转换为普通股的选择权)、有认股权证的公司债券和可退还公司债券(附有持有人在债券到期前可将其回售给发行人的选择权)
	②未附选择权的公司债券,即债券发行人未给予持有人上述选择权的公司债券

2.债券的基本要素

(1) 债券的面值

债券的面值包括两个方面:一是币种,二是票面金额。面值的币种可用本国货币,也可用外币,这取决于发行者的需要和债券的种类。债券的票面金额是债券到期时偿还债务的金额，面值印在债券上，固定不变，到期必须足额偿还。

（2）债券的期限

从发行日起，至到期日之间的时间称为债券的期限。

（3）债券的利率和利息

债券上通常载明利率，一般为固定利率，也有少数是浮动利率。债券的利率为年利率，面值与利率相乘可得年利息。

（4）债券的价格

理论上，债券的面值就是它的价格。但在实际操作中，由于发行者的考虑或资金市场上供求关系、利率的变化，债券的市场价格常常脱离它的面值，但差额并不大。发行者计算利息、偿还本金都以债券的面值为依据，而不以价格为依据。

3.公司债券的发行

（1）发行条件

在我国，有限责任公司和股份有限公司，都具有发行债券的资格。公开发行公司债券，应当符合下列条件：①股份有限公司的净资产不低于人民币三千万元，有限责任公司的净资产不低于人民币六千万元；②累计债券余额不超过公司净资产的百分之四十；③最近三年平均可分配利润足以支付公司债券一年的利息；④筹集的资金投向符合国家产业政策；⑤债券的利率不超过国务院限定的利率水平；⑥国务院规定的其他条件。

公司债券可以转让，交易价格由转让人与受让人协商约定。但要上市交易，应符合以下一些条件：①公司债券的期限为1年以上；②公司债券实际发行额不少于人民币5000万元；③公司申请债券上市时仍符合法定的公司债券发行条件。

（2）发行程序

①作出决议或决定

股份有限公司、有限责任公司发行公司债券，由董事会制订方案，股东大会作出决议；国有独资公司发行公司债券，应由国家授权投资的机构或者国家授权的部门作出决定。

②申请发行

公司在作出发行公司债券的决议或者决定后，向国务院授权的部门提交规定的申请文件，报请批准。所提交的申请文件包括：公司登记证明、公司章程、公司债券募集办法、资产评估报告和验资报告。

③发行公司债券的批准

国务院授权部门依照法定条件负责批准公司债券的发行，该部门应当自受理公司债券发行申请文件之日起三个月内作出决定；不予审批的，应当作出说明。

④公告募集办法

发行公司债券申请经批准后，应当公告债券募集办法；在募集办法中应当载明下列事项：公司名称；债券总额和债券的票面金额；债券的利率；还本付息的期限和方式；债券发行的起止日期；公司净资产额；已发行的尚未到期的公司债券总额；公司债券的承销机构。

⑤委托证券经营机构发售

公司债券的公募发行采取间接发行方式。即由数家证券公司或投资银行组成承销团，与发行公司签订承销协议，由它们采用代销或包销的方式进行发售。

⑥公司债券的载明事项

公司发行公司债券，必须在债券上载明公司名称、债券票面金额、利率、偿还期限等事项，并由董事长签名，公司盖章。

⑦公司债券存根簿

公司发行公司债券应当置备公司债券存根簿。发行记名公司债券的，应当在公司债券存根簿上载明下列事项：债券持有人的姓名或者名称及住所；债券持有人取得债券的日期及债务的编号；债券总额、债券的票面金额、债券的利率、债券的还本付息的期限和方式；债券的发行日期。

⑧发行中不当行为的纠正

国务院授权部门对已作出的审批公司债券发行的决定，发现不符合法律、行政法规规定的，应当予以撤销；尚未发行的，停止发行；已经发行公司债券的，发行的公司应当向认购人退还所缴股款并加算银行同期存款利息。

（3）发行价格

债券的发行价格是债券发行时使用的价格，亦即投资者购买债券时支付的价格。公司债券的发行价格通常有三种：平价、溢价和折价。

平价发行是以债券的票面金额为发行价格；溢价发行是以高出债券票面金额的价格为发行价格；折价发行则是以低于债券票面金额的价格为发行价格。

当票面利率高于市场利率时，以溢价发行债券；当票面利率低于市场利率时，以折价发行债券；当票面利率与市场利率一致时，则以平价发行债券。

4.债券的偿还

债券偿还时间按其实际发生与规定的到期日之间的关系，可分为提前偿还和到期偿还两类，其中后者又包括分批偿还和一次偿还两种。（见表2-2）

5.发行公司债券的评价

（1）债券筹资的优点

①资本成本较低

债券的利息通常比股票的股利要低，而且债券的利息按规定是可在税前列支，发行公司可享受减税利益，故公司实际负担的债券成本明显低于股票成本。

②具有财务杠杆效应

债券利息率固定，不论企业盈利多少，债券持有人只收取固定的利息，而更多的利润可分配给股东，增加其财富，或留归公司用以扩大经营。

③可保障控制权

由于债券持有人无权参与公司的经营管理，因而公司发行债券不会像增发新股那样可能会分散股东对公司的控制权。

表2-2 债券的偿还方式

提前偿还（又称提前赎回或收回）	提前偿还是指在债券尚未到期之前就予以偿还。 前提：只有在公司发行债券的契约中明确规定了有关允许提前偿还的条款，公司才可进行此项操作。 赎回价格：提前偿还所支付的价格通常要高于债券的面值，并随到期日的临近而逐渐下降。 赎回时机：①当公司资金有结余时，可提前赎回债券；②当预测利率下降时，也可提前赎回债券，而后以较低的利率来发行新债券
到期偿还	①分批偿还：如果一个公司在发行同一种债券的当时就为不同编号或不同发行对象的债券规定了不同的到期日，这种债券就是分批偿还债券
	②一次偿还：到期一次性偿还本金，并结算利息

（2）债券筹

①财务风险高

债券有固定的到期日，并需要定期支付利息，所以利用债券筹资要承担还本、付息的义务。公司经营不景气时，向债券持有人还本、付息，无异于釜底抽薪，会给公司带来更大的困难，甚至导致公司破产。

②限制条件多

发行债券的契约书中往往也会规定一些限制性条款，这些条款要比优先股、长期借款严得多，有可能会影响公司的正常发展和以后的融资能力。

③筹资额有限

利用债券筹资在数额上有一定的限度，当公司的负债超过一定程度后，债券筹资的成本会迅速上升，有时甚至难以发行成功。

（三）融资租赁

1.融资租赁的形式

租赁按目的划分，可分为经营租赁和融资租赁。

经营租赁，又称业务租赁，是指为了满足经营使用上的临时或季节性需要而发生的资产租赁。经营租赁是一种短期租赁形式，在出租过程中出租人不仅要向承租人提供设备的使用权，还要向承租人提供设备的保养、保险、维修和其他专门性技术服务。

融资租赁，又称设备租赁或现代租赁，是指实质上转移与资产所有权有关的全部或绝大部分风险和报酬的租赁。融资租赁进一步可分为直接租赁、售后租回和杠杆租赁。

2.融资租赁的特征

（1）租赁物由承租人决定，出租人出资购买并租赁给承租人使用，并且在租赁期间内只能租给一个企业使用。（2）承租人负责检查验收制造商所提供的租赁物，对该租赁物的质量与技术条件出租人不向承租人做出担保。（3）出租人保留租赁物的所有权，承租人在租赁期间支付租金而享有使用权，并负责租赁期间租赁物的管理、维修和保养。（4）租赁合同一经签订，在租赁期间任何一方均无权单方面撤销合同。只有租赁物毁坏或被证明为已丧失使用价值的情况下方能中止执行合同，无故毁约则要支付相当重的罚金。（5）租期结束后，承租人一般对租赁物有留购和退租两种选择，若要留购，购买价格可由租赁双方协商确定。

3.融资租赁的租金

（1）租金的构成要素

融资租赁每期租金的多少，取决于以下几个因素：①设备原价及预计残值，包括设备买价、运输费、安装调试费、保险费等，以及该设备租赁期满后，出售可得的市价；②利息指租赁公司为承租企业购置设备垫付资金所应支付的利息；③租赁手续费，指租赁公司承办租赁设备所发生的业务费用和必要的利润。

（2）租金的计算方法

租金的计算方法有很多，目前国际上流行的融资租赁实务中，大多采用平均分摊法和等额年金法。

①平均分摊法

平均分摊法是指按事先确定的利息率和手续费率计算出租赁期间的利息和手续费，然后连同设备价款按支付次数平均计算。这种方法未考虑资金时间价值因素。每次应付租金的计算公式如下：

每期支付租金=（租赁设备购置成本−预计残值+租赁期间利息+租赁手续费）/租赁期限

②等额年金法

等额年金法是运用年金现值的计算原理计算每期应付租金的方法。在这种方法下，通常根据利率和手续费率确定一个租费率，作为贴现率。

第五节　资本成本与结构

一、资本成本

（一）资本成本概述

1.资本成本的含义

资本成本是指企业为筹集和使用资本而付出的代价，包括资本筹集费和资本使用费两部分。

（1）资本筹集费

资本筹资费是指企业在资本筹措过程中为获得资本而付出的代价，如向银行支付的借款手续费，因发行股票、公司债券而支付的发行费等。资本筹集费通常在筹集资金时一次性支付，其金额与资本筹措有关而与使用资金的数额多少及时间长短无关，在计算资本成本时作为实际筹资额的一项扣除。

（2）资本使用费

资本使用费是指企业在资本使用过程中因占用资本而付出的代价，如向银行等债权人支付的利息、向股东支付的股利等。资本使用费在资本使用过程中多次发生，是资本成本的主要内容。资本使用费用一般与所筹资本的多少及使用时间的长短有关，且具有经常性、定期性支付的特点。它是构成资本成本的主体部分，是降低资本成本的主要方向。

2.资本成本的性质

资本成本是商品经济条件下资本所有权与使用权分离而形成的财务范畴，具有特定的经济性质。

（1）资本成本是资本所有权与使用权相分离的产物

企业融资是一种产权交易行为，对资本所有者而言，由于让渡了资本使用权，必然要求获得一定的补偿，资本成本表现为让渡资本使用权所带来的报酬；对融资企业来讲，由于取得了资本的使用权，也必须付出一定的代价，资本成本便表现为取得资本使用权所付出的代价。

（2）资本成本是成本但又不同于一般的产品成本

资本成本也是企业的一种支出，故具有一般产品成本的基本属性，但又与产品成本有着不同的性质。二者的主要区别在于，产品成本是企业生产经营中的资金耗费且带有垫支的性质，其补偿是对实际发生耗费的补偿，故直接从销售收入中收回；而资本成本是在资本要素上的耗费，不属于生产经营中的资金耗费且不具垫支的性质，其补偿的本质属于利润分配的范畴，体现为一种利益分配关系。

（3）资本成本包含资金时间价值但又不等于资金时间价值

资本成本与资金时间价值既有联系，又有区别。资金时间价值是资本成本的基础，资金时间价值越大，资本成本也就越高；但两者在数量上并不完全一致，资本成本不仅包括时间价值因素，还包括风险因素、通货膨胀因素等，是资金时间价值与风险价值的统一。

3.资本成本的种类

资本成本按用途划分，可分为个别资本成本、综合资本成本和边际资本成本。

4.资本成本的作用

（1）资本成本是比较筹资方式、选择筹资方案的依据各种资本的资本成本率，是比较、评价各种筹资方式的依据。在评价各种筹资方式时，一般要考虑的因素包括对企业控制权的影响、对投资者吸引力的大小、融资的难易和风险、资本成本的高低等，而资本成本是其中的重要因素。在其他条件相同时，企业筹资应选择资本成本最低的方式。

（2）综合资本成本是衡量资本结构是否合理的依据

企业财务管理目标是企业价值最大化，企业价值是企业资产带来的未来经济利益的现值。计算现值采用贴现率时，通常会选择企业的综合资本成本，当综合资本成本率最小时，企业价值最大，此时的资本结构是企业理想的最佳资本结构。

（3）资本成本是评价投资项目可行性的主要标准

资本成本通常用相对数表示，是企业对投入资本所要求的报酬率（或收益率），即最低必要报酬率。任何投资项目，如果预期的投资报酬率超过该项目使用资金的资本成本率，则该项目在经济上就是可行的。因此，资本成本率是企业用以确定项目要求达到的投资报酬率的最低标准。

（4）资本成本是评价企业整体业绩的重要依据

一定时期企业资本成本的高低，不仅反映企业筹资管理的水平，还可作为评价企业整体经营业绩的标准。企业的生产经营活动，实际上就是所筹集资本经过投放后形成的资产营运，企业的总资产报酬率应高于其平均资本成本率，才能带来剩余收益。

（二）资本成本的计算

1. 个别资本成本的计算

（1）银行借款成本

银行借款资本成本包括借款利息和借款手续费用。利息费用税前支付，可以起抵税作用，一般计算税后资本成本率，以便税后资本成本率与权益资本成本率具有可比性。

（2）发行债券成本

公司债券资本成本包括债券利息和债券筹资费用。

（3）融资租赁成本

融资租赁的资本成本实际上就是其租金。

（4）利用商业信用筹资的成本

利用商业信用筹资的成本，即放弃现金折扣的成本。

（5）普通股成本

普通股资本成本主要是向股东支付的各期股利。由于各期股利并不一定固定，随企业各期收益波动而波动，因此普通股的资本成本只能按贴现模式计算，并假定各期股利的变化具有一定的规律性。如果是上市公司普通股，其资本成本还可以根据该公司的股票收益率与市场收益率的相关性，按资本资产定价模型进行估计。

（6）优先股成本

企业发行优先股，需要支付筹资费用和优先股股东的股利。优先股没有到期日，其股利通常是固定的，且在税后支付，不能抵减所得税。优先股成本的计算公式为：

（7）留存收益成本

留存收益是企业税后利润中以盈余公积或未分配利润的形式留存企业用于生产经营的资金，其所有权属于普通股股东。对于企业股东来讲相当于向企业追加投资，要求有一定的报酬，也要计算其成本。留存收益成本计算与普通股基本相同，只是不考虑筹资费用而已。

2.综合资本成本的计算

（1）账面价值权数

账面价值权数即以各项个别资本的会计报表账面价值为基础来计算资本权数，确定各类资本占总资本的比重。其优点是，资料容易取得，可以直接从资产负债表中得到，而且计算结果比较稳定。其缺点是，当债券和股票的市价与账面价值差距较大时，导致按账面价值计算出来的资本成本，不能反映目前从资本市场上筹集资本的现时机会成本，不适合评价现时的资本结构。

（2）市场价值权数

市场价值权数即以各项个别资本的现行市价为基础来计算资本权数，确定各类资本占总资本的比重。其优点是，能够反映现时的资本成本水平，有利于进行资本结构决策。但现行市价处于经常变动之中，不容易取得，而且现行市价反映的只是现时的资本结构，不适用未来的筹资决策。

（3）目标价值权数

目标价值权数即以各项个别资本预计的未来价值为基础来确定资本权数，确定各类资本占总资本的比重。目标价值是目标资本结构要求下的产物，是公司筹措和使用资金对资本结构的一种要求。对于公司筹措新资金，需要反映期望的资本结构来说，目标价值是有益的，适用于未来的筹资决策，但目标价值的确定难免具有主观性。

3.边际资本成本的计算

边际资本成本是资本每增加一个单位而增加的成本。边际资本成本也是按加权平均方法计算的，是企业追加筹资时所使用的加权平均成本。

由于企业资本成本会随着筹资规模的变动而变动，为了比较、选择不同规模范围的筹资组合，就需要预先测算其边际资本成本。

二、资本结构

（一）资本结构的概念

1.资本结构

资本结构是指企业各种资本的构成及其比例关系。资本结构有广义和狭义之分。广义的资本结构是指全部资本的构成，不仅包括长期资本，还包括短期资本；既包括纵向资本结构（各项资本来源之间的比例），也包括横向资本结构（资本来源与资产构成之间的对应关系）。狭义的资本结构仅指长期资本结构，短期债务资本列入营运资本管理。

2.最优资本结构

不同的资本结构会给企业带来不同的后果。企业利用债务资本进行举债经营具有双重作用，既可以发挥财务杠杆效应，也可能带来财务风险。因此，企业必须权衡财务风险和资本成本的关系，确定最优资本结构。所谓最优资本结构，是指在一定条件下使企业平均资本成本率最低、企业价值最大的资本结构。

从理论上讲，最优资本结构是存在的，但由于企业内部条件和外部环境的经常性变化，动态地保持最优资本结构十分困难。因此在实践中，企业较多地是寻求目标资本结构，即企业结合自身实际进行适度负债经营所确立的资本结构。

（二）资本结构理论

1.净收益理论

该理论认为，利用债务可以降低企业的综合资本成本。这是因为债权的投资报酬率固定，并且债权人有优先求偿权，所以，债权投资风险低于股权投资风险，债权资本成本率一般低于股权资本成本率。因此，负债程度越高，综合资本成本就越低。当负债比率为100%时，企业价值将达到最大。

2.净营业收益理论

该理论认为，资本结构与企业的价值无关，决定企业价值高低的关键要素是企业的净营业收益。如果企业增加成本较低的债务资金，即使债务资金本身不变，但由于加大了企业风险，也会导致权益资金成本的提高。这一升一降相互抵消，企业综合资金成本仍保持不变。也就是说，不论企业的财务杠杆程度如何，其整体的资金成本不变，企业的价值也就不受资本结构的影响。这就意味着不存在最佳资本结构。

3.权衡理论

20世纪70年代人们发现，制约企业无限追求免税优惠或负债最大化的关键因素在于债务上升而形成的企业风险和费用。企业债务增加使企业陷入财务危机甚至破产的可能性也增加。随着企业债务增加而提高的风险和各种费用会增加企业的额外成本，从而使其市场价值下降。因此，企业最佳资本结构应当是在负债价值最大化和债务上升带来的财务危机成本之间的平衡，这被称为权衡理论。这一理论可以说是MM理论的再修正。该理论认为，当负债程度较低时，企业价值因税额庇护利益的存在会随负债水平的上升而增加；当负债达到一定界限时，负债税额庇护利益开始为财务危机成本所抵消。当边际负债税额庇护利益等于边际财务危机成本时，企业价值最大，资本结构最佳；若企业继续追加负债，则企业价值会因财务危机成本大于负债税额庇护利益而下降，负债越多，企业价值下降得越快。

4.代理理论

代理理论的创始人詹森和麦克林认为，企业资本结构会影响经理人员的工作水平和其他行为选择，从而影响企业未来现金收入和企业市场价值。例如，当经理人不作为内部股东而作为代理人时，其努力的成本由自己负担，而努力的收益却归于他人；其在职消费的好处由自己享有，而消费成本却由他人负责。这时，他可能偷懒或采取有利于自身效用的满足而损害委托人利益的行动。该理论认为，负债融资有更强的激励作用，并将债务视为一种担保机制。这种机制能够促使经理人多努力工作，少个人享受，并且做出更好的投资决策，从而降低由于两权分离而产生的代理成本。但是负债融资可能导致另一种代理成本，即企业接受债权人监督而产生的成本。这种债权的代理成本也得由经营者来承担，使举债比例上升导致举债成本上升。均衡的企业所有权结构是由股权代理成本和债权代理成本之间的平衡关系来决定的。

（三）资本结构的影响因素

1. 外部因素

（1）宏观经济环境

企业的生存和发展是由宏观经济环境决定的。国家的中长期发展规划、产业结构政策、货币政策、税收政策等，不但会影响企业当前的资本结构，而且也可以为企业确定今后的资本结构提供指导。企业必须重视自身存在的问题，结合实际，全面分析宏观环境以及所在行业的相关政策对企业的影响，正确把握市场脉搏及发展方向，选准企业在市场中的定位，积极适应市场变化。

（2）经济周期因素

在市场经济条件下，任何国家的经济都既不会较长时间的增长，也不会较长时间的衰退，而是在波动中发展。经济周期呈现复苏、繁荣、衰退和萧条的阶段性周期循环。一般而言，在经济衰退阶段，由于宏观经济不景气，企业经营举步维艰，财务状况陷入窘境，企业应尽可能压缩负债，甚至采用"零负债"策略；而在经济复苏、繁荣阶段，市场供求趋旺，大部分企业的销售顺畅，利润水平不断上升，企业应增加负债，以利用财务杠杆效应迅速发展。

（3）行业因素

企业资本有机构成的高低，主要取决于企业所处行业生产经营业务的特点。资本有机构成高的企业，经济规模要求投入资本的起点就较高；反之亦然。不同资产结构的企业利用财务杠杆的能力也不同，房地产公司的抵押贷款较多，而以技术开发为主的公司则较少。据有关数据统计显示，房地产行业的资产负债率一般在70%左右；而医药行业的资产负债率则在40%左右。

（4）市场竞争环境因素

即使处于同一宏观经济环境下的企业，因各自所处的市场竞争环境不同，其负债水平也不能一概而论。在市场竞争中处于垄断性地位的企业，销售一般不会发生问题，生产经营不会产生较大的波动，可适当提高负债比率，以利用债务资金提高生产能力，巩固其垄断地位。低于一般竞争力的企业，其经营风险明显较大，投资者要求的回报率也较高，应该根据行业格局以及企业的成长性做出合理安排。

2.内部因素

（1）企业财务状况

企业盈利能力越强、财务状况越好、变现能力越强，就越有能力负担财务上的风险。因而，随着企业变现能力、财务状况和盈利能力的增进，举债融资就越有吸引力。当然，有些企业因为财务状况不好，无法顺利发行股票，只好利用高利率发行债券来筹集资金。

（2）企业所处生命周期

企业在不同发展阶段，其筹资策略也有所不同。在其他因素相同的情况下，发展速度较慢的企业可能会通过内部积累补充资本，而发展速度较快的企业则必须依赖外部资本，特别是负债资本。

（3）企业资产结构

资产结构会以多种方式影响企业的资本结构：①拥有大量固定资产的企业，主要通过长期负债和发行股票筹集资金；②拥有较多流动资产的企业，更多依赖流动负债筹集资金；③资产适用于抵押贷款的公司举债额较多；④以研发为主的公司负债较少。

（4）所有者和管理人员的态度

企业所有者和管理人员的态度对资本结构也有着重要影响，因为企业资本结构的决策最终是由他们做出的。

一个企业的股票如果被众多投资者所持有，谁也没有绝对的控制权，这个企业可能会更多地采用发行股票的方式筹集资金，因为企业所有者并不担心控制权旁落。反之，有的企业被少数股东所控制，股东们很重视控制权问题，企业为了保证少数股东的绝对控制权，会尽量避免普通股筹资，而是采用优先股或负债方式筹集资金。

（四）资本结构的决策方法

企业筹资决策的目的就是要确定最优的资本结构以求得企业价值最大化、资本成本最小化。

1.比较综合资本成本法

比较综合资本成本法是通过计算各方案的综合资本成本，并根据综合资本成本的高低来确定最优资本结构的方法。该种方法从资本投入的角度进行分析，认为最优的资本结构亦即综合资本成本最低的资本结构。

2.每股收益分析法

每股收益的高低受资本结构和销售水平的影响。每股收益分析法比较的是各种资本结构下的每股收益大小，认为较高每股收益所对应的资本结构较优。每股收益分析法是一种财务规划方法，通常利用每股收益无差别点进行资本结构决策。

3.公司价值分析法

以上两种方法都是从账面价值的角度进行资本结构优化分析，没有考虑市场反应，也没有考虑风险因素。公司价值分析法，是在考虑市场风险的基础上，以公司市场价值为标准，进行资本结构优化。即能够提升公司价值的资本结构，就是合理的资本结构。这种方法常用于资本规模较大的上市公司资本结构优化分析。

第三章 长期融资

第一节 普通股融资

一、普通股的概念、股东权利及类型

(一) 普通股的概念

普通股是随着企业利润变动而变动的一种股份,是股份公司资本构成中最普通、最基本的股份,是股份企业资金的基础部分。普通股的基本特点是其投资收益(股息和分红)不是在购买时约定,而是事后根据股票发行公司的经营业绩来确定。公司的经营业绩好,普通股的收益就高;若经营业绩差,普通股的收益就低。普通股既是股份公司资本构成中最重要、最基本的股份,亦是风险最大的一种股份,但又是股票中最基本、最常见的一种股份。在我国上海证券交易所与深圳证券交易所上市的股票都是普通股。

(二) 普通股的股东权利

对于普通股股东来说,持有普通股便可以获得以下的股东权利,并承担责任。

第一,持有普通股的股东有权获得股利,但必须是在公司支付了债息和优先股的股息之后才能分得。普通股的股利是不固定的,一般根据公司净利润的多少而定。当公司经营有方、利润不断递增时,普通股能够比优先股多分得股利,股利率甚至可以超过50%;但如果公司经营不善,股东可能连一分钱都得不到,甚至可能连本也赔掉。

第二,当公司因破产或结业而进行清算时,普通股股东有权分得公司剩余资产,但普通股股东必须在公司的债权人、优先股股东之后才能分得财产,财产多时多分、少时少分,没有则只能作罢。由此可见,普通股股东与公司的命运更加息息相关,荣辱与共。当公司获得暴利时,普通股股东是主要的受益者;而当公司亏损时,他们又

是主要的受损者。

第三，普通股股东一般都拥有发言权和表决权，即有权就公司重大问题进行发言和投票表决。普通股股东持有一股便有一股的投票权，持有两股便有两股的投票权。任何普通股股东都有资格参加公司最高级会议每年一次的股东大会，但如果不愿参加，也可以委托代理人来行使其投票权。

第四，普通股股东一般具有优先认股权，即当公司增发新普通股时，现有股东有权优先（可能还以低价）购买新发行的股票，以保持其对企业所有权的原百分比不变，从而维持其在公司中的权益。例如，某公司原有10000股普通股，而某人拥有100股，占1%，现在公司决定增发10%的普通股，即增发1000股，那么此人就有权以低于市价的价格购买其中的1%，即10股，以便保持持有股票的比例不变。在发行新股票时，具有优先认股权的股东既可以行使其优先认股权，认购新增发的股票，也可以出售、转让其认股权。当然，在股东认为购买新股无利可图，而转让或出售认股权又比较困难或获利甚微时，也可以任由优先认股权过期而失效。公司提供认股权时，一般规定股权登记日期，股东只有在该日期内登记并缴付股款，方能取得认股权而优先认购新股。通常，这种在股权登记日期内购买的股票又称为附权股，相对地，在股权登记日期以后购买的股票就称为除权股，即股票出售时不再附有认股权。这样，在股权登记日期以后购买股票的投资不再附有认股权，在股权登记日期以后购买股票的投资者（包括老股东）便无权以低价购进股票。此外，为了确保普通股权的权益，有的公司还发行认股权证，即能够在一定时期内（或永久）以一定价格购买一定数目普通股份的凭证。一般公司的认股权证是和股票、债券一起发行的，这样可以更多地吸引投资者。

第五，普通股股东还持有股份转让权。股票是股份公司的所有权凭证，这种凭证一般没有具体的到期日期，因为股票投资是无确定期限的长期投资，股票的期限取决于发行股票的公司的存在与否。但是，股票是一种所有权凭证，股东可以随时将股份转让出售，收回本金，结束其对该股份公司的投资。这种转让出售就是人们所说的股票交易。

（三）普通股的类型

1.记名股票和无记名股票

按票面上是否记载股东的姓名或名称，股票可以分为记名股票和无记名股票。

记名股票是在票面上记载股东姓名或名称的股票。这种股票除了股票上所记载的股东外，其他人不得行使其股权，且股份的转让有严格的法律程序和手续，需要办理过户。公司向发起人、国家授权投资的机构、法人发行的股票，应当为记名股票，并应当记载该发起人、机构或者法人的名称，不得另立户名或者以代表人姓名记名。公司发行记名股票的，应当置备股东名册，记载股东的姓名及住所、各股东所持股份数、各股东所持股票编号、各股东取得其股份的日期等。

无记名股票是在票面上不记载股东姓名或名称的股票。不记名股票的持有者具有股东资格，股票的转让也比较自由、方便，无须办理过户手续。对社会公众发行的股票，可以为记名股票，也可以为无记名股票。发行无记名股票的，公司应当记载其股票数量、编号及发行日期。

2.普通股和优先股

按股东的权利、义务的不同，股份可分为普通股和优先股。普通股是享有普通权利、承担普通义务的股份，是股份的最基本形式。依照规定，普通股股东享有决策参与权、利润分配权、优先认股权和剩余资产分配权。优先股是享有优先权的股票。在公司进行清算时，优先股股东优先于普通股股东取得公司剩余财产，但优先股股东不参与公司决策，不参与公司红利分配。在实践中，发行优先股的公司很少。优先股融资在资本市场发达的国家司空见惯，但在中国上市公司中尚未出现。

3.国有股、发起人股、社会公众股

按投资主体的性质不同，股份又分为国有股、发起人股和社会公众股。

国有股包括国家股和国有法人股。国家股是指有权代表国家投资的政府部门或机构以国有资产投入公司形成的股份或依法定程序取得的股份。国有法人股是指具有法人资格的国有企业、事业单位及其他单位以其依法占用的法人资产向独立于自己的股份公司出资形成或依法定程序取得的股份。

发起人股是指股份公司的发起人认购的股份。发起人可以用货币、实物、工业产权、土地使用权等资产作价折股。发起人认购的股份，自公司成立之日起三年内不得转让。社会公众股是指个人和机构以合法财产购买并可依法流动的股份。

4.内资股和外资股

按投资者是以人民币认购和买卖股票还是以外币认购和买卖股票划分，股份可分为内资股和外资股。内资股一般是由境内人士或机构以人民币认购和买卖的股票；外资股一般是以外币认购和买卖的股票。外资股主要有境内上市外资股和境外上市外资股。境内上市外资股一般标为B股；境外上市外资股一般以境外上市地的英文名称中的第一个字母命名，其中有在中国香港（Hong Kong）上市的H股、在纽约（New York）上市的N股、在新加坡（Singapore）上市的S股。

5.始发股和增发股

始发股是指公司首次公开发行的股票即IPO，所有的首次公开发行必须是现金发行。增发股是指曾经发行过股票的公司再次发行新股（seasoned new issue），普通股的再次新发行可以是现金发行也可以是配股发行。始发股和增发股在发行条件、发行目的、发行价格等方面都有所不同，但股东的权利和义务都是相同的。

二、普通股融资的优点和缺点

（一）普通股融资的优点

与其他筹资方式相比，普通股筹集资本具有如下优点：

第一，发行普通股筹措资本具有永久性，无到期日，不需归还。这对保证公司对资本的最低需要、维持公司长期稳定发展极为有益。

第二，发行普通股筹资没有固定的股利负担，股利的支付与否和支付多少，视公司有无盈利和经营需要而定，经营波动给公司带来的财务负担相对较小。由于普通股筹资没有固定的到期还本付息的压力，从这方面来看，普通股筹资风险较小。

第三，发行普通股筹集资本是公司最基本的资金来源，它反映了公司的实力，可作为其他方式筹资的基础，尤其可为债权人提供保障，增强公司的举债能力。

第四，由于普通股的预期收益较高，并可一定程度地抵消通货膨胀的影响（通常在通货膨胀期间，不动产升值时普通股也随之升值），因此，普通股筹资容易吸收资金。

（二）普通股融资的缺点

但是，运用普通股筹资也存在一些缺点：

第一，普通股的资本成本较高。首先，从投资者的角度来讲，投资于普通股风险较高，相应地要求有较高的投资报酬率。其次，对于筹资公司来讲，普通股股利从税后利润中支付，不像债券利息那样作为费用从税前利润中支付，因而不具有税盾作用。最后，普通股的发行费用一般也高于其他证券。

第二，以普通股筹资会增加新股东，这可能会分散公司的控制权。此外，新股东分享公司未发行新股前积累的盈余，会降低普通股的每股净收益，从而可能引发股价的下跌。

三、股票市场

股票市场是股票发行和交易的场所。

（一）全球股票市场

全球股票市场主要包括美国、英国、德国、日本等发达国家的股票市场和韩国、新加坡及中国香港、中国台湾等国家或地区的新兴股票市场。

（二）一级股票市场和二级股票市场

股票市场分为发行市场和流通市场。股票发行市场又称一级股票市场，是发行新股票的市场，股票发行人通过发行市场将已获准发行的股票第一次销售给投资者，以获得资金。股票流通市场又称二级股票市场，是对已发行的股票进行买卖、转让交易的市场。

公司通过出售股票、债券来筹集资金，既增加了公司的现金数量，又扩大了公众持有股票和债券的规模。这类证券的发行就是所谓的一级发行，其发行的市场也叫一级市场。

金融市场除了帮助公司筹集新的资金外，还可以使投资者互相交易股票或债券。例如，股民李先生可以出售手里持有的某企业发行的A股票，以换取所需现金，而同时股民张先生则也可以将现金投资于A股票，这样，他们之间就形成了一笔交易，也就是说该股票的所有权从李先生手里转移到张先生手里，对发行该股票的企业的现金、资产及经营等并不产生影响。这类证券的购买与销售就是二级交易，其交易发生的场所就叫做二级市场。

在我国，公司为募集资金，经过审批发行股票，发行场所则为一级股票市场；股民在上海证券交易所或深圳证券交易所购买或出售股票则是二级股票交易，上海证券交易所或深圳证券交易所则是二级股票市场。二级股票市场（股票流通市场）的构成要素主要有：①股票持有人，在此为卖方；②投资者，在此为买方；③为股票交易提供流通、转让便利条件的信用中介操作机构，如证券公司或股票交易所（习惯上称之为证券交易所）证券交易所是股票流通市场的最重要组成部分，也是交易所会员、证券自营商或证券经纪人在证券市场内集中买卖上市股票的场所，是二级市场的主体。具体说，它具有固定的交易所和固定的交易时间，接受和办理符合有关法律规定的股票上市买卖，使原股票持有人和投资者有机会在市场上通过经纪人进行自由买卖、成交、结算和交割。

四、股票发行

（一）股票发行的规定和条件

公司公开发行的股票进入交易所挂牌买卖（即股票上市交易），须受严格的条件限制。

1. 设立股份有限公司申请公开发行股票的条件

①其生产经营符合国家产业政策，国家的产业政策因经济环境的不同会有所变化。②其发行的普通股限于一种，同股同权。同股同权即同种类股票的持有者具有同样的权利，强调"限于一种"和"同股同权"都是为了保护社会公众投资者的利益。③发起人认购的股本数不少于公司拟发行的股本总额的35%。④在公司拟发行的股本总额中，发起人认购的部分不少于人民币3000万元（国家另有规定的除外）。⑤向社会公众发行的部分不少于公司拟发行的股本总额的25%；公司拟发行的股本总额超过人民币4亿元的，证监会按照规定可以酌情降低向社会公众发行部分的比例，但是最低不少于公司拟发行股本总额的10%。⑥发起人在近3年没有重大违法行为。⑦符合国务院证券监督管理机构规定的相关条件。

2. 增资发行条件

股份有限公司为了扩大生产经营规模，可以增资发行股票筹集资金。上市公司发行新股，可以向社会公开募集，也可以向原股东配售，但应当符合有关发行新股的条件。公司发行新股，必须具备以下条件：

①前一次发行的股份已经募足，并间隔1年以上。②公司在最近3年内连续盈利，并可向股东支付股利（公司以当年利润分派新股，不受此限）。③公司在3年内财务会计文件无虚假记载。④公司预期利润率可达同期银行存款利率。

以向社会公开募集方式发行新股的，还应符合国务院证券监督管理部门规定的其他条件。

3. 公司配股发行的条件

配股发行是增资发行的一种，是指上市公司在获得有关部门的批准后，向其现有股东提出配股建议，使现有股东可按其所持有股份的比例认购配售股份的行为。它是上市公司发行新股的一种方式。在集资的意义上，配股集资具有实施时间短、操作较简单、成本较低等优点，同时，配股还是上市公司改善资本结构的一种手段。根据国务院证券监督管理机构有关上市公司配股的规定，上市公司向股东配股必须符合以下基本条件：

①上市公司必须与控股股东在人员、资产、财务上分开，保证上市公司的人员独立、资产完整和财务独立。②公司章程符合相关的规定。③配股募集资金的用途符合国家产业政策的规定。④前一次发行的股份已经募足，募集资金使用效果良好，本次配股距前次发行间隔一个完整的会计年度（1月1日至12月31日）以上。⑤公司上市超过3个完整会计年度的，最近3个完整会计年度的净资产收益率平均在10%以上；上市不满3个完整会计年度的，按上市后所经历的完整会计年度平均计算；属于农业、能源、原材料、基础设施、高科技等国家重点支持行业的公司，净资产收益率可以略低，但不得低于9%；上述指标计算期间内任何一年的净资产收益率均不得低于6%。⑥公司在最近3年内财务会计文件无虚假记载或重大遗漏。⑦本次配股募集资金后，公司预测的净资产收益率应达到或超过同期银行存款利率水平。⑧配售的股票限于普通股，配售的对象为股权登记日登记在册的公司全体股东。⑨公司一次配股发行股份总数，不得超过该公司前一次发行并募足股份后其股份总数的30%，公司将本次配股募集资金用于国家重点建设项目、技改项目的，可不受30%比例的限制。

4. 创业板发行条件

①主体资格方面，依法设立且持续经营3年以上的股份有限公司。②盈利要求方面，最近两年连续盈利，最近两年净利润累计不少于1000万元，且持续增长；或者最近一年盈利，且净利润不少于500万元，最近一年营业收入不少于5000万元；最近两年营业收入增长率均不低于30%。净利润以扣除非经常性损益前后孰低者为计算依据（注：上述要求为选择性标准，符合其中一条即可）。③资产要求方面，最近一期期末净资产不少于2000万元。④股本要求方面，企业发行后的股本总额不少于3000万元。

⑤主营业务要求方面,发行人应当主营业务突出。同时,募集资金只能用于发展主营业务。⑥董事及管理层方面,最近2年内未发生重大变化。⑦实际控制人方面,最近2年内实际控制人未发生变更。⑧同业竞争方面,发行人与控股股东、实际控制人及其控制的其他企业间不存在同业竞争。

5. 上市公司配股申请不予核准的情形

①不按有关法律、法规的规定履行信息披露义务。②近3年有重大违法、违规行为。③擅自改变招股说明书或配股说明书所列资金用途而未作纠正,或者未经股东大会认可。④股东大会通知、召开方式、表决方式和决议内容不符合规定。⑤申报材料存在虚假陈述。⑥公司拟定的配股价格低于该公司配股前每股净资产。⑦以公司资产为本公司的股东或个人债务提供担保。⑧公司资金、资产被控股股东占用,或有重大关联交易,明显损害公司利益。

申请配股的上市公司因存在上述②、③、④三项规定的情形而未获证监会核准的,不得在一年内再次提出配股申请。

上市公司必须按招股说明书所列的资金用途使用发行股票所募资金,如果改变须经股东大会认可;擅自改变用途而未作纠正或未经股东大会认可不得发行新股。

(二) 股票发行的程序

股份有限公司在设立时发行股票与增资发行新股,在程序上有所不同。

1. 设立时发行股票的程序

①提出募集股份申请。②公告招股说明书,制作认股书,签订承销协议和代收股款协议。③招认股份,缴纳股款。④召开创立大会,选举董事会、监事会。⑤办理设立登记,交割股票。

2. 增资发行新股的程序

①股东大会做出发行新股的决议。②由董事会向国务院授权的部门或省级人民政府申请并经批准。③公告新股招股说明书和财务会计报表及附属明细表,与证券经营机构签订承销合同,定向募集时向新股认购人发出认购公告或通知。④招认股份,缴纳股款。⑤改组董事会、监事会,办理变更登记并向社会公告。

(三) 股票发行方式、销售方式和发行价格

公司发行股票筹资,应当选择适宜的股票发行方式和销售方式,并恰当地制定发行价格,以便及时募足资本。

1. 股票发行方式

股票发行方式,指的是公司通过何种途径发行股票。总的来讲,股票的发行方式可分为公开发行和私下发行两种,其中公开发行又分为普通现金发行和配股发行两种发行方式。

(1) 公开间接发行(公募)和不公开直接发行(私募)

公开发行指通过中介机构公开向社会公众发行股票。我国股份有限公司采用募集

设立方式，在向社会公开发行新股时须由证券经营机构承销的做法，就属于股票的公开间接发行。这种发行方式的发行范围广发行对象多，易于足额募集资本；股票的变现性强，流通性好；股票的公开发行还有助于提高发行公司的知名度和扩大其影响力。但这种发行方式也有不足，主要是手续繁杂，发行成本高。

私下发行指不公开对外发行股票，只向少数特定的对象直接发行，因而不需经中介机构承销。我国股份有限公司采用发起设立方式和以不向社会公开募集的方式发行新股的做法，即属于股票的不公开直接发行。这种发行方式弹性较大，发行成本低，但发行范围小，股票变现性差。

（2）普通现金发行和配股发行

普通股的再次新发行包括现金发行和配股发行两种方式，其中向现有股东出售普通股股票就是配股发行，给予每位股东一种在确定时间按认购价格从公司买入确定数量新股的选择权，其特点有：第一，相比于IPO，配股发行不存在折价现象，但由于认购价格低于股票市场价格，配股发行后股票新的市场价格会低于配股发行前股票的市场价格，认购价格越低，配股发行的价格下跌幅度就越大；第二，相比于IPO，由于不存在差价、折价、绿鞋条款等相关成本，配股发行成本较低；第三，相比于现金发行方式，配股发行不会稀释现有股东的所有权比例，公司股东拥有优先认股权，每位股东的持股比例保持不变；第四，相比于现金发行方式，配股发行赋予股东较大的灵活性，股东既可以行使配股权以认购价格购买新股也可以出售配股权获取现金收入，无论是哪种选择，配股发行都不会影响股东财富。

2.股票销售方式

股票销售方式，指的是股份有限公司向社会公开发行股票时所采取的股票销售方法。股票销售方式有两类：自销和承销。

（1）自销方式

股票发行的自销方式，指发行公司自己直接将股票销售给认购者。这种销售方式可由发行公司直接控制发行过程，实现发行意图，并可以节省发行费用；但往往筹资时间长，发行公司要承担全部发行风险，并需要发行公司有较高的知名度、信誉和实力。

（2）承销方式

股票发行的承销方式，指发行公司将股票销售业务委托给证券经营机构代理。这种销售方式是发行股票所普遍采用的。股份有限公司向社会公开发行股票，必须与依法设立的证券经营机构签订承销协议，由证券经营机构承销。股票承销又分为包销和代销两种具体办法。所谓包销，是根据承销协议商定的价格，证券经营机构一次性全部购进发行公司公开募集的全部股份，然后以较高的价格出售给社会上的认购者。对于发行公司来说，采用包销的办法可及时筹足资本，免于承担发行风险（股款未募足的风险由承销商承担），但股票以较低的价格售给承销商会损失部分溢价。所谓代销，是证券经营机构仅替发行公司代售股票,并由此获取一定的佣金,但不承担股款未募足的风险。

(3) 股票发行价格

股票发行价格是股票发行时所使用的价格,也就是投资者认购股票时所支付的价格。股票发行价格通常由发行公司根据股票面额、股市行情和其他有关因素决定。以募集设立方式设立公司首次发行的股票价格,由发起人决定;公司增资发行新股的股票价格,由股东大会做出决议。

我国主板、中小企业板和创业板上市规则的异同分别见表3-1和表3-2。

表3-1 主板、中小企业板和创业板上市规则相同部分

相同项目	规则内容
主体资格	依法设立且合法存续的股份有限公司
注册资本	注册资本已足额缴纳,发起人或者股东用做出资的资产的财产权转移手续已办理完毕,发行人的主要资产不存在重大权属纠纷
偿债风险	不存在重大偿债风险,不存在影响持续经营的担保、诉讼以及仲裁等重大或有事项
股权	股权清晰,控股股东和受控股股东、实际控制人支配的股东所持发行人的股份不存在重大权属纠纷
会计	会计基础工作规范,财务报表的编制符合企业会计准则和相关会计制度的规定,在所有重大方面公允地反映了发行人的财务状况、经营成果和现金流量,并由注册会计师出具无保留意见的审计报告
独立性	应当在招股说明书中披露已达到发行监管对公司独立性的基本要求
内部控制	内部控制在所有重大方面是有效的,并由注册会计师出具无保留结论的内部控制鉴证报告

表 3-2 主板、中小企业板和创业板上市规则不同之处

项目	主板	中小企业板	创业板
经营年限	持续经营时间应当在3年以上（有限公司按原账面净资产值折股整体变更为股份公司可连续计算）	持续经营时间应当在3年以上，经国务院批准的除外（有限公司按原账面净资产值折股整体变更为股份公司可连续计算）	持续经营时间应当在3年以上（有限公司按原账面净资产值折股整体变更为股份公司可连续计算）
盈利要求	（1）最近3个会计年度净利润均为正数且累计超过人民币3000万元，净利润以扣除非经常性损益前后较低者为计算依据 （2）最近3个会计年度经营活动产生的现金流量净额累计超过人民币5000万元；或者最近3个会计年度营业收入累计超过人民币3亿元	（1）最近3个会计年度净利润均为正数且累计超过人民币3000万元，净利润以扣除非经常性损益前后较低者为计算依据 （2）最近3个会计年度经营活动产生的现金流量净额累计超过人民币5000万元；或者最近3个会计年度营业收入累计超过人民币3亿元	标准一：最近2年连续盈利，最近2年净利润累计不少于人民币1000万元，且持续增长 标准二：最近一年盈利，且净利润不少于人民币500万元，最近一年营业收入不少于人民币5000万元，最近2年营业收入增长率均不低于30% （注：上述要求为选择性标准，符合其中一条即可）
资产要求	（1）最近一期末无形资产（扣除土地使用权、水面养殖权和采矿权等后）占净资产的比例不高于20% （2）最近一期不存在未弥补亏损	（1）最近一期末无形资产（扣除土地使用权、水面养殖权和采矿权等后）占净资产的比例不高于20% （2）最近一期不存在未弥补亏损	（1）最近一期期末净资产不少于2000万元 （2）最近一期不存在未弥补亏损
股本要求	发行前股本总额不少于人民币3000万元	发行前股本总额不少于人民币3000万元，发行后股本总额不少于人民币5000万元	发行后股本总额不少于3000万元，股东人数不少于200人
主营业务	最近3年内主营业务没有发生重大变化	最近3年内主营业务没有发生重大变化	发行人应当主要经营一种业务，其生产经营活动符合法律、行政法规和公司章程的规定，符合国家产业政策及环境保护政策。最近2年内没有发生重大变化

续表

项目	主板	中小企业板	创业板
董事及管理层	最近3年内董事、高级管理人员没有发生重大变化	最近3年内董事、高级管理人员没有发生重大变化	最近2年内董事、高级管理人员没有发生重大变化
实际控制人	最近3年内实际控制人未发生变更	最近3年内实际控制人未发生变更	最近2年内实际控制人未发生变更
持续盈利之限制行为	（1）发行人的经营模式产品或服务的品种结构已经或者将发生重大变化，并对发行人的持续盈利能力构成重大不利影响 （2）发行人的行业地位或发行人所处行业的经营环境已经或者将发生重大变化，并对发行人的持续盈利能力构成重大不利影响 （3）发行人最近一个会计年度的营业收入或净利润对关联方或者存在重大不确定性的客户存在重大依赖 （4）发行人最近一个会计年度的净利润主要来自合并财务报表范围以外的投资收益 （5）发行人在用的商标专利、专有技术以及特许经营权等重要资产或技术的取得和使用存在重大不利变化的风险 （6）其他可能对发行人持续盈利能力构成重大不利影响的情形	（1）发行人的经营模式产品或服务的品种结构已经或者将发生重大变化，并对发行人的持续盈利能力构成重大不利影响 （2）发行人的行业地位或发行人所处行业的经营环境已经或者将发生重大变化，并对发行人的持续盈利能力构成重大不利影响 （3）发行人最近一个会计年度的营业收入或净利润对关联方或者存在重大不确定性的客户存在重大依赖 （4）发行人最近一个会计年度的净利润主要来自合并财务报表范围以外的投资收益 （5）发行人在用的商标专利、专有技术以及特许经营权等重要资产或技术的取得和使用存在重大不利变化的风险 （6）其他可能对发行人持续盈利能力构成重大不利影响的情形	（1）发行人的经营模式、产品或服务的品种结构已经或者将发生重大变化，并对发行人的持续盈利能力构成重大不利影响 （2）发行人的行业地位或发行人所处行业的经营环境已经或者将发生重大变化，并对发行人的持续盈利能力构成重大不利影响 （3）发行人在用的商标、专利专有技术、特许经营权等重要资产和技术的取得和使用存在重大不利变化的风险 （4）发行人最近一年的营业收入或净利润对关联方或者有重大不确定性的客户存在重大依赖 （5）发行人最近一年的净利润主要来自合并财务报表范围以外的投资收益 （6）其他可能对发行人持续盈利能力构成重大不利影响的情形

续表

项目	主板	中小企业板	创业板
关联交易	发行人与控股股东、实际控制人及其控制的其他企业间不得有显失公平的关联交易；关联交易价格公允，不存在通过关联交易操纵利润的情形	发行人与控股股东、实际控制人及其控制的其他企业间不得有显失公平的关联交易；关联交易价格公允，不存在通过关联交易操纵利润的情形	发行人与控股股东、实际控制人及其控制的其他企业间不存在严重影响公司独立性或者显失公允的关联交易
公司治理结构	无	建立健全股东大会、董事会、监事会、独立董事、董事会秘书制度	建立股东大会、董事会、监事会、独立董事、董事会秘书审计委员会制度
税收	依法纳税，享受的各项税收优惠符合相关法律法规的规定	依法纳税，享受的各项税收优惠符合相关法律法规的规定；经营收入对税收优惠不存在严重依赖	依法纳税，享受的各项税收优惠符合相关法律法规的规定；经营收入对税收优惠不存在严重依赖
募集资金用途	发行人董事会应当依法就本次股票发行的具体方案、本次募集资金使用的可行性及其他必须明确的事项做出决议，并提请股东大会批准	募集资金应当有明确的使用方向，原则上用于主营业务	无
保荐人持续督导	发行人及其全体董事、监事和高级管理人员应当在招股说明书上签字、盖章，保证招股说明书的内容真实、准确、完整。保荐人及其保荐代表人应当对招股说明书的真实性、准确性、完整性进行核查，并在核查意见上签字、盖章	首次公开发行股票的，持续督导的期间为证券上市当年剩余时间及其后2个完整会计年度；上市公司发行新股、可转换公司债券的，持续督导的期间为证券上市当年剩余时间及其后2个完整会计年度。持续督导的期间自证券上市之日起计算	创业板IPO的持续督导期间为证券上市当年剩余时间及其后3个完整会计年度；创业板上市公司发行新股、可转换公司债券的，持续督导的期间为证券上市当年剩余时间及其后2个完整会计年度

续表

项目	主板	中小企业板	创业板
会后事项	无	发行申请核准后、股票发行结束前,发行人发生重大事项的,应当暂缓或暂停发行,并及时报告中国证监会,同时履行信息披露义务。影响发行条件的,应当重新履行核准程序	发行申请核准后、股票发行结束前,发行人发生重大事项的,应当暂缓或暂停发行,并及时报告中国证监会,同时履行信息披露义务。出现不符合发行条件事项的,中国证监会撤回核准决定
发行审计委员会	无	创设主板发行审核委员会,委员为25名(主板审计委员会、创业板审计委员会和并购重组委员会不得相互兼任)	创设创业板发行审核委员会,委员35名(主板审计委员会、创业板审计委员会和并购重组委员会不得相互兼任)
保荐人专项意见	无	无	保荐人应当对发行人的成长性进行尽职调查和审慎判断并出具专项意见。发行人为自主创新企业的,还应当在专项意见中说明发行人的自主创新能力
初审征求意见	无	征求省人民政府、国家发展和改革委员会意见	无
其他	无	无	(1)要求发行人的控股股东对招股说明书签署确认意见 (2)要求发行人在招股说明书显要位置做出风险提示,内容为:本次股票发行后拟在创业板市场上市,该市场具有较高的投资风险。创业板公司具有业绩不稳定、经营风险高等特点,投资者面临较大的市场波动风险,投资者应充分了解创业板市场的投资风险及本公司所披露的风险因素,审慎做出投资决定 (3)不要求发行人编制招股说明书摘要

五、股票上市

股票上市，指的是股份有限公司公开发行的股票经批准在证券交易所进行挂牌交易。经批准在交易所上市交易的股票则称为上市股票。按照国际通行做法，非公开募集发行的股票或未向证券交易所申请上市的非上市证券，应在证券交易所外的店头市场（over the counter market，OTC Market，也称"场外市场"）上流通转让；只有公开募集发行并经批准上市的股票才能进入证券交易所流通转让。股东转让其股份，亦即股票进入流通，必须在依法设立的证券交易场所里进行。

（一）股票上市的目的

股份公司申请股票上市，一般出于以下一些目的：

1. 资本大众化，分散风险

股票上市后，会有更多的投资者认购公司股份，公司则可将部分股份转售给这些投资者，再将得到的资金用于其他方面，这就分散了公司的风险。

2. 提高股票的变现力

股票上市后便于投资者购买，自然提高了股票的流动性和变现力。

3. 便于筹集新资金

股票上市必须经过有关机构的审查批准并接受相应的管理，执行各种信息披露和股票上市的规定，这就大大增强了社会公众对公司的信赖，使之乐于购买公司的股票。同时，一般人认为上市公司实力雄厚，这也便于公司采用其他方式（如负债）筹集资金。

4. 提高公司知名度，吸引更多顾客

股票上市公司为社会所知，并被认为经营优良，会带来良好声誉，吸引更多的顾客，从而扩大销售量。

5. 便于确定公司价值

股票上市后，公司股价有市价可循，便于确定公司的价值，有利于促进公司财富最大化。

（二）股票上市的缺点

股票上市在给公司带来好处的同时，也会对公司产生不利影响，这主要包括以下方面：

1. 公司将负担较高的信息披露成本

上市公司依法必须定期将财务报告或有关报告提交给证券管理部门、政府主管机关及股民大众等利益相关者，特别是对于小公司来说，印制发送这些报表的成本是不小的负担。

2. 各种信息公开的要求可能会暴露公司商业秘密

股票上市后，公司要公开经营状况、财务状况等信息，很可能使得同行了解公司发展的大致方向和经营手段，从而制定出相应的对付该公司的策略。

3.股价有时会歪曲公司的实际状况，丑化公司声誉

虽然股票上市的公司可以通过股票价格的变动来体现公司价值，但是股票价格受多种因素影响，不能肯定任何时刻都处在好的位置上，因此不时的不良变动使得股民贬低公司价值，使公司声誉受损。

4.可能会分散公司的控制权，造成管理上的困难

上市后原有股东的控制权会被稀释，在某些情况下，老股东会失去对公司的控制权。在公司已经上市的情况下，原来的控制者如果想要继续控制公司，可能会付出更高的成本。

（三）股票上市的条件

公司公开发行的股票进入证券交易所挂牌买卖（即股票上市），须受严格的条件限制。非创业板公司申请其股票上市的条件如下：

（1）股票经国务院证券监督管理机构批准已向社会公开发行。不允许公司在设立时直接申请股票上市。（2）公司股本总额不少于人民币5000万元。（3）开业时间在3年以上，最近3年连续盈利；属国有企业依法改建而设立股份有限公司的，或者新组建成立、其主要发起人为国有大中型企业的股份有限公司，可连续计算。（4）持有股票面值人民币1000元以上的股东不少于1000人，向社会公开发行的股份达公司股份总数的25%以上；公司股本总额超过人民币4亿元的，其向社会公开发行股份的比例为10%以上。（5）公司在最近3年内无重大违法行为，财务会计报告无虚假记载。（6）国务院规定的其他条件。

具备上述条件的股份有限公司经申请，由国务院或国务院授权的证券监督管理机构批准，其股票方可上市。股票上市公司必须公告其上市报告，并将其申请文件存放在指定的地点供公众查阅。股票上市公司还必须定期公布其财务状况和经营情况，每一会计年度内每半年公布一次财务会计报告。

第二节 非流动负债融资

一、非流动负债融资的特点

非流动负债是指偿还期在一年或超过一年的一个营业周期以上的债务。按其具体内容分类，包括长期借款、应付债券和长期应付款。非流动负债融资是指通过非流动负债来筹集资金。与普通股融资相比，非流动负债融资的特点为：①所筹集的资金具有使用上的时间性，需到期偿还；②无论企业经营好坏，都需固定支付债务利息；③其资本成本一般比普通股融资成本低，且不会分散投资者对企业的控制权。非流动负债融资可以解决企业长期资金不足的问题。例如，对需要长期性固定资产的投资，且

非流动负债偿还期长，债务可作长期安排，因此还债压力或风险相对较小。但是，非流动负债融资一般成本高于流动负债融资，即非流动负债的利率较高，而且负债限制多，这是因为债权人为保证债务人能够及时、足额地偿还债务而设定种种保护性限制条件，因此债务人往往受到诸多约束。

二、长期借款融资

（一）长期借款融资的种类

长期借款的种类很多，各企业可根据自身的情况和各种借款条件选用。我国目前各金融机构的长期借款主要有以下种类。

1. 按照用途

分为固定资产投资借款、更新改造借款、科技开发和新产品试制借款等。

2. 按提供贷款的机构

分为政策性银行贷款、商业银行贷款等。政策性银行贷款一般指执行国家政策性贷款业务的银行向企业发放的贷款，如国家开发银行主要为满足企业承建国家重点建设项目的资金需要提供贷款，进出口信贷银行则为大型设备的进出口提供买方或卖方信贷。商业银行贷款指由各商业银行向工商企业提供的贷款，这类贷款主要为满足企业建设竞争性项目的资金需要，企业对贷款自主决策、自担风险、自负盈亏。

3. 按有无担保分为信用贷款和抵押贷款

信用贷款指不需企业提供抵押品，仅凭其信用或担保人信誉而发放的贷款。抵押贷款指要求企业以抵押品作为担保的贷款。长期贷款的抵押品常常是房屋、建筑物、机器设备、股票、债券等。

（二）取得长期借款融资的条件

我国金融部门对企业发放贷款的原则是：按计划发放、择优扶植、有物资保证、按期归还。企业申请贷款一般应具备下列条件：

（1）借款企业独立核算、自负盈亏，具有法人资格，有健全的机构和相应的企业管理和技术人才。（2）借款企业经营方向和业务范围符合国家政策，借款用途属于银行贷款办法规定的范围，并提供有关借款项目的可行性报告。（3）借款企业具有一定的物资和财产保证，担保单位具有相应的经济实力。（4）借款企业具有偿还贷款的能力。（5）借款企业财务管理和经济核算制度健全，资金使用效益及企业经济效益良好。（6）借款企业在有关银行开立有账户，办理结算。

具备上述条件的企业欲取得贷款，先要向银行提出申请，陈述借款原因与金额、用款时间与计划、还款期限与计划。银行根据企业的借款申请，针对企业的财务状况、信用情况、盈利的稳定性、发展前景、借款投资项目的可行性等进行审查。银行审查同意贷款后，再与借款企业进一步协商贷款的具体条件，明确贷款的种类、用途、金额、利率、期限、还款的资金来源及方式、保护性条件、违约责任等，并以借款合同的形式将其法律化。借款合同生效后,企业便可取得借款。

(三) 长期借款融资的保护性条款(契约)

由于长期借款的期限长、风险大,按照国际惯例,银行通常对借款企业提出一些有助于保证贷款按时足额偿还的条件。这些条件被写进贷款合同中,形成了合同的保护性条款。归纳起来,保护性条款大致有如下三类:

1. 一般性保护条款

一般性保护条款应用于大多数借款合同,但根据具体情况会有不同内容,主要包括:

①对借款企业流动资金保持量的规定,其目的在于保持借款企业资金的流动性和偿债能力;②对支付现金股利和再购入股票的限制,其目的在于限制现金外流;③对资本支出规模的限制,其目的在于减少企业日后不得不变卖固定资产以偿还贷款的可能性,仍着眼于保持借款企业资金的流动性;④限制其他长期债务,其目的在于防止其他贷款人取得对企业资产的优先求偿权。

2. 例行性保护条款

例行性保护条款作为例行常规,在大多数借款合同中都会出现,主要包括:

①借款企业定期向银行提交财务报表,其目的在于及时掌握企业的财务情况;②不准在正常情况下出售较多资产,以保持企业正常的生产经营能力;③如期清偿缴纳的税金和其他到期债务,以防被罚款而造成现金流失;④不准以任何资产作为其他承诺的担保或抵押,以避免企业过重的负担;⑤不准贴现应收票据或出售应收账款,以避免或有负债;⑥限制租赁固定资产的规模,其目的在于防止企业负担巨额租金以致削弱其偿债能力,还在于防止企业以租赁固定资产的办法摆脱对其资本支出和负债的约束。

3. 特殊性保护条款

特殊性保护条款是针对某些特殊情况而出现在部分借款合同中的,主要包括:

①贷款专款专用;②不准企业投资于短期内不能收回资金的项目;③限制企业高级职员的薪金和奖金总额;④要求企业主要领导人在合同有效期间担任领导职务;⑤要求企业主要领导人购买人身保险等。

(四) 长期借款融资的成本

长期借款融资的成本核算,可以利用资金成本率这一指标来计算。资金成本就是企业在筹集资金和使用资金时所支付的一定代价。企业可以利用各种方式从多种渠道筹集资金,但不论具体方式如何,企业都要付出一定代价,花费一定的成本,即付出筹资费和使用费。筹资费是指企业在筹集资金过程中发生的各种费用,如委托金融机构代理发行股票、债券而支付的注册费和代理费等,向银行借款而支付的手续费等。使用费是指企业因使用资金而向资金提供者支付的报酬。例如,采用发行股票方式筹集的资金,要向股东们支付利息、红利;采用发行债券和银行贷款方式借入的资金,要向债权人支付利息；租入的资产，要向出租人支付租金等。由于在不同情况下筹集资金的总额不同，为了便于比较，资金成本通常以相对数来表示，即用资金成本率来表示。

（五）长期借款融资的偿还方式

企业偿还长期借款的方法可分为分期付息到期还本法、完全分期等额偿付法和部分分期等额偿付法。第一种方法很容易理解，下面介绍后两种方法。

1. 完全分期等额偿付法

完全分期等额偿付是指借款在借款期内连本带息，均按照相等金额归还，分期的期间可按季度、半年或一年划分。

2. 部分分期等额偿付法

部分分期等额偿付法是指借款的一部分按完全分期等额偿付法分期偿还，另一部分按期付息，到期还本。

（六）长期借款融资的特点

综上所述，长期借款融资的特点主要表现在以下方面：

（1）长期借款种类较多，企业可根据自身情况和各种借款条件进行选择。（2）由于长期借款期限长、风险大，企业在借款时常会应金融机构要求签订保护性条款。（3）长期借款成本相对较低，其利率一般低于债券利率，但除利息之外，银行还会向借款企业收取其他费用，如实行周转信贷协定所收取的承诺费，要求借款企业在本银行中保护补偿余额所形成的间接费用等。（4）长期借款弹性较大。借款企业可与银行直接交涉，有关条件可谈判确定；用款期间发生变动，亦可与银行再行协商。

三、债券融资

（一）债券的种类

债券的分类方式有很多，对投资者来说，比较重要而且经常会遇到的主要有以下几种。

1. 按发行主体分类

债券按其发行主体分类，可分为国家债券、地方债券、金融债券和企业债券等几大类。国家债券简称国债，是由中央人民政府发行的政府债券，其债务人为国家。国债是投资者接触最多的一种债券。地方债券，是由省、市、自治区及其他地方政府发行的债券，其债务人为地方政府。金融债券，是由银行和非银行金融机构为筹集资金而发行的债券，其债务人为发行债券的金融机构。企业债券又称为公司债券，是企业发行的债券，其债务人为发行债券的企业，较之国债而言，其信誉要低一些，风险相对较高，利率也相对较高。

（1）国债

国债即国家债券，是中央人民政府为筹集财政资金而发行的一种政府债券。国债是以国家信用作保证的，因此风险小，流动性强。在我国，国债利率较其他类型债券低，而比同期银行存款利率要高，通常被称为"金边债券"。国债是我国证券市场中发行量最大、交易量最多的一种债券，从其形式来看，目前我国发行的国债可分为凭证式国债、无记名（实物）国债和记账式国债三种。

①凭证式国债

类似于大额的储蓄存单，可记名、挂失，并以"凭证式国债收款凭证"来记录债权，但不能上市流通，从购买之日起计息，可以提前支取，国债销售网点按投资者实际持有时间和相应的利率为投资者办理还本付息。

②无记名国债

即实物国债，以实物券的形式出现，我国20世纪80年代恢复发行国债后发行了大量实物国债。实物国债不记名、不挂失，可以上市流通，投资者既可以在国债发行网点进行购买，又可以开立证券账户后通过证券公司在沪深证券交易所进行购买。发行结束上市交易后，投资者可以在国债发行网点进行买卖，也可在沪深证券交易所进行交易买卖。

③记账式国债

则没有实物券，以记账形式出现，通过证券交易所进行发行和交易，可以记名、挂失，投资者在证券交易所开立账户后即可进行记账式国债的买卖，其方式与买卖股票方式相同。

（2）地方债券

地方债券又称"市政债券"，指由地方政府发行的债券，其目的是筹集足够的资金用于修建公路、开办学校等公共事业。地方债券最明显的好处是税收的优惠，这也是最吸引投资者的地方。

（3）金融债券

金融债券是指银行和非银行金融机构为筹集资金而发行的债券，其债务人为发行债券的金融机构。

（4）企业债券

企业债券又称公司债券，是企业发行的债券，其债务人为发行债券的企业。较之国债而言，其信誉要低一些，风险相对较高，利率也相对较高。

（5）可转换公司债券

可转换公司债券是公司债券的一种，是可以在一定时间内和一定条件下转换成公司股票的公司债券。投资者认购发行公司所发行的可转换公司债券后，如果一直持有该债券而不转换成股票，那么债券到期时，公司按照发行时所约定的利率对投资者进行还本付息，双方是债权和债务关系，与普通的公司债券相同。而同时，持有可转换公司债券的投资者还拥有将可转换公司债券转换成股票的权利，投资者可以在持有债券和股票之间做出选择,投资者一旦按约定的条件将可转换公司债券转换成股票之后,就不能再转回债券,同时投资者的身份也从债权人变成了公司的股东,其所享有的权利和义务与公司的其他股东完全相同。

（6）高收益债券（high yield bond）

又称垃圾债券（junk bond）或非投资级债券（non-investment grade bond），是指信用评级低于投资级、收益率高于同期限国债收益率的一种信用债券，它并非法定概念或某种特定的证券品种，而是金融市场对风险收益选择的结果。一般而言，中小微企业经营业绩波动率较大，抵押资产较少，其发行债券的信用等级较低、利息水平较高，因此这种中小微企业债就符合高收益债券的特征。

2. 按偿还期限分类

按债券偿还期限的长短分类，可分为短期债券、中期债券和长期债券。通常期限在1年以下的债券称为短期债券，期限在1～5年的债券称为中期债券，期限在5年以上的债券称为长期债券。

3. 按发行方式分类

按债券的发行方式分类，可分为公募债券和私募债券。公募债券是指向社会公开发行、任何投资者均可购买的债券。私募债券是指向特定的投资者发行的债券，其发行和转让均有一定的局限性。

（二）债券融资的特点

债券融资的筹资面广、数额大、期限长、发行费用低，对财务的公开性要求不高，这使得债券发行者比较容易筹集到资金。一般来说，债券融资的特点可归纳为以下几个方面：

1. 偿还性

债券一般都规定有偿还期限，发行人必须按约定条件偿还本金并支付利息。

2. 流通性

债券一般都可以在流通市场上自由转换。

3. 安全性

与股票相比，债券通常规定有固定的利率，与企业绩效没有直接联系，收益比较稳定，风险较小。此外，在企业破产时，债券持有者享有优先于股票持有者对企业剩余财产的索取权。

4. 收益性

债券的收益性主要表现在两个方面，一是投资债券可以给投资者定期或不定期地带来利息收益；二是投资者可以利用债券价格的变动，买卖债券，赚取差额。

（三）债券评级

进行债券信用评级最重要的原因是方便投资者进行债券投资决策。投资者购买债券是要承担一定风险的，如果发行者到期不能偿还本息，投资者就会蒙受损失。发行者不能偿还本息是投资债券最大的风险,称为信用风险。债券的信用风险因发行者偿还能力不同而有所差异。广大投资者尤其是中小投资者,由于受时间、知识和信息的限制,无法对众多债券进行分析和选择,因此需要专业机构对准备发行债券的发行人的还本付息可靠程度进行客观、公正和权威的评定,也就是进行债券信用评级,以方便投资者决策。

债券信用评级的另一个重要原因,是减少信誉高的发行人的筹资成本。一般来说,资信等级越高的债券,越容易得到投资者的信任,能够以较低的利率出售;而资信等级低的债券,风险较大,只能以较高的利率发行。

标准普尔公司和穆迪投资者服务公司都是独立的私人企业,不受政府控制,也独立于证券交易所和证券公司。它们所做出的信用评级不具有向投资者推荐这些债券的含义,只供投资者决策时参考,因此,它们对投资者负有道义上的义务,但并不承担任何法律上的责任。

(四) 发行债券的资格和条件

1. 发行公司债券的主体

以下三种形式的公司主体有资格发行债券:①股份有限公司;②国有独资公司;③两个以上的国有企业或者其他两个以上的国有投资主体投资设立的有限责任公司。

2. 发行公司债券必须具备的条件

第一,股份有限公司的净资产额不低于人民币3000万元,有限责任公司的净资产额不低于人民币6000万元。

第二,累计债券总额不超过公司净资产额的40%。

第三,最近3年平均可分配利润足以支付公司债券一年的利息。

第四,所筹集资金的投向符合国家产业政策。

第五,债券的利率不得超过国务院限定的水平。

第六,国务院规定的其他条件。

另外,公司发行债券所筹集的资金,必须符合审批机关审批的用途,不得用于弥补亏损和非生产性支出,否则损害债权人的利益。

发行公司凡有下列情况之一的,不得再次发行公司债券:①前一次发行的公司债券尚未募足的;②对已发行的公司债券或者其债务有违约或延迟支付本息的事实,且仍处于持续状态的。

(五) 发行债券的程序

我国企业债券的发行必须受到国家发行计划规模的限制,因此,企业发行债券只有在经过配额审核和发行审核之后才能进行发行和销售。

1. 配额审核

企业在发行债券前,必须先向企业的行业主管部门提出申请;获准后,行业主管部门向省、区、市的人民银行和计委申报发行配额;经逐级审核申报后,编制出全国的企业债券发行计划,并将配额发放到各省、自治区、直辖市或计划单列市;各省、自治区、直辖市或计划单列市的中国人民银行和计委再将配额分给企业或企业主管部门,企业获得发行债券的配额,得到发行企业债券申请表。

2.发行审核

企业在获得债券发行配额后,应当聘请有证券从业资格的会计师事务所对企业近3年的财务状况进行审计,聘请证券评估机构对企业进行信用评级,并协助债券发行的主承销商制作发行债券所必需的材料,送债券发行的主管部门进行审批。中央企业发行企业债券,由中国人民银行会同国家发展和改革委员会审批;地方企业发行企业债券,由中国人民银行省、自治区、直辖市或计划单列市的分行会同同级的计委审批。

3.公开发行与上市

取得企业债券发行的批文后,企业和主承销商应当在指定的信息披露报刊刊登债券发行公告和发行章程,应当在取得中国人民银行的实物券准印证后,在指定的印刷厂印制实物券。主承销商将实物券发至各承销网点,向社会公众销售债券。在债券发行期结束后,按照承销协议的有关规定处理剩余债券。如果是代销,承销商将剩余债券退还给企业;如果是包销,承销商将购买剩余的债券。在协议规定的划款期内,承销商应将债券款划至企业所指定的银行账户。

(六) 债券的发行价格

公司债券从发行人手中出售给债券初始投资人时的价格,亦即投资人购买债券时所支付的价格。发行公司可以采用三种不同的发行价格(见表3-3)。

表3-3 债券的发行价格

债券的发行价格	价格与面值的关系	票面利率与市场利率的一致程度
平价	发行价格=面值	票面利率与市场利率一致
溢价	发行价格>面值	票面利率高于市场利率
折价	发行价格<面值	票面利率低于市场利率

1.票面发行价格

按与债券面额相等的价格发行公司债券。债券采用票面价格发行,表明发行公司确定的债券票面利率和实际市场利率正好相等。

2.溢价发行价格

按高于债券面额的价格发行公司债券,其原因是债券的票面利率高于市场利率。由于债券的利息高于市场利息,以后发行公司要多给债券购买者利息,所以,溢价部分对发行公司多付息有一种补偿与调整作用,这就使发行公司和投资者谁也不吃亏。

3.折价发行价格

按低于债券面额的价格发行公司债券,其原因是债券的票面利率低于市场利率。

债券折价相当于债券发行者预付给债券投资者的一笔利息,通过票面利率与市场利率的对比分析,发行公司和债券购买者都不吃亏。

选择不同的债券发行价格,可以使其同不断变化的市场利率保持基本平衡,对投资者的实际收益进行适当调整。以上三种价格方式,到底采取哪一种,对发行公司降低筹资成本并吸引投资者,具有十分重要的意义。其决策技巧主要是综合分析三个因素:①实际市场利率;②社会经济状况;③发行公司自身未来的盈利能力和偿还能力。债券的价格是由其价值决定的,而债券的价值又取决于以下四个因素:①到期偿还的债券面值;②债券面值按市场利率换算的现值;③债券按名义利率各年所支付的利息;④债券利息按市场利率换算的现值。其总和构成债券价值,所以必须按照市场利率把发行公司将来支付的面值和利息折算成现值,这才是债券的发行价格。

(七) 发行债券融资的优点和缺点

1.企业发行债券筹资有如下优点

(1) 与股票筹资相比,债券的利息率较低,可降低资金成本。(2) 债券利息可作为费用列支,这会降低企业所缴纳的所得税,即债务税盾效应。(3) 发行债券筹资不会影响企业所有者对企业的控制权。(4) 当企业投资报酬率大于债券利息率时,由于财务杠杆的作用,企业自有资金收益率会得到提高。

2.发行债券筹资也有明显的缺点

(1) 由于债券有固定的偿还期,这对企业而言是沉重的负担,无疑会增大企业的筹资风险,增加企业的财务困境成本。(2) 发行债券筹资会提高企业的负债比率,降低企业的财务信誉。(3) 发行债券筹资的限制条件较多。例如,国家有关条例和法规对债券的发行有严格规定,多数债券需要企业提供财产担保等。

第三节 混合性融资

一、优先股融资

(一) 优先股融资的特征

1.累积优先股和非累积优先股

累积优先股具有累积股利的特征,即任何一年未付的股利都能递延到以后各年进行支付。未支付的优先股的股利会使优先股在公司中的权益增加。需要强调的是,公司必须付清了优先股股利之后才能支付普通股的股利,也就是说优先股股利也具有优先支付权。

2.参与分配优先股和非参与分配优先股

参与分配优先股,顾名思义,就是指优先股在获取自己应得的股利之外,如果公司有超额利润,则有权参与同普通股一样的分配,而分享额外股利。而非参与分配优先股则只能获得规定的股利，无权参与分配公司所获得的超额利润。在公司经营得当、利润丰厚、普通股的股利分配情况超过优先股股利的时候，参与分配优先股有权要求享有与普通股持有者相同的股利报酬，具有双重分红性。

3. 可转换优先股和不可转换优先股

可转换优先股和可转换公司债券具有相同的性质，即该类优先股在某特定时期内，可以按照规定的价格条件转换成普通股。当然，行使这种权利的资格属于可转换优先股的持有者。而不可转换优先股只能固定地收取股利，而不能转换成普通股，与普通股无任何联系。可转换优先股具有极大的潜在价值，使得投资者对于优先股的价值较为关注。

4. 可赎回优先股和不可赎回优先股

可赎回优先股是指公司发行的一种在特定情况下可根据条款按规定的价格和方式赎回的优先股。可赎回优先股虽然和普通股一样都没有规定到期日，但是公司一般都在合同中规定了可赎回优先股的条款，而且这种权利的行使权归该股票的发行公司所有，这种可赎回优先股使得公司的筹资更具有灵活性。公司可设立偿付基金来保证赎回优先股，偿付基金应根据赎回优先股的资金实际需要量计算提取。

5. 优先股的表决权

一般情况下，优先股持有者在享有对公司净资产和利润的优先要求权的同时，就意味着放弃了对公司重大问题及管理决策的表决权。但是，如果公司连续地拖欠大量股利，公司将会给予优先股持有者一定的表决权来作为补偿，此时优先股股东和普通股股东将共同享有公司的控制权。因为优先股持有者并不能要求公司支付所欠股利，虽然可以借由公司给予补偿的权利来保证公司在偿清优先股股利之前不能支付普通股股利，但是公司仍然不必承担立即偿付优先股股利的义务，从这点来看，优先股虽然具有和债券相似的性质，但它的持有者所享有的对股利的要求权比债权人小得多。

（二）优先股融资的优点和缺点

发行优先股融资，从发行公司来看，其优劣之处可以归结为表3-4。

表3-4 优先股的评价

优点	（1）不降低企业的偿债能力，风险低 （2）不减少普通股的收益和控制权 （3）支付股利具有随意性，可拖欠，财务负担轻 （4）筹资形式灵活，具有可赎性
缺点	（1）股利不可抵减税收，使得发行的资金成本高 （2）股利固定支付，虽然可以拖欠，但是拖欠将造成不良影响，所以，在公司想进一步扩大生产或经营规模时，股利的支付将成为一项财务负担

（三）中国的实际情况

优先股融资在资本市场发达的国家司空见惯，但在我国上市公司中尚未出现。我国的公司筹资管理尚未能以股东财富最大化为目标，公司筹资的目的主要是从市场上融入生产经营所需的资金，对资金来源的结构特别是股本结构对股东权益的影响并不重视。

虽然我国目前尚不存在优先股，但是我国法律并没有禁止或限制优先股的发行，也未禁止二者之间的转换，因此企业发行优先股没有法律障碍，可以操作的空间很大。在不违反法律和尊重各方面利益的前提下，如果发行优先股即可转换优先股对我国的产权改革有利，对企业发展有利，完全可以进行一些有益的探索。而且，随着规范化的股份公司日益增多，公司理财目标将会逐渐转向股东财富最大化，随着股票市场的日益健全，公司发行股票的自主权也会相应增加，到那时股份公司将会自然考虑到优先股筹资的问题，优先股也将成为我国证券市场上的常见证券品种。

二、租赁融资

（一）租赁的种类

1. 经营租赁

经营租赁，又称为业务租赁、营业租赁等，是指承租人为生产经营过程中的临时、季节性需要而向出租人短期租用资产的行为，承租人在租赁期届满后必须将租赁资产退还出租人。经营租赁主要有以下基本特征：①在租赁期届满时，承租人没有购买租赁资产的特殊权利，也没有续租与购买的选择权；②经营租赁合同是一种可解除的合同，一般情况下，租赁双方都有权在租赁期间内预先通知对方后解除租约；③租赁期远远短于租赁资产的经济寿命期，要经过多次租赁才能收回投资；④资产所有权不转移，租赁期内资产的风险和报酬仍归出租人，出租人要承担出租资产的保险、折旧、维修等有关费用；⑤经营租赁的承租人的目的单纯是满足经营上短期或临时的需要而租入资产。

2. 融资租赁

国际会计准则定义的融资租赁为：在实质上转移与一项资产所有权有关的几乎全部风险和报酬的一种租赁。所有权最终可以转移，也可以不转移。

融资租赁具有以下特征：①租赁期届满时，承租人可廉价购买资产，或以优惠价的租金延长租期；②租约一般不可取消，除非发生意外事件，或承租人与出租人以同样的资产签订新的租约；③租赁期一般以资产经济寿命期为年限（从会计学的角度看，租期大于或等于资产经济寿命期的75%，就可视为融资租赁），所以出租人只需一次就可收回全部投资；④与租赁资产所有权有关的风险和报酬转移给承租人，租赁期内，承租人虽不可拥有资产所有权，但根据会计学中实质重于形式的原则，对租赁资产视同私有资产，在享受利益的同时，承担相应的保险、折旧、维修等有关费用；

⑤融资租赁以融资为主要目的,承租人有明显购置资产的企图,承租人能长期使用租赁资产并最终取得资产所有权;⑥承租人有购买资产的选择权,且在租赁开始日就相当肯定承租人未来会行使此项选择权,资产的购买价格将充分低于行使选择权时的公允价值。

(二) 租赁对所得税和财务报表的影响

1. 租赁对所得税的影响

对于承租人来说,利用长期租赁来进行融资,只要租赁业务符合相关的规定条件,就可以用租金来抵减税收。因为不同的公司适用的所得税税率不同,这种差异性也最终形成税收优惠,使得承租人和出租人都能够在融资租赁中获得收益。也正是这种税收优惠所形成的收益,使得租赁融资的资金成本比购买资产低,所以公司在考虑添置新的设备时一般都倾向于采用租赁的方式而非购买,或举债购置。

2. 租赁对财务报表的影响

除了被划分为资本租赁(即融资租赁)外的租赁业务,可以不必在资产负债表中揭示该项资产或租赁合同,承租人只需在财务报表的附注中揭示这类租赁业务的信息即可,即表外融资(off balance sheet financing)。当然,在有些国家中,甚至只要是租赁业务都不必在资产负债表中披露。正因为如此,一些公司则通过形成融资租赁的条件,利用融资租赁的分类标准来规避该租赁业务,使之不在资产负债表上列示。可以将形成融资租赁的条件归纳如下:①在租赁期届满时,租赁资产的所有权转移到承租人一方;②在租赁期届满时,承租人可以以低于市场公允价值的价格购买租赁资产,具有优先购买权;③租赁期限为租赁资产经济期限的75%及以上;④租赁的付款额现值至少为资产价值的90%。

(三) 中国租赁会计处理

1. 融资租赁会计处理

在融资租赁情况下,需要将融资租赁(资本租赁)的租金资本化,在确认租入资产的同时,确认一项非流动负债。但是对于如何计量租入资产和非流动负债,各国之间存在差异。一般将应付租金的现值确认为一项资产,将应付租金确认为非流动负债,将资产和负债二者的差额作为"未确认融资费用"。这种做法能够反映承租人为租赁资产所付出的代价,但资产按现值计价,负债却按终值计价,计价基础不一致。同时,考虑谨慎性原则的要求,规定"承租人通常应当将租赁开始日租赁资产原账面价值与最低租赁付款额的现值两者中较低者作为租入资产的入账价值"。对于融资租赁情况下出租人的会计处理,我国一般采用"总额法",即在租赁开始日,将租赁投资总额(最低租赁收款加上未担保余值)作为长期债权(未担保余值也可以单列),将租赁投资总额与租赁资产的账面净值之间的差额确认为"未实现融资收益"。这种处理方法能够反映承租人和出租人双方的财务状况

2. 经营租赁会计处理

在经营租赁情况下，与租赁资产所有权有关的风险和报酬实质上并没有转移给承租人，承租人不承担租赁资产的主要风险，承租人对经营租赁的会计处理比较简单，承租人不需将所取得的租入资产的使用权资本化，相应地也不必将所承担的付款义务列作负债。其主要问题是解决应支付的租金与计入当期费用的关系。一方面，承租人在经营租赁情况下发生的租金应当在租赁期内的各个期间按年限平均法确认为费用；如果其他方法更合理，也可以采用其他方法。另一方面，对出租人的会计处理规定是，经营租赁用的资产应区别自用的固定资产，单独进行核算，同时租赁用固定资产的折旧费、维修费应比照自用的固定资产折旧、维修的会计方法处理，而且经营租赁用固定资产的折旧应单独核算，但经营租赁资产的修理费在"销售费用"科目中设置为明细科目核算。

（四）融资租赁决策分析

1. 融资租赁与举债购置的决策

假如企业需要添置固定资产筹资，在筹资方面既可用融资租赁又可用长期借款方案，那么，则需比较两种筹资方案择优而行。比较两种筹资方式的优劣，则可以考虑通过比较不同方案的现金流量和资金的机会成本，将不同方案的现金折算为现值，现金流出量现值低者为较优方案。

2. 借款与售后租回的决策

当企业固定资产占用量过大而流动资金相对短缺，导致企业固定资产的生产能力不能充分发挥时，企业应当筹集资金，追加流动资产的投入。当然，如果能向银行或其他金融机构申请流动资金借款或长期借款，可以解决流动资金短缺的问题。但是，如果企业的财务状况不能满足银行的贷款需求指标，如企业的流动比率要求达到某一指标之上，或是企业的资产负债率必须低于银行要求的某一指标，则难以从银行借得款项。在这种情况下，可以利用售后租回的融资方式来改变企业的资产结构。

三、认股权证

认股权证（warrants）是赋予其投资者在未来规定的某个到期日或者之前的某段时间以预定的认股价格买进或者卖出一定数量相关资产（如股票、指数、货币等）的权利的一种证书。

（一）认股权证的特征

1. 认股权证是一种金融衍生工具

因为认股权证的价值源于股票、指数、货币或其他资产等基础工具，所以应当属于金融衍生工具，与股票等其他基础工具一样，认股权证既可以成为融资者的融资工具，又可以成为投资者的投资工具。

2. 认股权证是一种具有流通性的金融衍生工具

流通性，即在不同的投资者之间可以实现互相交易转让。流通性一方面可以使权证的持有者随时套现，另一方面又可以使其他市场投资者随时参与。

3.认股权证是一种具有收益性的金融衍生工具

因为认股权证具有选择行使买卖股份权利而产生经济效益的内在价值，具有选择权本身的期限限制的时间价值，同时还具有认股权证的流通性所产生的流通价值，所以认股权证具有财产价值，从而可以为权证的投资者带来收益

4.认股权证价值是一种具有价值不稳定性的金融衍生工具

由于认股权证的有效期限一般较短，而且其内在价值随有效期限日的接近而减少，同时，各国认股权证的发展经验表明，认股权证的市场价格波动幅度通常比其他有价证券大，因此可以认为认股权证的价值是非常不稳定的。

5.认股权证是一种具有价值增加性的金融衍生工具

和一般的期权相比，认股权证募集的资金收益流入发行方，而不是最初的投资者；而一般的期权并不为发行方增加资金，而是为那些对特定股票有兴趣的投资者提供套期保值或投机的机会。同时，其他期权一般是纯粹的二级市场金融工具，而认股权证则在移入二级市场与它们认购的股票并排交易之前，就在初级市场开始了生命。由此可见，一般的期权的交易具有"零和"（zero-sum）特征，而认股权证的交易并非投资者之间的零和游戏，其作为有效联结一级市场和二级市场的一种投资工具，具有一定的价值增加性。

（二）认股权证的评价

认股权证的评价见表3-5。

表3-5 认股权证的评价

优点	（1）增加了企业的融资渠道，认购权的执行增加了企业的资金来源； （2）发行债券或者股票时附送认股权证能够有效地刺激投资者的投资需求； （3）发行债券或者股票时附送认股权证能够适当地降低利率，从而获取低成本的资金
缺点	（1）股权稀释。认股权的执行必将导致股份数量的增加，从而致使公司的资产与利润将由更多的股份分摊； （2）发行认股权证可能为企业募集一部分资金，但是企业并不知道何时能够获得这笔资金

四、可转换公司债券

可转换公司债券（convertible bonds）是一种其持有者拥有根据预先规定的条款将它转换为发行人的普通股票的权利的固定收益的债券。

（一）可转换公司债券的价值分类和特征

1. 债券价值

一般来说，可以将可转换公司债券的价值分为三类：债券价值、普通股票的潜在价值和可转换公司债券的市场价值。

（1）债券价值

可转换公司债券的债券价值也被称为非转换价值，它是可转换公司债券的持有者所能得到的最低收益保障，即无论普通股票价格下降到多少，甚至当可转换公司债券不具备可转换权利在市场的销售价值时，可转换公司债券的价值一般都不会低于其债券价值。可转换公司债券的价值评估方法与债券的价值评估方法一样，是用市场风险收益率对未来现金流量折现的结果。

（2）普通股票的潜在价值

普通股票的潜在价值，简称转换价值，是由可转换公司债券转换为普通股票后的股票价格所决定的。其计算公式为：

普通股票的潜在价值=转换比率×普通股票的价格

从以上公式可以看出，转换价值是由转换比率和普通股票的价格两个因素所决定的。如果可转换公司债券的转换比率随着时间的延长而递减，那么可转换公司债券持有者在什么时候行使转换权最优，就与他对普通股票市场价格的预测相关了。

（3）可转换公司债券的市场价值

可转换公司债券持有者的利益受到最低收益保障，在这种情况下，由于套利活动的存在，最终会使可转换公司债券的市场价值至少不低于其转换价值或者作为非转换债券的价值。

2. 债券特征

可转换公司债券实质上就是债券与股票认股权证合成的混合债券，使得可转债券兼具债券、股票和期权这三方面的部分特征，以下具体总结可转换公司债券的特征。

（1）可转换公司债券是一种债券和认股权证相互结合的新型金融工具。一方面，与其他债券一样，可转债券有规定的利率和期限；另一方面，可转债券和认股权证相似，规定了转换日期和转化价格等。（2）可转换公司债券是一种具有流通性、收益性和价值不稳定性的新型金融工具，这三方面特征可以参照上节关于认股权证特征的讨论。（3）可转换性是可转换公司债券的重要标志，债券持有者可以按约定的条件将债券转换成股票。转股权是投资者享有的、一般债券所没有的选择权。可转换公司债券在发行时就明确约定债券持有者可按照发行时约定的价格将债券转换成公司的普通股票。如果债券持有者不想转换，则可持续持有债券，直到偿还期满时收取本金和利息，或者在流通市场出售变现。（4）可转换公司债券是一种具有一次转换性特征的新型金融工具。其持有者可以根据自己的权利决定是否将可转换公司债券转换为公司的普通股票，而且一旦转换之后，原债券持有者就由债权人变成了公司的股东，可参与企业的经营决策和红利分配。

(二) 可转换公司债券的设计

可转换公司债券的设计通常包括以下基本因素：

1.转换比率和转换价格

转换比率（conversion ration）即可转债券的持有者认领的普通股份额。转换价格（conversion price）即可转换公司债券为每份股票所支付的价格。可转换公司债券的收益率是由利息收益率和资本收益率所决定的，在可转换公司债券转换比率既定的情况下，利息收益率与资本收益率成反比。

企业在发行可转换公司债券的时候，要充分考虑可转换公司债券收益率的两个组成部分，根据企业的财务状况确定收益率中的两个部分的构成，在做到吸引投资的同时，保持企业财务状况为最优状态。

随着可转换公司债券利率的上升，可转换公司债券可转换的普通股票越少时，即可转换公司债券要转换成每股普通股票时，需要付出的价值越大。

2.票面利率

可转换公司债券的票面利率（coupon rate）指在可转换公司债券存续期内需要对其持有者定期支付的利率。通常来说，在同等条件下，投资者偏好较高票面利率的可转换公司债券。可转换公司债券的票面利率主要由市场利率、公司信用等级及发行条件与其他要素组合决定。市场利率越高，票面利率就越高；市场利率越低，票面利率自然就越低。信用高的公司的利率水平相对低一些。虽然票面利率的高低影响着投资者的倾向偏好，但票面利率对投资者的收益影响显得微乎其微，因为投资者主要通过转股而获利。发行条件的其他因素及条款也会影响票面利率，赎回条款限制了投资者收益的上限，转换价格偏高也会减少投资者的收益，发行公司则为了吸引投资者而提高票面利率，给予投资者一定的补偿；回售条款保护了投资者的利益，增加了发行公司的财务负担和风险，票面利率就应适当降低。从投资者的角度来看，发行公司把可转换债券的票面利率定得越高，投资者行使转换权获得的收益就越少，转换性就越差；票面利率越低，则转换价格越高。所以公司发行可转换公司债券时会合理设计票面利率，使得既可以权衡可转换公司债券的转换价格，又能够吸引投资者投资。

3.转换时间

可转换公司债券的转换时间（conversion time）是指可转换公司债券的持有者在规定的转换期限内将可转换公司债券转换为普通股票的时点。从投资者的角度出发，转换期限越长，可转换公司债券可能产生溢价的空间就越大，对投资者就越有吸引力。而从发行可转换公司债券的公司的角度出发，转换期限越长，公司要承受的风险就越大。这是因为市场利率和普通股票的市价处于不断变化中，如果普通股票的市场价值高于转换价格，公司将会蒙受资金成本的损失；当普通股票的市场价值低于转换价格时，又会出现呆滞债券，不利于公司的后期计划工作，且转换期限太短，不利于吸引投资者的注意，使得债券发行困难。所以，如何选择合适的转换期限，是公司发行可转换公司债券必须面对的决策问题。

4.赎回条件

赎回条件（call provision）是指可转换公司债券的发行公司在规定的条件下行使赎回权，按规定的赎回条件赎回全部或部分未转换的债券。

当然公司在行使赎回权时，需要按照有关规定发布赎回公告，赎回公告将载明赎回程序、价格、付款方式、赎回比例、赎回日等内容。

赎回权使得公司能够在变化的环境中掌握主动，控制可转换公司债券的资金成本，限制了可转换公司债券的转换价格与普通股票的市价的无限扩大，避免了公司的可转换条件的无限升高

5.转换价格调整

转换价格调整（adjustment of conversion price）分为正常调整和非正常调整。正常调整，是指公司分配股利、公积金转赠股本或增发新股而进行的调整。正常调整的目的是保证可转换公司债券持有者的利益。非正常调整，是指因转换价格高于普通股票的市场价值，公司为了避免呆滞债券的产生而进行的向下调整。

制定转换价格的调整条款对发行可转换公司债券的公司极为重要，它给予了发行公司极大的灵活性来改善公司的财务状况，并在很大程度上回避发行可转换公司债券的预测错误，减少由呆滞债券所引发的损失。公司向下调整转换价格的幅度大小，直接影响公司筹资的灵活性和资金成本，下调的幅度越大，公司筹资的灵活性越大，相反，相应的资金成本越高。所以公司应当在预计普通股票变化的可能区间内制定合适的转换价格下调幅度，以便既能保证筹资灵活，又不会付出过高的资金成本。

（三）可转换公司债券的成本

1.融资成本的内容

发行可转换公司债券的融资成本具体包括显性成本和隐性成本。

（1）显性成本

显性成本包括发行费用和票面利率。其中，发行费用是指发行公司支付给与股票发行相关的中介机构的费用，主要包括承销费用、注册会计师费用（审计、验资、盈利预测审核等费用）、资产评估费用、律师费用等，通常券商承销费用为发行额度的$1.5\%\sim3\%$，加上其他中间结构的费用，总费用率一般为$2.5\%\sim4\%$，平均不超过3.5%。如果按发行期限5年摊销，发行费用每年摊销$0.5\%\sim0.8\%$。可转换公司债券的票面利率一般低于普通公司债券的利率，利率的高低与其他发行条款相关联。其他条款更有利于发行人时，票面利率则可适当高些，以让利投资者。所以不同的可转换公司债券，利率可能不尽相同。按照证监会的有关规定，可转换公司债券的年利率不超过银行同期存款利率，一般在$1\%\sim3\%$。综合发行费用和票面利息，其综合显性成本每年为$1.5\%\sim3.8\%$。

（2）隐性成本

对可转换公司债券的发行企业来说，如果不考虑企业因转股失败而面临的财务风险和到期可转换公司债券没有转换为股票的情况，那么其融资成本的确是比较低廉的。但可转换公司债券融资决策是一种混合的、不确定性的资本结构决策，可转换公司债券在发行初期是一种债券，利息是发行企业的费用支出，而股息不是费用支出。然而，由于利息支出相对于企业销售收入是增加的，因而提高了发行人的风险。实际上在极端的情况下，如果业务十分繁荣并且普通股票价格狂涨，企业的可转换公司债券会被转换为股票，现存股东的利益会被稀释，这样就会把一部分应由原有股东享有的收益转移给可转换公司债券的投资者，这部分成本可以视作原有股东承担的机会成本。这种成本无法预测，企业发行可转换公司债券不过是一场赌博，寄希望于企业的实际盈利能力会比市场根据价格波动得出的评价更稳定。

2.融资成本的模型

基于以上分析，为进一步考察可转换公司债券的融资成本，我们通过建模来分析可转换公司债券的发行条件、股票市场价格对融资成本的影响。由于显性成本对融资成本的影响是显而易见的，对此不予讨论，仅需分析可转换公司债券中的隐性成本。从上面分析可以看出，投资者的收益即融资者的成本，因此，我们从投资者的角度讨论隐性成本问题。隐性成本等于投资者总收益与利息收入之差，即转股所得的收益。投资者总收益由三部分构成：利息收入、本金收入、转股利益。

3.发行条件对可转换公司债券融资成本的影响

因为可转换公司债券的发行条件和公司未来股票价格决定融资成本，所以在设计可转换公司债券发行条件时，既要考虑投资者的利益，保证可转换公司债券发行和转股交易的顺利进行，又要考虑公司股东的利益，减少股东财富的损失，降低融资成本。

第一，可转换公司债券的融资成本包括显性成本和隐性成本两项，低票面利率并不意味低融资成本，融资成本的高低还取决于隐性成本的高低。

第二，隐性成本由发行条件和公司未来股票价格决定，转股价格越高或公司未来股票价格越低，投资者的收益越低，发行公司的融资成本也就越低，反之亦然。

第三，发行公司应在准确预测公司未来股票价格的基础上，合理确定转股价格等其他发行条件，以降低融资成本，保护股东权益。另外，转股价格的确定还应考虑投资者的利益，以保证可转换公司债券发行和转股的顺利进行。

（四）可转换公司债券的评价

从发行公司的角度来看，可转换公司债券的评价总结见表3-6。

表3-6 可转换公司债券的评价

优点	（1）从发行企业的角度来分析，发行可转换公司债券的利息成本较低 （2）从发行企业的角度来分析，发行可转换公司债券的契约限制较少 （3）从投资者的角度来分析，购买可转换公司债券的本金安全性较高，即对资产的要求权优于权益证券的投资者 （4）从投资者的角度来分析，购买可转换公司债券在已知利率下收入的稳定性较高
缺点	（1）从发行企业的角度来分析，相对于不可转换公司债券来说，出售可转换公司债券所取得的收益率是随时间、特定的交易结构和信用质量而变化的 （2）从发行企业的角度来分析，相对于权益资本和债务资本来说，发行可转换公司债券决策是一种混合的、不确定性的资本结构决策，面临资本结构的不确定性 （3）从投资者的角度来分析，购买可转换公司债券是为了获得转换的权利，投资者必须接受比相同信用质量的非转换债券更低的收益率

第四节 融资结构的选择

一、融资结构选择与治理结构形成的内在机理

在一个典型意义上的所有权与控制权相分离的现代企业制度条件下，企业利用外源融资（包括债权和股权融资）将产生代理成本，即公司的融资结构是企业代理问题的金融体现。融资结构对委托代理关系效率的发挥，并关系到企业所有权和控制权的分配，进而影响与决定着公司治理结构的模式。在此，可以将融资结构与治理结构的这一内在联系归结为一条逻辑关系链：融资方式—资本结构—产权特征—治理机构。

股权融资对公司治理结构产生的影响的内在机理在于股权融资所引致的"用手投票"与"用脚投票"机制。公司的剩余索取权和控制权主要集中在出资者手中，当股东在对公司经营状况不满时可以"用手投票"来实现对公司经理的监督，主要方式包括通过董事会对经理人员进行干预、接管。而股东对公司业绩和管理效率不满的另一途径是"用脚投票"，公司股票的大量抛售，不仅给公司经营者带来极大的市场压力，而且为敌意接管创造了条件，接管的发生极易导致现任经理的下台，即使只是潜在的接管可能，也相当于向公司经营者传递了一个警告信息。但必须指出的是，股权融资的分布状况（集中还是分散）对公司治理结构有着决定影响。股权的集中降低了集体行动成本，避免由于股权过度分散而带来的"搭便车"问题，有利于公司治理机制的发挥。与股权融资相比，债权融资在优化公司治理结构方面的独特性，甚至可以弥补股权融资的不足。

债权融资在公司治理中发挥的作用，主要体现在：(1)债权对企业经营者不当经营作为的约束机制。哈特等人的研究认为，债务约束是作为一种硬约束，公司债务比例的上升会增加公司破产的可能性，而破产意味着控制者会失去公司的控制权收益。因此，债务会使公司经理承诺在未来支付的现金流以偿还债务本金和利息，从而减少了经理可用于享受其个人私利的现金流，以抑制经理的过度投机行为。(2)债权人采取相机抉择的治理机制。当公司资不抵债时，债权人可以对公司进行重组或清算来解决代理问题。由于债权人集体行动的问题，债权人对公司的控制是通过受法律保护的破产机制来完成的。(3)公司债务数量可以反映公司的经营状况。

由于经营者与外部投资者之间存在关于公司收益不对称信息，外部投资者把较高的负债水平视为公司高质量的一个信号，而低质量的公司无法通过发行更多的债务来模仿高质量的公司。

公司最优资本结构应建立在权衡两种融资方式利弊得失的基础以使代理总成本最小。代理成本是指达成和执行这些协议的成本，其中，债权代理成本随负债比例的提高而增加，而股权代理成本则随负债比例的提高而递减，因此存在着使总代理成本最小的最佳负债比率的可能，极小值所对应就是公司的最优融资结构。

所以现代融资结构理论认为，融资策略是防止企业代理人损害委托人利益的有效工具，利用不同的股权和债权配置方式来保护所有者利益，其核心是通过融资机构的合理设计来改进股东和企业经理在非对称信息条件下金融契约的无效率问题。

二、影响公司融资结构选择的因素

融资结构影响因素分类见表3-7。

表3-7 融资结构影响因素分类

影响因素	代表性变量
国家因素	国度虚拟变量（发达国家和发展中国家）
宏观经济因素	经济增长率、通货膨胀率、利率期限结构、市场择时、银行贷款/GDP、股票市值/GDP、税收项目
行业因素	行业特征变量
公司特征因素	商业风险、公司所得税税率、有形资产、非债务税盾、研发费用、盈利性、公司规模、成长机会、资产流动性
公司治理因素	管理者持股、第一大股东持股、机构投资者持股、股权分散度、CEO任期、外部董事比例、董事会规模、过量的报酬、CEO嵌套期权

第四章 短期融资

第一节 短期财务计划

财务管理决策通常可以分为长期决策和短期决策。短期财务管理或者说短期财务计划，主要是营运资本管理。对营运资本的管理，包括对现金、有价证券、应收账款和存货的管理，以及为维持这些流动资产而进行的融资活动（尤其是流动负债）的管理。从根本上讲，营运资本管理即管理流动资产和流动负债。

一、营运资本的概念及其特征

（一）营运资本的概念

营运资本是用以维持公司日常经营活动正常进行所需要的资金，是公司经营活动中用在短期资产上的资金。与营运资本相关的概念有总营运资本、净营运资本和净经营性营运资本，它们都与流动资产和流动负债紧密相关。

总营运资本也被称为营运资本，是指公司运营中的流动资产。净营运资本是指流动资产与流动负债的差额，用公式表示为：

净营运资本=流动资产−流动负债

据此可将基本的资产负债恒等式改写为：

净营运资本+固定资产=长期债务+权益

进一步整理，得到：

净营运资本=长期债务+权益−固定资产

从上面几个等式可以看出，公司某一时点的净营运资本数量可以看成是用流动资产偿还流动负债后的余额，也可以看成是公司将长期筹资（包括债务和权益）投资于流动资产的部分。

净经营性营运资本是用经营性流动资产减去经营性流动负债，通常就是现金、应收账款、存货之和减去应付账款、应付职工薪酬和应付税费之和。

当流动资产大于流动负债时，净营运资本为正值。它意味着在未来的12个月内变为可用的现金超过同期必须支付的现金。一家运转健康的企业，其净营运资本通常为正值。营运资本可以用来衡量公司避免发生流动性问题的能力和经营风险的大小。一般而言，营运资本越大，公司违约风险就越小，举债融资能力就越强。因此，很多贷款合同都要求借款公司的营运资本不低于一定标准。

（二）营运资本的特征

营运资本的特征之一是它同时影响公司的盈利能力和风险程度。公司可以通过营运资金管理来调整公司的盈利-风险结构。例如一家公司通过增加流动资产或减少流动负债来增加营运资本。一方面，当流动负债不变，增加现金或存货持有量，就会增加净营运资本，公司的流动性就升高，经营风险降低。增加现金持有量能缓解现金的缺乏，增加存货可以避免生产中断和由于存货不足而丧失客户。但是，由于流动性资产的收益率较低，因此，公司增加流动资产可能导致利润率下降。另一方面，当流动资产不变，增加流动负债，会减少公司的净营运资本。此举可能提高公司的利润率，因为：①短期融资利率通常较低；②如果通过短期融资来满足公司季节性的资金需求（如食品店在中秋节前增加月饼的库存），公司可以在过季后立即偿还债务，支付利息的时间很短。如果使用长期融资，则公司将不得不持有大量闲置资金并以较高利率支付利息，从而降低了利润率。与此同时，由于短期融资要求偿付的频率远高于长期融资，因此，使用短期融资会增加公司不能按时偿债的风险和流动性风险。

此外，公司营运资本和销售额之间的关系既密切又直接。例如，如果某公司的销售（赊销）额是每天2000元，平均收款期是40天，则可以认为它在应收账款（营运资本）上的投资为80000元。如果销售（赊销）额增加到每天3000元，则该项投资上升到120000元。销售额的增加还可能导致公司的存货以及日常现金持有量（二者都是营运资本）相应增加。

营运资本的这些重要特征决定了营运资本管理是公司财务管理活动中一个极其重要的方面。

二、经营周转期和现金周转期

短期财务主要关注的是公司的短期经营和财务活动。以制造业为例，这样的活动主要包括以下一系列事件和决策：购买原材料、支付购货款、生产产品、销售产品和收取现金（表4-1）。

公司的短期资产在现金、存货和应收账款几种形式之间转换，但这几种形式都归属于营运资本。这表明用营运资本计量公司的流动资产和流动负债具有连续性，可以不受短期生产、季节性生产以及其他暂时性波动的影响。但由于现金、存货和应收账款的流动性和风险不同，上述短期活动创造的现金流入和流出量既不同步，也不确定。因此，需要深入到上述流程内部进行考察。

表 4-1　企业短期经营决策

事件	决策
购买原材料	存货定购量是多少
支付购货款	借款还是使用自有现金
生产产品	采取何种生产技术
销售产品	采取何种信用政策
收取现金	如何管理应收账款

经营周转期就是取得原材料、制成产成品、卖掉存货、收回现金所花费的时间。

经营周转期可分为两个相互区别的部分：存货周转期和应收账款回收期。用公式表示为：

经营周转期＝存货周转期＋应收账款回收期

第二节　短期融资

一、短期融资的特点

短期融资是支持企业流动资产的资金来源，在资产负债表中显示为流动负债，是企业一年或一年以内到期的债务。企业对资金的需求通常是不稳定的，具有一定周期性或波动性。如果企业预测未来的资金需求将上升，或者由于生产经营活动的季节性而出现新的资金需求时，就可以通过短期融资解决。与长期融资相比，短期融资具有如下特点。

第一，短期融资的风险大。短期债务需在短期内偿还，若企业在短期内资金安排不当，就会陷入财务危机。这是因为：①企业经营产生的短期现金流量往往不足以在很短的时期内偿还债务，因此必须承担债权人在贷款期满时不再续贷的风险。如果资金提供者存在财务危机，那么这种风险就更为显著了。②短期融资还存在着利息成本不确定的风险。如果采取长期融资，企业能够确切地知道在资金使用期内企业的利息成本是多少，但采用短期债务进行融资时，企业不得不频繁地再融资，再加上短期利率比长期利率波动性要大，所以再融资的利息成本是不确定的，而这种利息成本的不确定性对企业而言无疑是一种风险。

第二，短期融资的成本较低。首先，从长期来看，尽管在高利率时期短期债务的利率可能会高于长期债务，但是，总体上短期债务的预期成本要低于长期债务的预期成本。其次，短期融资在期限上比长期债务灵活。企业借入长期债务往往意味着在企业不需要资金时仍需支付利息，而短期融资则不存在这个问题。最后，较大的短期融资风险必须被较低的短期融资成本所平衡。企业债务的期限越短，融资成本就越低；

企业债务的期限越长，融资成本就越高。

第三，短期融资更具可行性。这主要表现在：①短期融资取得速度要比长期融资快。企业进行长期融资时，不得不接受贷款人苛刻的、彻底的财务检查，并且贷款协议往往规定得很详细。这就意味着取得长期债务一般会花费很长时间，短期融资则不然。因此，如果企业急需资金，应该选择短期融资。②短期融资的贷款协议中较少对企业未来的经营活动有所限制，但是长期融资贷款协议往往有这方面的限制，如规定企业未来的固定资产投资上限，规定企业的盈余分配政策等。

第四，短期债务的来源多。从取得方式上看，短期融资可分为商业信用融资和协议性融资两大类，其中协议性融资根据贷款具体条件的不同还可以进一步分为信用贷款和抵押贷款两种；从内容上看，短期融资包括应计款项、商业信用、短期银行借款等。不同类型的短期融资在流动性、成本和风险等方面也存在较大程度的差异。

二、短期融资的来源

短期融资来源形式较多，大致可以分为三大类：自发性筹资、短期银行借款和其他来源。其中，以商业信用和短期借款为主。

（一）自发性筹资

商业信用来源于一般商业贸易，是指在企业的日常交易活动中由于延期付款或预收账款而形成的借贷关系。商业信用筹资是指企业作为购买者往往在到货一段时间后才付款或者作为销售者在商品发出去之前先收一部分货款。通过这种途径可以给企业带来一部分短期资金。商业信用筹资在企业短期筹资中占据相当大的比重，主要包括应付账款、应付票据和预收账款等。

1.应付账款

应付账款是指企业购买货物应付而暂时未付款形成的欠账，也可以理解为卖方允许买方延期付款的一种形式。应付账款是短期融资中占比最高的一种形式。很多小公司因为很难从银行获取贷款，在很大程度上依赖于应付账款。因此，小公司应付账款的比例更高。对购货方来说，延期付款等于向卖方借用资金购进商品，可以满足短期资金的需要。利用应付账款筹资时主要应该考虑信用条件和信用成本。

信用条件是指采取赊账方式销售货物的企业所制定的专门的信用条款和政策。信用条件根据有无折扣期限和现金折扣分为三类：①无商业信用，包括交款提货（cash on delivery）和提货前交款（cash before delivery）。采取这两种信用政策时，销货方都没有给予购货方商业信用。②无现金折扣。销货方向购货方提供商业信用，但是规定了付款期限，如规定销售条件是"net30"，即购货方必须在30天内支付货款。③现金折扣。信用条款中包括现金折扣百分数、优惠期限和信用期。

信用成本的确定要视销货方的信用条件而定。如果销货方没有提供现金折扣，在信用期间内使用信用就不会有成本。如果销货方提供现金折扣，企业只在折扣期内使用商业信用也不会产生成本。只有当销货方提供现金折扣、企业放弃这种折扣、在信用期的最后到期日付款时，才会有一个确定的信用成本。

2.应付票据

应付票据是指商业汇票，是一些实力雄厚、信用良好的企业对应付债务开出的无担保票据。它是一种无违约风险、高度变现的短期期票。这类融资方式仅仅适用于那些信誉好的大公司。根据承兑人的不同，商业票据可分为商业承兑汇票和银行承兑汇票。商业承兑汇票是由收款人开出、经付款人承兑或由付款人开出并承兑的汇票。银行承兑汇票是由收款人或承兑申请人开出、由银行审查同意承兑的汇票。对于收款人来讲，商业承兑汇票的风险要高于银行承兑汇票。

商业票据的期限在1年以内，一般为90~180天，其长短与票据发行企业的特征和发行方式有关。商业票据的成本包括佣金和利息。佣金是指企业通过经纪人发行商业票据时以年金的形式所承担的发行费用。商业票据的利息是贴现息，是最主要的融资成本。假如一家企业发行票面面值是P、票面利率是r、期限是f（按1年等比例表达）的应付票据，则该票据的年成本可以表示为：

$$APR = \frac{r}{1-rf}$$

商业票据的利率一般低于同期银行借款利率。企业通过发行商业票据可以筹集到低成本的资金。商业票据利率的高低通常取决于企业的信用强度。企业信用越好，利率相对越低；反之，则利率相对越高。

3.预收账款

预收账款是企业根据合同或协议的规定，在发出商品之前向买方预收部分或全部货款的信用行为。这可以看做是企业的融资行为，即向买方借入一笔资金，然后用商品偿还。这种融资方式也具有一定的局限性，因为这种情况中的商品往往得是稀缺的或紧俏的，买方愿意预付货款而取得期货，从而使企业筹得资金。

企业采用商业信用进行短期融资前必须权衡商业信用的优点和缺点。商业信用作为短期融资方式的优点主要有：①容易获得。大多数企业的商业信用都表现出一定的连续性，企业没有必要为此做出专门的融资安排。企业偿还旧应付账款时往往会同时进行新的赊销，即会增加新的应付账款。企业的商业信用融资数量就相应地发生波动。②灵活。其他类型的短期融资往往需要同贷款方协商贷款条件，贷款者为了自身安全往往会对企业经营活动实施限制。但是，商业信用筹资的限制条件非常少。企业没有必要为之签署票据、指定抵押品等。商业信用筹资最大的缺点是综合考虑各种因素时，其成本会很高。如果采取延期付款来降低昂贵的成本则可能导致惩罚或者造成信用声誉恶化，或者销售方可能会因此提高以后的售价。

应计项目是指资产负债表上的"应付职工薪酬""应交税费"等项目。应计项目是随着企业的业务扩张而自动增加的，即它是自发增长的。应计项目是"免费的"，即企业不需要为通过应计项目筹集的资金支付利息。但是，企业缺乏对应计项目的控制力，不可能像对正常债务一样对其加以控制。比如，支付工资的时间和额度有法律和行业习惯规定，公司所得税缴纳时间和数额更是由国家法律直接规定的。因此，在进行短期融资时，公司应优先选择应计项目融资，但同时应考虑其局限性，即由于法律和行业习惯等因素的制约，公司对应计项目融资的额度和期限的控制力较弱。

（二）短期银行借款

企业的短期借款筹资通常是向银行贷款取得的，从财务公司取得期限在1年以内的借款也包括在内，但采用这种方式筹集资金的较少。作为短期融资方式之一，短期银行借款的重要性仅次于商业信用筹资。短期银行借款是银行为企业提供的外部资金，属于非自发增长性资金。当企业融资需求增长时，需要银行提供更多资金。如果融资要求得不到满足，企业很可能被迫放弃良好的投资机会。按照周转时间的长短和具体用途，可以将短期银行借款分为生产周转借款、临时借款、结算借款和卖方信贷等几种类型。其中，结算借款是指企业采用托收承付结算方式向异地发出商品，在委托银行收款期间，为满足在途结算资金占用的需要，以托收承付凭证为保证向银行取得的借款；卖方信贷是企业采用赊销方式销售商品时，为解决延期收款或分期收款占用的资金问题而向银行借款。

1. 取得短期银行借款的条件

企业从银行获取短期借款时，通常要接受银行附加的一些信用条件。这些信用条件通常包括以下几种方式：

（1）补偿性余额（compensation balance）

补偿性余额指银行要求借款人在银行中按贷款限额或者实际借款额的一定比例（一般为10%～20%）保持最低存款余额的信用条件。这一信用条件将增加短期银行借款实际利率，减少企业实际可用资金额度。对银行来讲，则可以降低信贷风险。

（2）偿还条件（repayment terms）

短期银行借款有到期一次偿还和贷款期内定期等额偿还两种方式。一般来讲，企业倾向于到期一次偿还，因为后一种还款方式实际上缩短了借款使用时间，从而提高了借款实际利率。银行则希望企业在贷款期内定期等额偿还，这样一方面加速了货币回收，加快资金周转，另一方面能减轻企业财务负担，从而降低企业拒付或到期无力偿付的风险。

（3）信贷限额（line of credit）

信贷限额指银行和企业之间达成的非正式协议，规定银行向借款人提供无担保贷款的最高额。在规定额度内，如果企业经营状况良好就可以随时使用这部分信用贷款；如果企业经营状况恶化或者企业信誉恶化，银行可以停止向企业发放贷款，也就是说，银行不需要对信贷额度承担法律义务。

（4）周转信贷协定（revolving credit agreement）

这是银行和企业之间达成的正式协议，该协议规定银行具有法律义务向企业提供不超过某一最高限额的短期贷款。在协议期内无论企业经营状况如何，只要企业的借款总额没有超过协议规定的上限，银行就必须满足企业的借款要求。企业不但要对实际使用的借款支付正常利息，还必须按未使用贷款余额和一定利率向银行支付一笔承诺费（commitment fee）。

（5）财务业绩（financial performance）

为控制贷款风险，保证贷款能够及时得以偿还，银行需要掌握借款企业的财务状况。因此，银行可能会要求企业定期提供财务报表，并保持合理的财务水平。如果企业的财务状况恶化，银行可能会要求企业立即偿还全部贷款本息。

2. 短期银行借款成本

在同一时间，不同贷款人的短期银行借款的成本会有所不同；同一借款人在不同时间，取得短期银行借款的成本也可能发生变化。决定短期银行借款成本的主要是利率。银行一般会视企业不同情况而提供不同的利率，包括最优惠利率、浮动优惠利率和非优惠利率。最优惠利率是银行向信誉最好、最值得信任的客户提供贷款时收取的利率，是短期贷款利率的最低限。其他客户获取相同贷款则需支付高于最优惠利率的利率。浮动优惠利率指随其他短期利率变动而变动的最优惠利率，是随着市场条件的变化而随时调整的优惠利率。非优惠利率指银行向一般企业发放短期贷款时所收取的高于最优惠利率的利率，这种利率通常是在最优惠利率的基础上再加一定的百分比，这个百分比的大小取决于借款企业的信誉、当时信贷市场状况以及企业和银行之间的关系等。

根据银行向企业收取利息的方式不同，可以将短期银行借款的利息分为以下四种。

（1）单利的实际利率

它是定期利率，是比较其他利率的基础。到期时一并还本付息的短期借款的利息一般按单利计算。贷款利率常以年利率计算，一年或一年以上的单利贷款的名义利率等于实际利率。如果短期贷款名义利率为 K，一年需分 n 次支付利息，则实际利率不等于名义利率。实际利率的计算公式为：

$$实际利率 = \left(1 + \frac{K}{n}\right)^n - 1$$

如果贷款的名义利率不变，一年支付利息的次数增加，实际利率将高于名义利率，贷款的实际成本增大。

（2）贴息贷款的实际利率

银行向企业发放贷款时先从本金中扣除利息部分，借款企业到期只需偿付本金的一类贷款叫贴息贷款。在这种贷款中，企业可利用的贷款额只有本金减去利息的差额部分，因此其实际利率要高于名义利率。实际利率的计算公式为：

$$实际利率 = \frac{r}{1-r}$$

式中：r为名义利率。

如果贴息贷款的期限短于一年，则贷款的实际利率将进一步增大，计算公式为：

$$实际利率=\left(1+\frac{r}{1-r}\right)^n-1$$

式中：n——为1年内贷款次数或者利息支付次数。

（3）分期等额偿还贷款的实际利率

当企业获得分期等额偿还贷款时，由于随着时间推移可使用的贷款按等额递减，利息却是按贷款初期的全额计算，因此贷款的实际利率将发生很大变化。计算方式为：

$$实际利率=\frac{2\times I\times 360}{T}\times \frac{M}{n+1}$$

式中：I——为名义利率；

T——为每期还款天数；

M——为贷款面值；

n——为贷款期内还款次数。

（4）根据补偿性存款条件贷款的实际利率

前面已经说到当存在补偿性存款时，借款人实际可使用贷款减少，提高了实际贷款利率。计算方式为：

$$实际利率=\frac{I}{M\times(1-B)}$$

式中：M——为贷款额；

B——为补偿性存款百分比。

（3）短期银行借款融资的优点和缺点

短期银行借款融资的主要优点是筹资方便，对于企业来说，取得短期银行借款要比长期借款方便得多。在大多数情况下，银行都可以随时为企业提供短期融资。短期银行借款比较灵活，企业可以在资金需求加大时增加借款数额，在资金需求减少时偿还借款。

短期银行借款融资的主要缺点是：①资本成本高，短期借款不仅要承担利息，还要附带一些其他条款，如补偿性存款、贴息等，因而使借款的实际利率升高，加大其资本成本。②限制较多，银行在向企业提供贷款之前，要对企业的财务状况和经营前景进行周密考察，要求企业将相关财务指标维持在一定范围之内。

第三节　现金及有价证券管理

一、现金管理的目标

现金和有价证券是企业流动性最强的资产。从经济意义上来说,"现金"这个概念有广义和狭义之分。狭义的现金是指企业的库存现金。广义的现金除了库存现金外,还包括银行存款和其他票证。本节中的现金是指广义的现金概念。

现金对于公司的重要性显而易见,因为公司要利用其流动性满足三种需求,即交易需求、预防需求和投机需求。在公司的日常经营中,持有一定的现金余额对于保证公司日常经营活动的顺利进行并对意外事件有一定的预防能力是非常重要的。但是现金持有量也不是越多越好,因为持有过多的现金会带来巨大的机会成本,包括:①利息成本,以现金状态持有的资金自然无法投入资本市场以获得较高的收益;②管理成本,大量持有现金会增加现金管理的难度,安全性也得不到保障。

面对持有现金的收益和成本,公司现金管理目标有两个:一是保证现金的安全;二是保持一个合理的目标现金余额,提高现金周转效率。

二、现金管理的有关规定

对于现金管理的第一个目标,一般通过建立和健全现金收支的内部控制制度以及遵守相关条例法规得以实现。鉴于现金在资产中的特殊地位,一般来说,各企业都会制定自己的现金管理条例,通过加强内部控制保证现金安全。这种内控制度主要包括三方面的内容:

(一) 明确现金收支职责分工以及建立内部牵制制度

其主要表现在:①现金保管职责与记账职责分离;②现金收支业务审批人、当事人分离,且必须由经办人在有关的原始凭证上签字盖章;③在人员变更时,要履行严格的交接手续。

(二) 明确现金支出的批准权限

公司应建立明确的现金支出授权批准制度,划分总经理、部门经理等有关管理人员的批准权限。任何现金支出,必须经有关主管人员批准或授权方可使用。

(三) 做好收支凭证的管理及账目核对

例如,建立和完善收据、发票、支票、有关凭证等的保管、领用及登记制度,现金收支日清月结,定期盘点,确保账款相符等。

三、现金收支管理

除了遵守以上的一些基本原则外,要达到企业现金管理的第二个目标,还需要对企业的现金收支进行积极有效的管理,使得现金的利用效率和闲置资金的利息收入同时最大化。一般来说,公司现金余额波动来自日常的经营活动。例如回收货款带来了现金流入,而支付工资、偿还债务、交纳税款、派发股利等则是现金的流出项。在很多情况下,现金的流入和流出并不同时发生;在赊销赊购的情况下,现金与货物的流动也不是同时的。如果公司可以加速收款并在保证公司信誉的情况下尽量延迟付款,那么无疑会提高公司现金管理效率。

(一) 加速收款

加速收款的方法有:①增加现款销售,减少赊销。如果在经济上可行,尽量采用现金折扣。②建立科学有效的收账政策,避免欠款逾期或出现坏账。③采用安全快速的结算方式,加速客户汇款速度。④收到支票后尽快处理,使之早存入账户,指定专人处理大额收款等。

集中银行法是一种可以加速回收货款的方法,即某一特定区域的客户不再将支票提交到公司总部,而是提交到当地的分支银行,由该分支银行将这些支票存入当地的银行账户,超过当地存款银行最低存款余额的资金则转给该公司总部的中心银行。集中银行法可以从两方面减少浮差:一方面,因为分支银行较公司总部离客户更近,所以递送支票的时间减少。另一方面,因为当地客户的支票大部分是在当地银行所开,那么清算支票的时间也会减少。集中银行法可以将很多小额账户余额集中成一个大的中心账户余额,从而可以将其一次性地投资于付息的资产,这样大大减少了不付息现金余额的数目。

集中银行法通常和"锁箱法"一起结合使用。锁箱法的工作原理如下:公司在若干不同区域内分别租一个邮箱,并通知这个区域内的客户都将其持有的支票投入这个邮箱。那么当地的银行受公司的委托,定时地开启邮箱处理支票,将其存入公司的当地账户。超过当地存款银行最低存款余额的资金则定期地转给该公司总部的中心银行。在此种情况下,公司只需向当地银行付一部分管理日常账户的管理费即可。公司可以根据客户的分布情况、日平均处理的支票数、支票面额、利率以及管理费率的高低来决定租用邮箱的个数。

此外,电子清算系统和互联网的使用使得企业间可以通过银行进行电子资金划拨,从而加速了资金的流转速度。由于我国目前尚未有配套的电子资金划拨法,所以这个方法目前在我国的广泛应用条件还不成熟。在美国,电子资金划拨主要有两种形式:①电汇,可以通过联邦储备银行电汇服务和西部联合银行电汇,或者通过纽约银行同业清算系统进行,此时资金立即从一个银行划拨到另一个银行。②电子存款转账支票,通过这个协议,这笔资金的电子支票图像要先经过一个自动票据清算所的处理，在一个营业日之后就可以使用。电子存款转账支票与电汇相比，优点是成本低，前者的成本大约只有后者的1/4，但是前者要耽误一天，而后者毫不延误。对于小额汇款来说，电汇的成本也许就太高了。

（二）控制支付

减缓现金支付同样可以带来净浮差。一个可能的设想是延长支票的递送时间。比如，格力公司可以把其付给新疆供货商的支票从珠海寄出，而把付给海南供货商的支票从黑龙江寄出。但是，显然这是一个很容易令人识破的不甚高明的伎俩，供货商完全可以要求公司在自己指定的时间接收到支票。那么有没有高明一些的方法呢？答案是肯定的。比如，格力公司可以给新疆的供货商开出一张珠海的某家银行的支票，在这种情况下，虽然支票会按时到供货商手上，但是其要想提示珠海的银行付款也要3~4天的时间，这种延迟，便带来了浮差。

（三）最佳现金持有量

企业的现金持有量随着日常的经营状况而波动，在权衡持有现金的成本和收益之后，企业需要明确自身的最佳现金持有量。持有现金的成本主要有利息成本和管理成本。而当企业通过交易有价证券的方法来保证自己的现金余额在一定范围内时，证券交易的成本就产生了。而最佳现金持有量无疑是在寻找总成本最低的点。

第四节 应收账款管理

一、应收账款管理目标

应收账款的投资占用了大量的资金，随之而来的便有以下一些成本：①机会成本，即公司由于持有应收账款而放弃的其他投资机会的收益；②管理成本，即公司从应收账款发生到收回期间，对应收账款进行管理所发生的费用，如调查客户信用状况、收账费用等；③坏账成本，即由于客户无法偿还或拖欠时间过长而使公司发生的损失。

既然应收账款有如此多的成本，那么为什么还要提供信用呢？这主要源于以下两个目的：第一，增强市场竞争力。赊销实际上是向客户提供了一笔无息贷款，故可以吸引客户购买本公司的产品，增加销售额。第二，加速公司资金周转。赊销在增加产品销售的同时，也降低了存货的数量，从而减少了管理存货而引起的仓储费、保险费、管理费等一系列成本，节约了资金，提高了资金利用效率。

二、信用政策的制定

公司的信用政策主要包括以下三方面：

销售条件，指在公司销售产品或劳务、提供信用时所附带的一些条件，如信用的期限、现金折扣或信用工具的种类等。

信用分析,公司提供信用时,应尽力区分哪些购买者将付款而哪些不会,从而尽可能地保证信用回收的概率。

收账政策,在提供信用以后,公司应制定资金回笼政策来确保按期收回资金。下面就从这三方面来探究公司信用政策的制定。

(一) 销售条件

销售条件是指提供信用的期限、现金折扣或信用工具的种类等。购买时的信用条件往往是"5/10,n/30"这种形式,这表示该购买者从开具发票日起有30天的付款期限,如果在10天以内付款,就可以享受到销售价格5%的现金折扣。也许会有"n/60"这样的形式,表示在开票日60天内付款,但是提前付款没有现金折扣。

信用期限的设定与公司所处的行业有关。比如,一家大型机器设备厂商开出的信用条件也许是"5/30,n/90",而从事蔬菜批发业务的商家的信用条件则是"n/7"。一般来说,公司设置信用期限会考虑以下三个因素:

1.购买者不会付款的概率

购买者若处于高风险行业,公司的信用条件会比较严格。

2.金额大小

小额交易的信用期限会比较短,因为小额账户的管理费用较高,而且客户的重要性也较低。

3.商品是否易保存

如果存货的变现价值低,而且不能长时间保存,公司的信用条件也会比较有限。

延长信用期限实际上降低了购买者的买入价格,一般会增加销售额。

现金折扣的好处往往较大,因而可以加速应收账款的回收,而公司在利用现金折扣进行交易的时候,就要考虑折扣成本。

在很多情况下,销售是持续发生的,那么为每笔业务都设定不同的支付时间是很麻烦的事情。一个比较常用的处理办法就是设定所有的销售都在月底(end of month,EOM)进行,那么信用条件就成为类似"5/10,…,n/30"的形式,即若客户在从月底起往后计算的10天内完成支付,则可以享受5%的折扣,否则可在从月底起往后计算的30天内完成支付。

也有很多销售是季节性的,如农产品、空调等,在这种情况下,销售商往往会用信用条件促使客户尽早地提走货物并将其付款期限延迟到下一个销售旺季。

信用期限只决定了货款什么时候支付,但是并没有决定合约的性质。与本地的客户作频繁的交易时通常只是有一个默认的销售合约,在交易发生时,在卖方账册上进行记录,签发发票,并收到买方签字的收据。如果交易额很大,公司可以要求客户签发一张借据。使用借据有两个好处:一是其证明了这种债务的存在;二是其持有者可以其作抵押融资。借据是在发货之后签发的,如果想在发货前得到购买者的付款承诺，常用的方法是使用商业汇票，其原理为，销售方签发商业汇票，要求购买者在特定时期支付特定数额的款项，然后将商业汇票和发货发票一起寄到购买方的开户行，如果销售方要求即期付款，则使用"即期汇票"，否则使用"远期汇票"。根据汇票形式的不同，购买方或者直接支付或者签收汇票确定债务。购买方开户行在购买方签收商业汇票之后出具提货发票，购买方以提货单向销售方提货，同时购买方开户行向销售方汇去现金或是贸易确认单，销售方可以拿到现金或持确认单至到期取出现金或使用其作为抵押贷款。

如果对购买方的信用有质疑，销售方可以要求银行支付货款款项，银行的书面承诺称为"银行承兑汇票"。一般来说，银行的信誉好，所以银行汇票的流动性强，是流动性金融工具之一。银行汇票在国际贸易中得到了非常广泛的使用。

公司也可使用"条件销售合同"作为信用工具。条件销售合同是公司在购买方完全付清款项之前，在法律上享有交易商品的所有权的一种合同。条件销售合同经常采用分期付款的形式，一般计入利息成本。

（二）信用分析

一般来说，不允许对不同的顾客采取价格歧视的政策，也不允许以提供相同的价格但是不同信用期限的方式来对待不同的顾客。但是公司可以对不同类型的顾客提供不同的销售方式，如批量折扣，对大宗交易和长期来往的客户提供较优惠的信用。但是从原则上来说，对于信用状况不良的顾客，还是要限制信用购买的额度。

要确定一个客户是否会偿付货款有很多的方式，最简单的便是查阅其以往的偿还记录。当然，也不排除有这样的客户，他们在过去及时偿还了一系列的小额账户而积累了较大的信用额度，使用了该信用额度以后便再无踪影。新的客户没有交易记录可查，在这种情况下企业可以聘请信用机构来对新客户的信用状况进行调查。如果银行有这种服务的话，也可以委托自己的开户银行与顾客的开户银行联系来得到对方的信用状况的一些相关信息。当然，也可以向金融圈子里的其他机构询问对该客户的信用状况的印象。总之，企业应该尽可能地综合各方面的信息来对新客户有一个认识。这个过程看起来繁琐，但是如果该公司是一个公开的上市公司的话，相关信息应该很好获得，因为有专门的评级公司对其进行评价。如果该公司有发行债券的话，可以比较同类公司的债券价格来获取信息。当然，还可以观察其股价的波动状况。虽说价格的大幅下降并不一定意味着公司遇到了麻烦，但是也是对其未来的一个预警。

1. 财务比率分析

前面介绍了很多方法使公司获取客户信用状况的外部信息，当然，公司也可以利用其财务报表上的数据来进行自主分析。使用财务数据以及对未来的财务预测可以进行相当详细的分析，但是相对而言成本也比较高。因而一般来说，财务管理者会关注财务报表上的数据，基本的工具便是一系列的财务比例，如流动性比例、现金比例等。

2.信用评分系统

如果公司的客户群体较小、交易比较有规律,信用管理者就可以很容易地、不用总是经常地完成调查。但是如果公司的客户非常多,就需要有一些模式化的评分系统。例如,常见的银行的信用卡申请,工作人员会问很多问题,涉及工作、家庭、财产状况等方方面面,然后再根据这些信息打出一个信用评分,依照这个分数决定是否要办理信用卡。对于多数银行和企业的信用管理部门来说,建立一套完整科学的信用评分系统会是非常高效的方法。但是需要注意的是,信用评分系统往往是历史数据回归的结果,它对历史数据拟合得很好并不代表可以很好地适用于未来的情况。所以不要过分地相信信用评分系统,也许会因为过分谨慎而失去可能的大收益。也就是说,好的信用评分系统是一个信用管理的好的保障,但是并不要过分地依赖它。

3.信用决策

当公司对一个客户已经谈好了销售条件并进行了信用分析后,就该进行信用决策,即决定是否向该客户提供信用。

4.停止信用

当企业向客户提供信用以后,应该继续进行监控分析以便确定什么时候停止向该客户继续提供信用。假设佳华公司的信用管理部门要分析哪些客户很可能会违约,经调查发现,95%的客户可以及时地付款,5%的客户会拖延。同时又知道,大约有20%的有拖延记录的客户会在下一次交易中违约,而总是及时付款的客户只有2%可能在下一次交易中违约。假设该公司查阅了1000个客户的样本,目前这些客户都没有违约记录。在这些客户中,950个客户可以及时地付款,50个客户有拖延记录。那么根据以前的经验,会有19个无拖延记录的客户在未来违约,10个有拖延记录的客户会在未来违约。那么现在信用管理者就要决定是不是要拒绝继续提供信用给有拖延记录的客户。

当然,如果当企业可以确定某一个客户是有拖延记录的,那么当然要拒绝继续提供。因为该客户的违约概率为20%,提供信用的预期收益为:

$$0.8 \times (1200-1000) - 0.2 \times 1000 = -40(元)$$

但是在多数情况下,企业要想做到对每一个客户信用状况进行跟踪需要较高的成本。比如,佳华公司确定某一个客户是否有拖延记录会带来10元的成本,那么进行这项工作的预期收益如下:

确认客户工作的预期收益=某客户有拖延记录的概率×可避免的损失-确认成本

$$=0.05 \times 40 - 10 = -8(元)$$

显然,这项工作不值得做。但是若该客户一次的交易量扩大了10倍,那么一次信用提供的预期收益就变成了400元,确认工作的预期收益就成为:

$$0.05 \times 400 - 10 = 10(元)$$

显然,确认工作就有必要做。

从以上的计算中我们可以得到一个信用管理的基本原则：不必对每一个客户的每一笔交易都进行同样的信用分析，要把自己的注意力放在数额较大、安全性最值得怀疑的交易上。

5. 重复订单的信用决策

以上的分析都只是关注单笔交易，但是当企业试图获取一个稳定的长期客户时，只按照上面的原则来做就不够了。

假设佳华公司现在有一个新客户，其违约概率大约为20%，预期收益率为：

$$0.8 \times (1200-1000) - 0.2 \times 1000 = -40（元）$$

那么公司会拒绝提供信用。但是考虑到再次交易的可能性，如果客户这次会还款，下次（如在第2年）还会有交易，鉴于第1次的良好记录，第2次该企业就会有95%的还款可能，在这种情况下，第2次交易的预期收益在交易时的价值为：

$$0.95 \times (1200-1000) - 0.05 \times 1000 = 140（元）$$

那么对于要作决定的今天：

预期收益的现值=第一次交易的预期收益+第二次交易的概率×第二次交易预期收益的现值=$-40+0.8 \times PV(140)$

假设折现率为6%，那么可得到预期收益的现值为：

$$-40 + 0.81 \times 40 \div 1.06 = 66（元）$$

显然是应该提供信用的。所以说，在考虑到多次交易的可能性时，公司可能会对第一次交易期望收益为负的客户也提供信用。

6. 一些基本的原则

在以上的例子中，公司面临的决策都很简单而又清晰。但是，现实中的情况要复杂得多，客户的表现也不稳定。也许在很多情况下客户总是会拖延付款，而公司不仅花成本来收账款，也损失掉了利息。所以从实际情况看，对公司来说，实际的收入和成本都不是记录在册的那些数额，而是要打折扣的，但是折现率是多少，几乎没有人能说清楚。

所以信用管理非常需要及时准确的判断，本书的例子只是作为相关事项的提示而绝不期望读者照本宣科。然而，还是有一些基本的原则需要读者注意：

第一，最大化利润。信用管理者的目标仍然是利润最大化而绝不是最小化坏账数量。

第二，集中精力应对最有问题的账目。不要把精力同等地放在不同的账目上，小额的清晰的账目只需要日常的管理即可，而对于大额的问题较多的账目则需要进行仔细的信用状况分析。大多数信用管理者不会对每一个账目都作信用决策，相反，他们会对每一个客户给予一个信用额度，如果该客户超过了这个信用额度，再通过专门的途径进行评估决定。

第三，要考虑长期客户的发展。信用决策是一个动态过程，所以信用管理者不可以只看眼前。有时候为了与客户建立长期交易关系而对可能有风险的客户授予信用也是值得的，这种风险就是建立新的客户关系的成本。

（三）收账政策

在实际生活中，不可能所有的客户都会自觉地按时还款，那么公司就必须有一定的收账政策来保证尽量减少坏账的损失。

信用管理部门会有每一个客户的偿付记录，如A公司通常会享受现金折扣而B公司则会在还款期限到期才付款。根据这些记录，公司会制定一个应收账款的账龄分析表来监控账款的回收，见表4-2。

表4-2 应收账款账龄分析表　　　　　　　　　　　　单位：元

客户	未到期账款	超过1月	1个月以上	欠账总数
A	10000	0	0	10000
B	0	0	5000	5000
C	5000	4000	21000	30000
加总	15000	4000	26000	45000

当遇到有客户拖延支付时，通常的处理方法就是给客户打电话、发信、重寄发票，并且逐渐增加频率。如果以上做法都没有效果，绝大多数公司都会将其交给收账代理机构或是提起诉讼。当然，所有这些努力都是有成本的，尤其是后两种，费用可能会占到应收账款的15%~40%。

收账机构和销售机构之间总是有潜在的利益冲突的。销售代表也许会认为收账机构的催收行动会增加他们赢得新客户的难度，而收账机构则认为销售部门只盯着订单数额的短视行为增加了坏账的概率。其实，如果协商得好，双方还是有很多可以合作达到双赢的机会。例如，佳华公司的某一个客户在原先银行那里的融资出现了一些问题，鉴于其过去的良好记录以及对该客户的了解，收账部门建议销售部门继续和该客户合作，提供信用，甚至延展信用期限，该建议得以采纳并且该客户得以渡过难关，也重新获得了银行的信任，那么对于佳华公司来说，无疑客户的忠诚度又提高了一步。

虽然公司一般不能直接融资给客户，但是当公司提供商业信用时，就相当于间接地融资给客户。对于某些很难在银行实现融资的小企业来说，商业信用是他们很重要的一条融资渠道。但是这又引发了一个问题，在银行不愿意贷款给客户的情况下，卖方应该继续提供或是延展信用吗？基于以下两方面的考虑，这样做也许是值得的。第一，卖方比银行更了解客户的情况，正如前面所举的例子；第二，若客户就此退出该行业会使企业失去相当大的销售额，那么现在冒一下险也许是值得的。

三、应收账款代理商和信用保险

由于规模效应的存在,大公司在管理应收账款方面具有一些优势。同时,由于收账方面也需要经验和判断,小公司由于无法聘请到专业的信用管理者而陷于劣势。在这种情况下,小公司可以将部分应收账款交给应收账款代理商。代理商的工作如下:首先,其与委托人商议好每一个购买商的信用额度和平均收款期;其次,由委托人通知购买商,其债务已被代理商购买,所以委托人每作一次交易都要把发票的拷贝交给代理商,购买商直接将货款付给代理商;最后,无论其是否收到货款,代理商都要按照事先约定的收款期向委托人支付货款。当然,代理商会按账款标的收取一定的手续费,手续费比例一般是1%~2%。通过这种形式,回收应收账款的风险就转嫁给了代理商,类似于保险。应收账款代理非常适用于买卖双方分散、数量众多、很难有长期合作关系的行业。尤其是当某一个代理商被多家销售商聘请的时候,它就掌握了更多的交易信息,因而对购买方的信用状况会有较好的把握。

第五节 存货管理

一、存货管理目标

存货是指公司在生产经营过程中为销售或者耗用而储备的物资,主要包括原材料、在产品、产成品、低值易耗品等。存货是产品生产和销售的纽带。存货的存在会增加一系列的费用,而且其变现能力低,所以最理想的状态是没有存货,但是出于增加公司的经营弹性和节约成本费用两个原因,公司存有一定量的存货是必要的。所以公司存货管理的目标除了要保证存货的减损保值之外,就是要在持有存货的成本和收益上权衡取舍,确保有最佳的存货余额,使得在满足公司日常经营的情况下有最低的存货成本。

二、存货管理成本

最佳存货余额的确立需要对公司的存货成本进行仔细的确定,一般来说,存货持有成本主要有以下几部分。

(一)取得成本

取得成本指为取得某种存货而支出的成本,它又可分为订货成本和购置成本。

1.订货成本

取得订单的成本,其中一部分与订货次数无关,称为固定订货成本,如采购部门的办公费、折旧费等;另一部分与订货次数有关,称为变动订货成本,如差旅费、邮电费等。

2.购置成本

存货本身的价值,等于买价及运杂费之和。

因此,取得成本为:

$$TC_a = F_1 + K \times \frac{D}{Q} + D \times U$$

式中:TC_a——为取得成本;

F_1——为固定订货成本;

D——为存货总需要量;

K——为每次订货的变动成本;

Q——为每次进货量;

U——为进货单价;

$F_1 + K \times \frac{D}{Q}$——为订货成本;

$K \times \frac{D}{Q}$——为变动订货成本;

$D \times U$——为购置成本。

(二)储存成本

储存成本指公司为保持存货而发生的成本,如仓储费、保险费、占用资金的利息等。

储存成本也根据是否与存货数量相关分为固定成本和变动成本两部分。假设公司每次都是待存货量为零时进货,那么平均存货量就是 $\frac{Q}{2}$,类似地,将储存成本表示为:

$$TC_c = F_2 + K_c \times \frac{Q}{2} = F_2 + M \times U \times \frac{Q}{2}$$

式中:TC_c——为储存成本;

F_2——为储存的固定成本;

$K_c = M \times U$——为单位持有成本;

M——为持有费用率;

U——为进货单价。

(三)缺货成本

缺货成本是指由于存货储备不能满足生产和销售的需要而造成的损失,如停工损失失去销售机会的损失、经营信誉的损失、紧急采购的额外开支等。缺货成本用 TC_s 表示。

综上所述,公司持有存货的总成本就是以上各项成本之和,表示为:

$$TC = TC_a + TC_c + TC_s = F_1 + K \times \frac{D}{Q} + D \times U + F_2 + K_c \times \frac{Q}{2} + TC_s$$

三、存货决策

有关的存货决策基本上都是研究如何使存货成本最小化的问题,下面介绍几个常用的存货控制模型。

(一)经济订货批量

经济订货批量控制是最基本的存货定量控制方法,其目的在于决定进货时间和进货批量,以求得最低的存货总成本。该模型有几个假设:①公司能及时地补充存货,此时缺货成本TC_s为零;②订货可一次到库;③有确定的需求量和稳定的单价,即D、U已知;④公司现金充足,不会因现金紧缺影响进货;⑤所需存货市场供应充足。

(二)保险储备、再订货点和订货提前期

在实际情况中,存货的需求量或耗用量一般是不能确切知道的,而且在给定的一段时间内它通常是波动的。一般而言,原材料存货和在产品存货两者的耗用量都取决于生产计划,可预测性较高。除了需求量以外,从发出订单到收到货物所需的提前期也会有所变化。由于这种不确定性的存在,公司就不能使用在确切知道耗用量和提前期情况下的做法,即让预期库存量降至零时再着手安排下批订货,因此需要一定量的保险储备。

在讨论保险储备前,首先要考虑再订货点,即库存量降至哪一点时着手订货。可以确切地知道存货需求量,而且知道从发出订单到收到货物需要5天,如果耗用量稳定,那么公司就要在其库存用完之前5天,或者说当库存量降到100件时订货,因此再订货点为100件。当5天后收到新订的货物时,该公司的原有库存刚好用完。

保险储备量取决于多个因素。存货需求量预测值的不确定性越大,订货提前期的波动越大,公司希望维持的保险储备量越高。此外,存货短缺的成本越高,公司希望维持的保险储备量越高。当然,存货持有成本使得公司不能任意地扩大保险储备量,两者之间的权衡取舍其实就取决于公司愿意承受的存货短缺的概率有多大。

(三)ABC存货控制系统

在实际的经济生活中,公司会有各种不同的存货,其数量、占用资金量都不同,这就需要结合经济订货批量采用ABC存货控制系统。该系统是根据各项存货在全部存货中重要程度的大小,将存货划分为A、B、C三类,并实行不同的控制方法分别管理。其中A类存货数量少,资金占用多,其品种、数量通常占全部存货的5%~30%,但是资金的份额却占到了存货总金额的60%~80%,应实行重点管理;B类为一般存货,存货的品种、数量通常占全部存货的20%~30%,资金的份额占存货总金额的15%~30%,应实行常规管理;C类存货的品种、数量通常占全部存货的60%~70%,而资金只占存货总金额的5%~15%,数量多,资金占用少,不必花费太多精力,一般凭经验管理即可。

对存货进行分别管理，有利于抓住重点，从而有效地控制主要存货资金。对于A类存货，应保持严密控制，经常检查库存，详细、科学、准确地确定该类存货的经济批量和有关定额；对于C类存货，可采用比较简化的控制方式进行管理，如集中采购、适当加大保险储备等，以节约订货费用，同时可避免缺货损失；B类存货的控制介于两者之间，可根据其在生产中的重要程度和采购的难易程度分别采用A类或C类的控制方法。

ABC存货控制系统的具体内容见表4-3。

表4-3　ABC存货控制系统简明表

项目	A类	B类	C类
控制程度	严密控制	一般控制	粗犷控制
定额制定方法	详细计算	经验数据	不足即进货
储备记录情况	详细记录	有记录	无明细记录
保险储备量	低	较多	灵活
库存监督方法	经常检查	定期检查	抽查

（四）适时存货控制系统

适时存货控制系统（just in time system，JIT System）最早应用于日本丰田公司，它要求企业在生产经营的需要与材料物资的供应之间实现同步，使物资传送与作业加工速度节拍同一，最终将存货降低到最小限度，甚至没有存货，实现零库存。适时管理的好处在于消除了大量的存货，节约了在储备存货上所占用的资金及相应的储存成本，从而提高了生产效率及效益。这就要求企业有高效的采购、非常可靠的供应商以及一个有效的存货处理系统，其核心是由某种流动运作方式组成一张"绷紧的"网络，企业借助这张网络实现标准作业，从而达到零库存。目前运用得非常广泛的计算机技术使这种构想成为现实。JIT的最终目标是"三个必要"，即"必要时生产必要数量的必要产品"，防止生产过度，节约储存成本。当然，适时控制会对供应商、员工、生产系统提出更高的要求。例如，在机床车间，运用计算机辅助制造手段，新一轮生产流程的准备工作只需几分钟就可完成，而且成本有了大幅降低，使得订货成本减少，从而降低了经济订货批量，降低了平均存货量。通过筛选可靠的原材料供货商，可以降低原材料库存。对于产成品而言，存货的适时供应会加快生产流程，如果产成品能够很快地得以补充，那么库存短缺的成本就会减少，从而降低存货水平。当然，存货水平永远不会降为零，存货适时供应的观念只是为使存货水平最低而进行的一种极端严密控制。一家公司与这一理想目标的接近程度取决于其生产过程的类型以及供货商的行业特点，但是对任何公司而言，这都是一个有价值的目标。

第五章 财务管理决策

第一节 资本投资决策

一、资本投资管理程序

（一）提出投资项目

提出投资项目，即立项，它是进行投资项目论证的起点。投资项目可以由企业管理当局或高层管理人员提出，也可由企业的各级管理部门或相关部门的领导提出。

（二）占有和分析资料

投资项目的选择与决策，应以大量而翔实的资料分析为基础。这些资料包括：技术资料、市场调查资料、资源和环境状况资料、法律政策资料和财务资料等。

（三）设计备选方案，进行可行性论证

在分析信息资料的基础上，进行备选方案的设计，并进行方案的论证，其论证内容包括：技术可行性、经济可行性、环保可行性以及财务可行性等。

（四）做出投资项目决策

投资项目论证评价后，做出最后决策。一般来讲，其结论不外乎三种。一是接受投资项目，可以进行投资；二是拒绝投资项目，不能进行投资；三是发还给项目提出部门，重新论证后，再行处理。

（五）投资项目执行与控制

经过批准，决定对项目进行投资后，要积极筹措资金，实施项目投资。在投资项目执行的过程中，一方面要对项目周期、工程进度、工程质量、项目风险等进行全过程的监督和控制，另一方面，要对预算的执行情况进行跟踪检查，及时发现问题，及

时进行修正或调整。

二、资本投资决策主要参数的确定

（一）投资项目现金流量

1. 现金流量的假设

（1）投资项目类型假设

假设投资项目只包括单纯固定资产投资项目、完整工业投资项目和更新改造投资项目三种类型。

（2）全投资假设

在确定投资项目现金流量时，只考虑全部投资的运动状况，而不具体区分是自有资金还是借入资金。

（3）建设期投入全部资金假设

不论项目的原始投资是一次投入还是分次投入，假设它们都是在建设期内投入的。

（4）经营期与折旧年限一致假设

假设投资项目的折旧年限或使用年限与经营期相同。

（5）时点指标假设

现金流量的具体内容所涉及的价值指标，不论是时点指标还是时期指标，均假设按照年初或年末的时点处理。

（6）确定性假设

假设与项目现金流量估计有关的价格、产销量、成本水平、所得税率等因素均已事前预计并作为已知常数。

2. 现金流量的判断与估计

在进行投资项目现金流量的判断与估计时，应关注以下问题：

（1）现金流量与会计利润既有区别，又有联系

会计利润是按权责发生制确认的，它仅反映某一会计期间的"应计现金流量"，而不是实际的现金流量，没有考虑现金收支的实际时间。现金流量是按收付实现制确认的，能够明确地反映每一笔现金收入与支出的具体时间。另外，在确认会计利润时，是将折旧费和无形资产的摊销等作为费用看待的，属于当期会计利润的抵减项目。但这种费用属于非付现性质的支出，并没有真正引起现金的流出，因而，在确认现金流量时，应将其作为现金流量的加项来考虑。

（2）使用未来价格和成本

现金流量的预测是面向未来的，因此，在估计投资项目的现金流量时，应使用未来价格和成本计算，而不是用现在的，尤其在面临较高的通货膨胀时，还要考虑调整通货膨胀对现金流量的影响。

（3）正确区分相关与非相关成本

从决策的角度来看，非相关成本是指与特定决策无关的成本，即使它们已经发生并存在着，但对未来决策不产生任何影响作用，因此，在预测现金流量时也就没有考虑的必要。沉没成本、历史成本、账面成本等属于典型的非相关成本，例如，市场调研费用、项目论证费用以及旧设备的折旧费用等。相关成本是指与特定决策有关的成本，无论其发生与否，都会对未来决策产生影响。因此，在预测现金流量时应给予充分关注。差额成本、未来成本、重置成本、机会成本等都属于典型的相关成本，尤其是重置成本和机会成本，对项目现金流量的影响非常广泛。

（4）考虑投资项目的附加效应

所谓附加效应是指当采纳一个新的项目后，该项目可能对公司其他项目造成有利或不利的影响。在进行附加效应分析时，要从两个方面来考虑：一是如果能够明确地确认原有项目的收入或获利水平的减少，确是新的项目的实施而造成的，在这种情况下，估计新项目现金流量时，必须从中扣除这部分减少的现金流量；二是原有项目收入或获利水平的减少，纯属于激烈的商业竞争所致，与新项目的实施与否并无多大关联，在这种情况下，可按全额估计新项目的现金流量，而不必做扣除的处理。实务中，这种情况很难准确计量，需要决策者谨慎分析与判断。

（5）考虑新增制造费用的归属

在确定项目的现金流量时，要对制造费用做明确的归属分析，只有那些与投资项目相关的制造费用才能计入投资项目的现金流量当中。例如，因投资项目而增加的管理人员工资、增加的动力费用、租金支出等，而与投资项目无关的费用不应计入投资项目的现金流量当中。

（6）考虑折旧的影响

折旧对现金流量的影响应从以下两个方面考虑：其一，折旧作为非付现支出，虽抵减当期会计利润，但并不引起现金的流出，反而把它作为现金流入的一项来源；其二，折旧所产生的抵税额也可作为一项现金流入来看待。折旧抵税额的计算公式为：

折旧抵税额=折旧额×所得税税率

（7）考虑利息费用的处理

在项目投资中，如果项目所需资本的一部分是通过借款来解决的，在这种情况下，必然会产生利息费用，按照国际惯例，项目投资所产生的利息费用有两种处理方式：一是将利息费用视为费用支出，从现金流量中扣除；二是将其归于资本成本即折现率之中。实务中，采用后一种方法的比较普遍。如果已从项目的现金流量中扣除利息费用，就不能再将其归于资本成本之中，否则就会出现重复计算的现象，从而影响到决策结果的准确性。

（8）考虑所得税的影响

所得税也会对项目的现金流量产生影响。主要表现在：其一，所得税支出是一种付现支出，引起现金流出量的增加是必然的，只是流出多或少的问题；其二，所得税的存在而形成的节税额即少缴的部分应视为现金流入，导致多缴的部分应视为现金流出。以上情况在固定资产残值的计提、资产的出售处理等方面时有体现。

（二）投资项目的折现率

项目投资决策除了正确预测现金流量之外，还要选择一个恰当的折现率，并以此对项目的现金流量进行折现，这里所说的折现率，可以根据实际情况进行选择，可以选用资本成本、项目投资的必要报酬率，也可以选用项目投资的机会成本和行业基本收益率。通常情况下可以选择资本成本作为折现率。但是，以资本成本作为投资项目的折现率需要注意两个问题：

其一，如果拟投资项目的风险与公司当前资产的平均风险相同，并且打算继续采用相同的资本结构为新项目筹资，在此情况下，可以采用公司当前的资本成本作为项目的资本成本。

其二，如果拟投资项目的风险与公司现有资产的平均风险显著不同，则不能使用公司当前的资本成本，而应在正确估计项目系统风险之后，重新估算项目的资本成本。

（三）投资与投机

以现代社会的经济标准来判断，投机是一种承担特殊风险获取特殊收益的行为。

投资与投机之间存在以下三点联系：其一，投机是投资的一种特殊形式，两者都需要资金投入或者垫入或垫付资本；其二，两者的基本目的一致，都是以获得未来货币的价值或收益为目的；其三，两者的未来收益都带有不确定性，都包含有风险因素，都要承担遭受损失的风险。

投资与投机的不同之处在于：其一，两者行为期限的长短不同。一般认为，投资的期限较长，而投机的期限则较短；其二，两者的利益着眼点不同。投资着眼于长期利益，而投机则着眼于短期利益；其三，两者承担的风险不同。一般来讲，投资的风险较小，本金相对安全，投机包含的风险可能很大，本金有损失的危险，因此，投机也被称为高风险的投资；其四，两者的交易方式不同。投资一般是一种实际交割的交易行为，而投机往往是一种买空卖空的信用交易行为。

三、投资项目评价规则

（一）非折现评价指标

1.投资回收期（PP）

通常情况下，投资回收期的计算可分为两种情况：

（1）若各年的投资回收额，即经营现金净流量（NCF）相等，则投资回收期可按下式计算：

$$\text{投资回收期(PP)} = \frac{\text{项目初始投资额}}{\text{每年经营现金净流量(NCF)}}$$

（2）若各年的经营现金净流量（NCF）不相等，那么，在计算投资回收期时，应将各年非等额的经营现金净流量进行逐年累计，直至累计回收额与项目初始投资额相等为止，能够使两者相等的年份，即为投资回收期，即满足下式即可：

$$\sum_{t=0}^{m} CO_t = \sum_{t=m+1}^{m} NCF_t$$

式中：CO_t——初始投资（现金流出量）。

利用投资回收期进行投资项目评价的规则是：若项目或方案的投资回收期小于基准回收期，可接受该项目或方案；反之，则应放弃。这里的基准回收期可以是决策者主观期望的，或者是行业平均的，也可是可比项目的回收期。在进行互斥项目的比较分析时，应以回收期最短的方案作为最优方案。

投资回收期评价投资项目，方法简单，反映直观，易于接受，因而被广泛采用。但这种方法也存在明显的不足：第一，没有考虑货币时间价值和投资风险；第二，没有考虑收回投资后后续期的现金流量状况；第三，评价基准的选用具有一定的主观任意性。

2.会计收益率（ARR）

会计收益率是指投资项目年平均会计净收益与原始投资额的比率，其计算公式为：

会计收益率（ARR）=年均净收益÷原始投资额×100%

利用会计收益率评价投资项目的规则是：若项目或方案的会计收益率大于基准会计收益率（公司自行确定或根据行业标准确定），可接受该项目或方案；反之，则应放弃。在有多个方案的互斥选择中应选择会计收益率最高的项目。

会计收益率指标的优点是计算简单，容易理解，并且将收益与投资结合考虑。其缺点在于：第一，没有考虑时间价值和风险价值；第二，基准收益率的确定仍具有主观任意性。

3.投资回收期与会计收益率的比较

对于投资回收期和会计收益率可以从以下几个方面做比较分析：

（1）两者的指标属性或性质不同。投资回收期属于反指标，投资回收期越短项目越优；会计收益率属于正指标，会计收益率越高项目越优。（2）两者都需要事前设定评价基准。这个评价基准的选择可以是投资者主观期望的、行业平均的，也可以是同类可比项目的。（3）对同一项目或方案进行评价时，两者的结论往往是不一致的，也就是说用投资回收期评价，项目是可行的，但用会计收益率评价项目却不可行。（4）两者对现金净流量（NCF）信息的利用程度存在差别。投资回收期利用了现金净流量的全部信息，即税后净利加折旧，而会计收益率只利用了部分NCF的信息即税后净利。（5）投资回收期只适合于投资额较小、回收期较短的中小型投资项目的评价，不适合具有长远战略意义的大型投资项目的评价,因为那样容易导致次优化倾向;而对会计收益率而言,当同一投资项目存在多个方案时,可能会出现会计收益率相同的现象,这时应将会计收益率放在次要的位置,而应重点关注各方案的收益分布状况。

(二) 折现评价指标

1. 净现值(NPV)

净现值是指投资项目未来现金流入量的现值与未来现金流出量的现值之差,或者说是项目周期内各期现金净流量现值的代数和。净现值的计算公式为:

$$NPV = \sum_{t=1}^{n} \frac{CIF}{(1+i)^t} - \sum_{t=1}^{n} \frac{COF}{(1+i)^t}$$

或者:

$$NPV = \sum_{t=1}^{n} \frac{NCF}{(1+i)^t}$$

式中:NPV——项目净现值;

CIF——现金流入量;

COF——现金流出量;

NCF——现金净流量;

i——资本成本(折现率)。

净现值指标的评价规则是:在只有一个备选方案的条件下,若方案的NPV>0,接受该方案;若NPV<0,则应放弃。在有多个备选方案的选择中,应选择NPV最大者。在上述计算中可见方案甲优于方案乙,故应该选择甲方案。

2. 现值指数(PI)

现值指数亦称获利指数,是指投资项目未来现金流入量现值与初始投资现金流出量现值的比率,其计算公式为:

$$PI = \sum_{t=1}^{n} \frac{CIF}{(1+i)^t} \div \sum_{t=1}^{n} \frac{COF}{(1+i)^t}$$

采用现值指数指标的评价规则是:若项目的现值指数大于或等于1,接受该项目;若现值指数小于1,则放弃该项目。在有多个备选方案的条件下,应选择现值指数最大者。

3. 内含报酬率(IRR)

内含报酬率又称内部收益率,是指能够使投资项目未来现金流入量现值与现金流出量现值相等,即净现值为零时的折现率,它反映的是投资项目本身可望达到的收益水平。

依据项目经营期内各期现金净流量相等与否,内含报酬率的计算亦有所不同。如果各期的经营现金净流量相等,可采用简算法;如果各期的经营现金净流量不等,则可根据内插法原理,采用逐步逼近测试法计算。

四、投资项目风险分析

(一) 投资项目风险来源

投资项目的风险,一方面来自项目本身即项目的特有风险,项目不同,风险程度不同。特有风险可以用项目预期收益率的波动性来反映;另一方面来自各种外部因素,主要包括:

1.项目收益风险

主要是指影响项目收入的不确定性因素,如价格波动、市场状况、消费者偏好、意外事故等。

2.投资与经营成本风险

主要是指对项目建设投资以及交付使用后运营过程中各项费用的估计不足而产生的风险。

3.融资风险

主要是指项目资本来源、供应状况、利率和汇率的变动等带来的风险。

4.其他风险

主要是指社会、政治、经济的稳定程度,通货膨胀水平、国家相关法律、法规的调整、国家投资政策的变动等带来的风险。

(二) 投资项目风险处置方法

1.现金流量调整法

现金流量调整法的基本原理是:将不确定的现金流量按肯定当量系数调整为肯定的现金流量,然后再以无风险报酬率作为折现率,重新计算项目的净现值,最后,仍按净现值决策规则评价项目的可行性。调整后的净现值计算公式为:

$$NPV = \sum_{t=1}^{n} \frac{\alpha_t \times NCF}{(1+i)^t}$$

式中:α_t——肯定当量系数。

其理论计算公式为:

其理论计算公式为:

$$\alpha_t = \frac{确定的现金流量}{风险现金流量}$$

肯定当量系数的大小与各期的风险程度直接相关,风险程度越高,肯定当量系数越小,反之,则越大。肯定当量系数的取值一般为0~1。

2.折现率调整法

折现率调整法的基本原理是:对风险大的项目采用较高的折现率,对风险小的项目采用较低的折现率。依据不同的调整方法将折现率调整成风险折现率后,再按预期的现金流量计算项目的净现值,并做出最终的评价。调整后的净现值计算公式为:

$$NPV = \sum_{i=1}^{n} \frac{NCF_t}{(1+K)^t}$$

式中：K——调整后的风险折现率。

风险折现率可按以下三种不同方法进行调整。

第一，按资本资产定价模型调整。

$$K = R_i + \beta \times (R_m - R_f)$$

第二，按风险报酬模型调整。

$$K = i + b \times cv$$

式中：b——风险报酬系数或称风险斜率；

cv——标准离差率。

第三，按投资项目类别调整。

按投资项目类别调整是指把投资项目分成若干类别，然后根据经验对每一类投资项目在无风险折现率的基础上加上一定的百分比将其调整为风险折现率。

第二节　融资决策

一、企业融资的内涵

（一）融资动机

1. 创立型融资动机

按我国财务通则的规定，创办新企业都有最低法定注册资本的要求，企业为创办成功，必须通过筹资以满足其要求。

2. 维持型融资动机

企业在日常经营过程中，为满足其季节性、临时性、周转性、结算性等需要，维持生产经营活动的正常运转而引起的融资行为。

3. 扩充型融资动机

企业在经营和发展过程中，一方面经营规模和资产规模的扩大会引起对资金的额外需求，另一方面对外兼并、收购、合并等资本扩张行为也会引起对资金的额外需求，由此产生相应的融资动机。

4. 调整型融资动机

企业因现有的资本结构已极度不合理，通过筹资来达到调整和改善资本结构的目的。

5. 混合型融资动机

企业同时既为扩张规模又为调整资本结构而产生的融资动机。

6. 恶化型融资动机

企业由于现有的支付能力不足以偿还到期旧债而被迫举债筹资，以新债偿旧债，这表明企业财务状况已经恶化。

(二) 融资类型

1. 按资金使用期限划分

按资金使用期限长短，可将融资分为短期融资和长期融资。短期融资是指每次所筹资金的使用期限不超过1年的融资，如短期银行借款、商业信用等；长期融资是指每次所筹资金的使用期限在1年以上的融资，如长期银行借款、发行长期债券、发行股票等。

2. 按资金的权益特征划分

按资金的不同权益特征，可将融资分为权益融资和负债融资。权益是所有者或股东在企业净资产中所享有的经济利益，即所有者权益或股东权益，在数量上为资产减去负债后的余额，包括投资者投入企业的资本以及在持续经营中形成的积累等，此外，还包括通过吸收直接投资、发行股票等形成的资金。所有者权益一般不用归还，因而又称为自有资本、主权资本或权益资本。负债融资是企业向企业内部或企业外部有关个人或组织借入的资金，又称债务资本，负债融资需要到期还本付息。

3. 按资金的来源范围划分

按资金的来源范围不同，可将融资分为内部融资和外部融资。内部融资来自企业内部，是利用企业内部积累而形成的，是一种自动化的资本来源；外部融资主要来自企业外部的有关个人或组织。

(三) 融资渠道

1. 国家财政资金

现有国有企业，特别是国有独资企业，其资金来源大多是以国家财政的直接拨款或以国有资产入股的方式形成的，属于国家投入的资金，其产权归国家所有。

2. 银行信贷资金

银行信贷资金是我国目前各类企业的主要资金来源。商业银行为各类企业提供各种商业贷款，政策性银行为特定企业提供政策性贷款。

3. 非银行金融机构资金

非银行金融机构是指信托投资公司、保险公司、租赁公司、证券公司、财务公司等，它们所提供的金融服务，既包括信贷资金的投放，也包括物资的融通，还包括为企业承销证券等。

4. 其他企业资金

企业间的相互投资、拆借以及商业信用的存在，使其他企业资金也成为企业资金的重要来源。

5. 社会公众和个人资金

企业职工和居民个人的结余货币，可用于对企业的投资，形成民间资金来源，为企业所用。

6.企业内部积累

企业内部积累又称企业留存收益，它是形成企业资金的内部来源。

7.境外资金

境外资金是指我国境外投资者以及港、澳、台地区的投资者投入的资金。

(四) 融资方式

1.利用商业信用

商业信用筹资是企业通过赊购商品或劳务、预收货款等交易行为来筹集短期资金的一种融资方式，它是企业与企业之间的直接信用行为。

2.利用银行借款

银行借款筹资是企业按照借款协议从银行等金融机构借入各种款项的融资方式，包括短期借款和长期借款两种基本形式。

3.发行债券

发行债券筹资是企业或公司按照有关规定，在具备资格和符合条件的前提下，通过向社会公开发行债券进行资金筹措的一种融资方式。它包括信用债券、抵押债券等基本形式。

4.租赁筹资

租赁筹资是企业按照租赁合同的规定，从其他企业或专业租赁公司租入资产从而筹集资本的一种特殊融资方式。它包括经营租赁、融资租赁、杠杆租赁等。

5.吸收直接投资

吸收直接投资是企业按照有关协议通过吸收国家投资、法人投资和个人投资等而形成的一种资金来源，它是企业取得权益资本的主要融资方式之一。

6.发行股票

发行股票筹资是股份制公司按照公司章程依法发行股票筹集股本的一种融资方式，它包括发行普通股股票和优先股股票等形式。

7.利用留存收益

利用留存收益筹资是企业将实现的净利润的一部分留存在企业内部，形成企业内部资金来源的一种融资方式。

二、融资成本决策

(一) 个别资本成本决策分析

个别资本成本即单个融资方式的资本成本。融资方式不同，个别资本成本亦有很大差别，一般来讲，长期融资方式的资本成本高于短期融资方式的资本成本，权益融资方式的资本成本高于债务融资方式的资本成本。个别资本成本的决策分析，是通过估计和测算单个融资方式资本成本的高低，以资本成本最低者为最优融资方式。个别资本成本的决策分析主要适用于多种（两种以上）融资方式并存条件下的择一选择。

(二) 综合资本成本决策分析

综合资本成本亦称加权平均资本成本。综合资本成本的高低取决于两个因素，一是个别资本成本，二是权数。在既定的筹资总额范围内，当个别资本成本一定的条件下，综合资本成本主要是由权数决定的。个别资本成本越高的筹资方式的权数越大，综合资本成本越高，反之，则相反。综合资本成本的决策分析主要适用于组合筹资的选择。所谓组合筹资是指在既定的筹资数额下，有多种筹资方案，且每种筹资方案至少包含两种筹资方式。在这种情况下，通过估计和测算各个融资方案的综合资本成本，并以综合资本成本最低者作为最优筹资方案或最优筹资组合。

(三) 边际资本成本决策分析

由于风险的存在，任何个人或组织都不可能永远以一个固定不变的资本成本筹措无限的资金，随着筹资环境的变化，特别是筹资规模的扩大，资本成本也会随之发生变动。边际资本成本是指在筹资规模扩大的前提下，资本每增加一个单位而增加的成本。在这里，"一个单位"不是指一个特定的资本量，而是指一定范围的资本总额。边际资本成本的决策分析，是在既定的目标资本结构下，通过计算筹资总额的分界点，进而确定多个不同的筹资总额范围，然后，测算不同筹资总额范围的综合资本成本，并依次地进行前后比较，反映资本成本随筹资总额范围的变化到底发生了多大的变动。边际资本成本的决策分析主要适用于追加融资的决策选择，若利用追加的筹资所带来的额外收益即增量收益超过追加筹资而引起的资本成本增加，则追加筹资是可行的，反之，则不可行。

(四) 资本成本的其他决策分析

除上述外，资本成本的决策分析还表现在其他方面，诸如，以资本成本为基础的投资项目决策分析，只要投资项目的收益率超过资本成本，项目可行，反之，则不可行。如以资本成本为基础的现金持有量的决策分析以及与信用政策有关的信用成本决策分析等。

(五) 降低资本成本的途径

1. 合理安排筹资期限

原则上看，筹集的资本主要用于长期投资，筹资期限要服从于资本预算，服从于投资年限，投资年限越长，筹资期限要求越长。但是，由于投资是分阶段、分时期进行的，因此，企业在筹资时，可按照投资的进度合理安排筹资期限，这样既可降低资本成本，又避免资本不必要的闲置。

2. 合理利率预期

资本市场利率多变，因此，合理利率预期对债务筹资意义重大。如果预期资本市场利率将会升高，可选择发行固定利率债券筹资；如果预期资本市场利率将会下降，则可选择发行浮动利率债券筹资。这样就可最大限度降低资本成本。

3.提高企业信誉,积极参与信用等级评估

要想提高信用等级,首先必须积极参与等级评估,让企业了解市场,也让企业走向市场,只有这样,才能为以后的资本市场筹资提供便利,才能增强投资者的投资信心,降低资本成本。

4.积极利用负债经营

在投资收益率大于债务资本成本率的前提下,积极利用负债经营,不仅可以获取财务杠杆效应和所得税效应,还可降低资本成本。

5.积极利用股票增值机制,降低股票筹资成本

对企业来说,要降低股票筹资成本,就应尽量用多种方式转移投资者对股利的吸引力,而转向市场实现其投资增值,要通过股票增值机制来降低企业实际的筹资成本。

6.合理安排筹资组合,优化筹资结构

企业在面临大规模资金需求时,往往会选择几种不同的筹资方式进行组合筹资,组合筹资方案越优,筹资结构越佳,这样就可大大降低筹资的综合资本成本。

总之,降低资本成本,既可提高融资效率,又可提高融资效益,一举两得。

(六) 资本成本的本质特征

1.从资本成本的决定者来看

资本成本的大小应由投资者决定,由于企业的生产经营存在一定的风险,投资者会要求企业对其所承担的风险给予相应补偿。若投资者获得的投资补偿与其承担的风险不对等,那么,投资者将选择把资本投入其他企业或项目,迫使企业不得不通过提高对投资者的报酬来吸引投资,因而,资本成本的大小是投资者通过对资本投向的选择来决定的。

2.从资本成本产生的动因来看

资本成本源于投资者的投资行为。正是由于投资者对于投资收益的追求,才有投资收益的产生,企业才可以利用投资收益吸引资本,所以说资本成本的定义应当揭示资本成本产生的原始动因——投资者的投资行为。

3.从资本成本的本质来看

资本成本是企业向投资者支付的一种机会成本。理性的投资者通过比较诸多投资方案的未来预期价值,选择预期价值最大的项目,而次优方案的估计价值成为投资者主观上认定的一种损失,这种损失即投资者投资行为的机会成本。投资者要求所选的投资项目至少能提供等于机会成本的收益,作为企业而言,其所提供的报酬即为企业利用资本的资本成本。

三、融资风险决策

(一) 财务杠杆

现代企业的资本是由权益资本和债务资本构成的,在资本结构一定的条件下,财务成本中的负债利息和优先股息是相对固定的,属于固定资本成本。因此,当企业的息税前利润变化时,每1元息税前利润所负担的固定资本成本就会相应变化,从而使普通股每股收益指标发生更大的变化。这种由于固定资本成本的存在而引起的普通股每股收益的变动幅度大于息税前利润变动的幅度(或者说息税前利润的变动引起每股收益更大幅度的变动)的现象称为财务杠杆。财务杠杆现象形成于企业的融资活动,它具有双重效应,既有存在利益的一面,也有存在风险的一面。在其他条件不变的情况下,固定的资本成本所占比重越大,财务杠杆效应越明显。

(二) 财务杠杆系数 (DFL)

财务杠杆系数是指普通股每股收益变动率相当于息税前利润变动率的倍数,它可以用来衡量财务杠杆作用的大小。财务杠杆系数的计算公式为:

$$DFL = \frac{\Delta EPS/EPS}{\Delta EBIT/EBIT}$$

式中:EPS——每股收益;

EBIT——息税前利润。

在有优先股的条件下,上述公式也可改写为:

$$DFL = \frac{EBIT}{EBIT - I}$$

式中:D——优先股利息;

T——所得税税率。

(三) 财务杠杆系数分析

财务杠杆系数分析不仅可以反映影响财务杠杆系数变动的因素,而且也可以利用财务杠杆系数揭示企业的财务风险程度。

(四) 经营杠杆、财务杠杆、总杠杆的关系

在融资决策过程中,人们总是想到杠杆效应问题,并常常把经营杠杆、财务杠杆和总杠杆一并加以说明,但真正与融资风险决策有关的只有财务杠杆。

首先,融资风险的定义描述已经非常明确地告诉我们,融资风险是因为企业使用负债融资而产生的财务风险,负债是形成财务风险的根本原因。正是因为企业使用了负债产生了固定的资本成本,才产生了财务杠杆效应,并可根据财务杠杆系数的大小衡量企业的财务风险。同时通过合理安排负债规模,有效地进行融资风险决策来达到控制并降低财务风险的目的。如果一个企业的资本完全来自权益资本,负债为零,则

可视为无财务风险。无财务风险的企业不一定没有经营风险。

其次，经营杠杆是因为成本中存在一定比重的固定成本而引起的，它是以成本按性态分类为唯一前提条件的，如果企业未能对成本做出这种明确的划分，则经营杠杆无法体现，即使企业做了这种划分，能够体现经营杠杆，经营杠杆也只是用来衡量企业经营风险的，经营风险是指企业没有使用负债的情况下因经营上的原因而导致的息税前利润所具有的不确定性。无论从影响经营风险的内部因素来考察，还是从外部因素来考察，都与企业的融资活动无关。将经营风险和经营杠杆体现在融资决策范畴，似乎显得牵强。对于一个企业来讲，由于它的经营活动是面向市场的，所以经营风险总是存在的，但有经营风险的企业不一定有财务风险（无负债）。我们只能客观地讲，企业一旦使用了负债资本，会加大企业的资本成本，从而加大企业的经营风险。

最后，总杠杆亦称联合杠杆，它是财务杠杆与经营杠杆的复合，它可以用来衡量企业的总风险程度，在数量上它是经营杠杆系数与财务杠杆系数的乘积。若某企业的经营杠杆系数为2，财务杠杆系数为1，则企业的总杠杆系数和总风险程度也为2，此时恰恰说明企业的总风险就是企业的经营风险，因为财务杠杆系数为1时，企业是不存在财务风险的。

（五）常用的风险对应措施

常用的风险对应措施主要有以下七种：

1. 风险承担

亦称风险保留或风险自留，是指企业对所面临的风险采取接受的态度，从而承担风险带来的后果。对未能辨识出的风险，企业只能采取风险承担。

2. 风险规避

指企业回避、停止或退出包含某一风险的商业活动或理财活动，避免称为风险的所有人。如退出某一市场以避免激烈竞争、拒绝与信用不好的客户进行交易等。

3. 风险转移

指企业通过合同将风险转移到第三方，企业对转移后的风险不再拥有所有权。如保险合同等。

4. 风险转换

指企业通过战略调整等手段将面临的风险转换成另一个风险，风险转换一般不会直接降低企业的总风险，其简单形式是减少某一风险的同时，增加另一风险。如降低客户的信用标准增加了应收账款，但扩大了销售。

5. 风险对冲

指采取各种手段，引入多个风险因素或承担多个风险，使得这些风险能够互相对冲，也就是使这些风险的影响互相抵消。

6. 风险补偿

指企业对风险可能造成的损失采取适当的措施进行补偿。风险补偿表现在企业主动承担风险,并采取措施以补偿可能的损失。

7.风险控制

指控制风险事件发生的动因、环境、条件等,以达到减轻风险事件发生时的损失或降低风险事件发生的概率。风险控制对象一般是可控风险。

一般情况下,对战略、财务、运营和法律风险,可采取风险承担、风险规避、风险转换和风险控制等方法;对能够通过保险、期货、对冲等手段进行理财的风险,可以采取风险转移、风险对冲和风险补偿等手段。

四、融资结构决策

(一)资本结构的内涵

资本结构是指企业各种资金的构成及比例关系,是企业一定时期筹资组合的结果。

在实务中,资本结构有广义和狭义之分。广义的资本结构是指企业全部资本的构成及比例关系,包括债务资本与权益资本的结构、长期资本与短期资本的结构,以及债务资本内部结构、权益资本内部结构、长短期资本内部结构等。狭义的资本结构特指企业长期资本的构成及其比例关系,尤其是指长期债务资本与权益资本之间的构成及其比例关系。融资结构决策主要是针对狭义资本结构而言的,即如何合理安排负债比例问题。

在理论上,最优资本结构是存在的。所谓最优资本结构是指在一定条件下,能使企业综合资本成本最低、企业价值最大的资本结构。任何一个企业都应该权衡资本成本和财务风险的关系,确定最优资本结构。这个最优资本结构不一定是在确切的某一点上,但总会有一个最优的资本结构区间。

在企业的资本结构决策中,合理地利用债务融资,科学地安排债务资本的比例,不仅可以降低企业的综合资本成本,获取财务杠杆利益,而且还可以增加企业的价值。

(二)资本结构决策的定性分析

资本结构决策的影响因素很多,主要有企业财务目标、企业发展阶段、企业财务状况、投资者动机、债权人态度、经营者行为、税收政策、行业差别等。

在以利润最大化作为财务目标的情况下,要求企业在进行资本结构决策时,在财务风险适当的情况下合理安排债务资本比例,尽可能降低企业的资本成本,以提高企业的净利润水平;在以股东财富最大化作为财务目标的情况下,需要在财务风险适当的情况下,合理安排债务资本比例,尽可能降低综合资本成本,通过增加净利润而使股票的市场价值上升;在以企业价值最大化为目标的情况下,应以提高公司的总价值为核心来适当安排债务资本的比例。

企业在不同的发展阶段也往往表现出不同的资本结构状况。企业在初创期、成长期、成熟期、衰退期等不同发展阶段，其资本结构状况相应地表现为债务资本比例最低、债务资本比例开始上升、债务资本比例相对稳定、债务资本比例有所下降等。

企业财务状况的好坏也会对资本结构的安排产生重要影响。财务状况较差时，企业可能主要通过留用利润来补充资本；财务状况良好时，可能更多地进行外部融资，并倾向于更多地使用债务资本。

（三）资本结构决策的定量分析

1.资本成本比较法

资本成本比较法是指在适度的财务风险条件下，通过测算可供选择的不同资本结构或筹资组合方案的综合资本成本，进而确定最优资本结构的一种方法。

该种方法确定最优资本结构是以综合资本成本是否最低作为判断标准，但在综合资本成本最低时，每股收益不一定最大。

该种方法确定最优资本结构的适用条件是：在筹集某一固定数额的资本时，至少存在两个筹资方案，但在每一筹资方案下至少存在两种或两种以上的筹资方式，也就是说企业在采用多方案组合筹资时才可以使用该种方法。

该种方法确定最优资本结构的决策过程是：首先，计算不同筹资方案下个别筹资方式的个别资本成本；其次，确定不同筹资方案下个别筹资数额占筹资总额的比重，即权数；再次，根据个别资本成本和权数计算不同筹资方案的综合资本成本；最后，比较各方案的综合资本成本，并以综合资本成本最低者作为最优选择，即最优资本结构。

2.每股收益无差别点分析法

每股收益无差别点分析法是利用每股收益无差别点来进行资本结构决策的方法。所谓每股收益无差别点亦称筹资无差别点，是指在两种筹资方案下能够使普通股每股收益相等时的点，这个"点"可以用销售收入（S）来表示，也可用息税前利润（EBIT）来表示，即无差别点销售收入或无差别点息税前利润，也就是说，当企业的销售收入或息税前利润处在某一固定的点时，无论采用哪种方案融资，都能得到相同的每股收益，一旦这个点发生了变化，每股收益也随之发生变化，由此导致融资方案选择的不确定。实务中，采用无差别点息税前利润分析比较普遍。

该种方法确定最优资本结构是以每股收益是否最大作为判断标准，凡是能够提高每股收益的资本结构就是最优的，不能提高甚至导致每股收益下降的资本结构则不是最优的。但在每股收益最大时，综合资本成本不一定最低。

运用该种方法确定最优资本结构，一般适用于互斥融资方案的选择，即在筹集某一固定数额的资本时，只可进行两个方案之间的比较，或者全部利用债务融资，或者全部利用权益融资，即使存在第三种方案，也只能进行两两方案之间的比较。

该种方法确定最优资本结构的决策过程是：首先，测算无差别点息税前利润，并验证每股收益是否相等；其次，利用期望息税前利润与无差别点息税前利润进行比较，若期望的息税前利润大于无差别点息税前利润，则债务融资下的每股收益大于权益融资下的每股收益，此时，选择债务融资有利，反之，则相反；最后，反映采用某种融资方式后的资本结构状况。

根据上述每股收益无差别点的含义和相关分析，每股收益无差别点应是满足下列条件下的息税前利润。

$$\frac{(\overline{EBIT}-I_1)\times(1-T)-D_1}{N_1}=\frac{(\overline{EBIT}-I_2)\times(1-T)-D_2}{N_2}$$

式中：$\overline{EBIT}$——无差别点息税前利润；

I_1、I_2——两种筹资方式下的债务利息；

D_1、D_2——两种筹资方式下的优先股股息；

N_1、N_2——两种筹资方式下的普通股股数；

T——所得税税率。

利用上述公式可以确定$\overline{EBIT}$，并与企业预计的EBIT进行比较选择最优资本结构。

3.企业价值分析法

企业的市场总价值是由股票的总价值和负债的总价值构成的，其计算公式为：

V=S+B

式中：V——企业总价值；

S——股票的总价值；

B 负债的总价值。

为了简化起见，假设负债B的市场价值等于它的面值，股票S的市场价值表现为未来净收益的折现值，其计算公式为：

$$S=\frac{(EBIT-I)\times(1-T)}{K_s}$$

式中：K_s——股票的资本成本，可用资本资产定价模型计算。

$$K_s=R_c+\beta\times(R_m-R_c)$$

企业的综合资本成本可按下式计算：

$$K_W=K_B\cdot\left(\frac{B}{V}\right)\cdot(1-T)+K_s\cdot\left(\frac{S}{V}\right)$$

式中：K_w——企业综合资本成本；

K_b——长期债务税前资本成本，可按长期债务年利息率计算。

运用上述原理测算企业的总价值和综合资本成本，就可以企业价值最大化为标准比较确定企业的最优资本结构。

第三节　营运资本决策

一、营运资本的特点、管理内容与原则

(一) 营运资本的特点

营运资本具有如下特点：

1.营运资本的来源具有多样性

与筹集长期资本的方式相比，企业筹集营运资本的方式较为灵活多样，通常有短期银行借款、短期融资券、商业信用、应交税费、应付股利、应付工资等。

2.营运资本的数量具有波动性

流动资产的数量会随企业内外部条件的变化而变化，随着流动资产数量的变化，营运资本的数量也会发生相应变动，时高时低，波动很大。季节性企业如此，非季节性企业也如此。

3.营运资本的周转具有短期性

通常会在一年或超过一年的一个营业周期内收回，对企业影响的时间比较短。

4.营运资本的实物形式具有可转化性

在企业的经营活动过程中，营运资本一般按照"现金—原材料—在产品—产成品—应收账款—现金"的顺序转化。

(二) 营运资本管理的内容

营运资本是流动资产和流动负债关系的总和，因此，营运资本管理内容包括流动资产和流动负债两个方面的管理。其中，流动资产管理要解决企业应投放多少资金在流动资产上，即资金使用的管理，体现的是资本去向、占用或持有数量，包括现金管理、应收账款管理和存货管理。流动负债管理主要解决企业流动资产所需资金的问题，即资金筹措管理，包括短期借款和商业信用等的管理。从决策的角度看，营运资本决策既包括对流动资产占用或持有量的决策，也包括对其资本来源的融资决策。

(三) 营运资本的管理原则

1.满足合理的资金需求

企业营运资本的需求数量与企业的生产经营活动直接相关，企业财务人员应认真分析生产经营状况，及时准确地预测资本需求数量，并把满足合理的资金需求作为首要任务。

2.提高资金使用效率

加速资金周转是提高资金使用效率的主要手段之一。提高资金使用效率的关键就是采取有利措施，缩短营业周期，加速变现过程，加快营运资本周转。

3.节约资金使用成本

正确处理保证生产经营需要和节约资金使用成本两者之间的关系,在保证生产经营需要的前提下,尽力降低资金使用成本。

4.保持足够的短期偿债能力

合理安排流动资产与流动负债的比例关系,保持流动资产结构与流动负债结构的适配性,保证企业有足够的短期偿债能力。

二、营运资本主要项目的管理决策

(一) 现金的管理

1.持有现金的动机与目标

企业持有一定量的现金,往往是出于以下动机:

(1) 交易动机

交易动机是指企业为满足日常经营业务对现金支付的需求而引起的现金持有动机。企业在经营过程中,由于支付材料价款、支付工资、支付税款、支付现金股利、偿付到期债务等原因,经常引起对现金的需求。但现金的流入与现金的流出在时间上和数量上很难做到同步,因此,企业必须持有一定量的现金以满足上述需要。

(2) 预防动机

预防动机是指企业为了应付意外紧急事件或偶然情况对现金支付的需求而引起的现金持有动机。企业在经营过程中,因不确定性因素的存在,也不排除一些突发事件或偶然情况引起对现金的额外需求,因此,要求企业保持一定的现金持有量。企业用于预防性现金余额的多少主要取决于企业愿意承担风险的程度、临时举债能力、对现金需求预测的可靠程度等。

(3) 投机动机

投机动机是指企业为把握市场上稍纵即逝的投资机会,以获取较大的投资收益而引发的现金持有动机。如价格低廉的原材料或其他资产的购买机会、价格有利的股票或其他有价证券的购买机会等。

2.现金持有量决策模型

在现代财务管理理论中,用于确定最佳现金持有量的模型有很多,其中,应用较为广泛的主要有:成本分析模型、现金周转模型、存货模型和随机模型。

(1) 成本分析模型

成本分析模型是根据持有现金的有关成本,分析预测使其总成本最低时的现金持有量的一种决策方法。通常情况下,企业持有现金会发生以下成本:

第一,管理成本,企业持有现金会发生一些管理费用,如管理人员的工资、安全措施费用等。这些因持有现金而发生的管理成本与持有量之间没有明显的关系,属于决策无关成本。

第二，机会成本。机会成本又称持有成本，是指企业因持有一定量的现金而失去的潜在投资机会的收益。机会成本与现金持有量正相关，现金持有量越大，机会成本越高，它属于决策相关成本。机会成本一般可按下式计算：

机会成本=现金持有量×有价证券利率

第三，短缺成本。短缺成本是指企业因现金持有量不足而产生的直接损失和间接损失等，如丧失的购买能力成本、信用损失成本、投机损失等。短缺成本与持有量负相关，现金持有量越大，短缺成本越低，它也属于决策相关成本。

利用成本分析模型，就是要找出能够使上述两项决策相关成本之和最小的值，此时的现金持有水平即为最佳现金持有量。

成本分析模型计算简单，易于理解。但要求企业能够确定决策相关成本与现金持有量之间的函数关系。

（2）现金周转模型

现金周转模型是通过确定现金周转期（天数），进而确定最佳现金持有量的一种决策方法。所谓现金周转期是指从现金投入生产经营开始，到产成品出售收回现金的时间，也就是现金每完成一次流出至流入所需要的时间。现金周转期可按以下公式计算：

现金周转期=应收账款周转期+存货周转期-应付账款周转期

现金周转期确定后，便可确定最佳现金持有量。其计算公式为：

最佳现金持有量=年现金需求量÷360×现金周转期

（3）存货模型

存货模型也称鲍摩尔模型，是由美国经济学家威廉·鲍摩尔（William Baumol）首先提出的。他认为现金持有量在许多方面与存货批量类似，因此，可用存货批量模型来确定企业的最佳现金持有量。该模型的建立是基于四个方面的假设：其一，企业持有现金与持有存货的目的是相同的；其二，企业在一定时期（1年）内对现金的需求量是可以预测并相对固定的；其三，存在一个完全的外部二级证券市场；其四，企业可以在二级证券市场频繁地进行现金到证券（买入）或证券到现金（卖出）的转换。

基于上述假设，利用该模型确定最佳现金持有量主要与两种成本有关，一是持有现金的机会成本，二是转换成本或交易成本。机会成本与持有量相关，持有量越大，机会成本越高；转换成本与持有量、转换次数以及每次转换成本相关，在每次转换成本一定的条件下，持有量越大，转换次数越少，转换总成本越低，反之，则相反。

最佳现金持有量就是能使上述两项成本之和最小的现金持有量，用公式表示为：

$$TC = \frac{C}{2} \times K + \frac{T}{C} \times F$$

式中：TC——总成本；

C——现金持有量；

T——一定时期内现金需求总量；

K——有价证券利率；

F——每次转换成本。

设C为变量，TC为C的函数，通过对上式求一阶导数，即可得到最佳现金持有量C^*的计算公式：

$$C^* = \sqrt{\frac{2TF}{K}}$$

存货模型是基于一系列的假设而建立起来的，而且要求现金均匀支出，因此，在实务中真正能够满足上述条件的企业并不多见。

（4）随机模型

随机模型又称米勒–奥尔模型，它是由美国经济学家默顿·米勒（Merton Miller）和丹尼尔·奥尔（Daniel Orr）首先提出的，是一种基于现金需求量不确定性情况下的现金持有量分析模式。该模式假定企业每日的净现金流量为一随机变量，其变化近似地服从正态分布，而且现金与有价证券之间可以自由转换。模型假设企业的现金余额是随机波动的，但这种波动是有一个合理的控制范围的，企业可以根据历史经验和现实需要测算出一个现金持有量的控制范围。一般情况下，可利用简化的坐标图，通过三条线来体现，处在上端的H线代表现金持有量的上限，处在下端的L线代表现金持有量的下限，界于上、下限之间的R线代表最优现金返回线或最佳现金余额线。当现金持有量在H和L之间变动时，表明企业的现金持有水平处在一个合理的范围内，无须进行调整；当现金持有量升至H时，表明企业的现金余额过多，应将数额为H–R的现金转换为有价证券，使现金持有量降至R；当现金持有量降至L时，表明企业现金余额过少，应将数额为R–L的有价证券转换为现金，使现金持有量升至R。在实务中，企业可根据现金流量情况及管理者对风险的态度，下限L通常取大于零的某一数值。根据随机模型，R和H分别按以下公式计算：

$$R = \sqrt[3]{\frac{3F\delta^2}{4K}} + L$$

H=3R–2L

式中：K——有价证券的日利率；

Q——每日现金余额变化的标准差。

随机模型计算相对复杂，不易操作，但其对现金的控制效果要好于经验控制。

（二）应收账款的管理

1.应收账款控制目标

应收账款是指企业因对外赊销商品或提供劳务等而形成的应收款项。它是因激烈的市场商业竞争和销售与收款的时间差等原因形成的。

企业应收账款的规模在一定程度上与企业采用的信用政策有关，是企业为扩大销售规模而采取的积极主动行为，可看做是企业在应收账款上的一种投资。一般来讲，企业给予客户的信用政策越宽松，条件越优惠，不仅能稳定住现有的客户，而且也有利于吸纳更多潜在的客户，随着企业所拥有的客户的增加，不仅扩大了企业的市场份额，提高了企业的竞争能力，同时，也扩大了企业的销售规模，尤其是扩大了应收账款的规模，从而反映出企业较多的会计账面收入和会计账面利润。但同时也应该看到，随着应收账款规模的扩大，也会相应地增加一系列的信用成本，导致企业收益的减少。由此可见，企业在应收账款的控制中，面临着收益和成本的权衡问题。应收账款的控制目标就是要在实施应收账款信用政策所增加的收益和该政策所增加的成本之间做出权衡，通过科学合理制定信用政策，有效控制应收账款的规模，降低资金占用水平，实现企业效益的最大化。

2.应收账款信用成本

应收账款的信用成本包括管理成本、坏账成本和机会成本等。

（1）管理成本

企业为管理应收账款所发生的各种费用，如信息收集费用、客户信用状况调查费用、簿记费用、收账费用等。收账费用是构成管理成本的重要内容，它一般可按应收账款额的一定百分比来确定，应收账款规模越大，收账难度越高，估计的收账费用比例越大。

（2）坏账成本

坏账损失，是指企业的应收账款因故不能收回而发生的损失。它与应收账款的规模、质量以及风险程度密切相关。坏账成本一般可按赊销额的一定百分比来估计。

（3）机会成本

企业的资金因被应收账款占用而失去的可能投资于其他方面所获取的收益。应收账款规模越大，机会成本越高。机会成本可按以下两种方法估计。

方法一：

机会成本=维持赊销业务所需的资金×资本成本率

维持赊销业务所需的资金=应收账款平均余额×变动成本率

应收账款平均余额=年赊销额÷应收账款周转次数

应收账款周转次数=360÷应收账款周转期

方法二：

机会成本=年赊销额÷360×信用期×变动成本率×资本成本率

以上两种方法，计算结果是相同的。

3.应收账款信用政策

（1）信用标准

信用标准是客户获得商业信用所应具备的基本条件。企业对客户资信程度的考察一般可用"5C"评估法进行分析和判断。"5C"评估法的具体内容包括品德、能力、资本、抵押品、经济状况五个方面。品德是评价客户信誉品质的首要因素；能力是指客户的偿债能力；资本是指客户的财务实力；抵押品是指客户提供的可用作抵押的财产；经济状况是指可能影响客户偿债能力的各种经济环境。

（2）信用条件

信用条件是企业向客户提供商业信用的付款要求，包括信用期限、折扣期限和现金折扣。信用条件的基本表示方式为"2/10，N/30"。信用期限是企业允许客户从购货到支付货款的时间期限；折扣期限是企业规定客户可以享受现金折扣的付款时间；现金折扣是企业给予客户在折扣期内付款而享受的货款优惠。企业放宽信用条件，延长信用期限，虽然可以增加销售量，增加毛利，但随着信用期的延长，不仅延长了企业的平均收账期，加大了应收账款的资金占用，同时也会引起相应的信用成本的增加。因此，在实务中，企业经常面临着是否改变信用条件的抉择问题。如果企业改变信用条件后所增加的收益大于信用成本的增加，能够带来净收益，则选择改变；反之，则应放弃，仍维持原信用条件。关于是否改变信用条件的选择问题可以分别采用总量法和增量法来进行决策分析。下面举例说明。

（3）收账政策

收账政策是指信用条件被客户违反时，企业所采取的收账策略。收账政策是否科学有效，直接关系到企业应收账款的安全性。一般情况下，企业制定收账政策应考虑以下问题：

第一，制定收账政策应以账龄分析表为依据。

通过账龄分析，可以使企业了解到有多少账款尚处于信用期内，有多少账款已超出信用期，超出信用期多长，不同账龄的账款余额为多少，占应收账款总额的比例多大，都有哪些客户等。据此，企业可以有针对性地制定经济灵活的收账政策，以保证应收账款的安全。

第二，制定收账政策应宽严适度。

过宽或过严的收账政策都不利于企业利润的增加。收账政策过于宽松，不仅不利于企业账款的及时回收，甚至可能出现大量的坏账损失；收账政策过于严厉，也可能使企业失去一些现有的或潜在的客户，影响企业的销售规模和市场份额。

第三，制定收账政策应根据情况区别对待。

企业的客户众多，情况复杂。对于那些确因客观环境导致的不能及时支付或需延期支付的客户，企业可适当给予展期甚至可放弃部分债权，使客户能够在财务上有一定的缓冲。对于那些有支付能力但却故意甚至恶意拖欠的客户，企业应加大收账力度，必要时可以诉诸法律。

第四，制定收账政策应权衡收账费用与坏账损失。

一般来讲，企业加大收账力度，增加收账费用，既可以减少应收款上的资金占用，又可以减少坏账损失。但收账费用的增加与所减少的坏账损失之间并不是完全的线性关系,在投入收账费用的初期,通常只能减少很少的坏账损失,随着收账费用的进一步增加,对减少坏账损失具有显著的效果,再进一步增加收账费用时可能对减少坏账损失几乎不起作用。也就是说,通过增加收账费用来减少坏账损失是有一个饱和点的,收账费用是不能超过这个饱和点的,否则,对减少坏账损失于事无补。

第五,制定收账政策应有切实可行的收账程序。

一般来讲,企业对未能如期付款的客户,通常可采用信函通知、电话催收、派专人与客户洽谈、对客户采取法律行动等程序进行收账。

(三) 存货的管理

1. 存货控制的目标

存货是企业在生产经营过程中为满足生产和销售的需要而储备的各类流动资产物资,包括原材料、在产品、产成品等。

企业之所以持有存货,一方面是为了保证生产和销售的顺利进行,另一方面,是为了获取规模效益。企业的进货批量越大,存货储备量越大,此时,虽然能够极大限度地满足生产和销售的需要,但同时也加大了存货储存成本,增加了存货资金占用量,降低了资金使用效率;存货储备量过低,甚至出现短缺,虽然降低了存储成本,减少了资金占用量,但又会给企业带来不必要的缺货损失,降低企业收益。因此,存货控制的目标就是在合理确定存货储备量的基础上,合理确定存货资金占用规模,并尽力在各种存货成本与存货效益之间做出权衡,在充分发挥存货功能的同时降低成本,增加收益,提高资金使用效率,达到两者的最佳结合。

2. 存货相关成本

与企业存货有关的成本主要包括取得成本、储存成本和缺货成本。

(1) 取得成本

取得成本是指企业为取得某种存货而发生的成本,它包括购置成本和订货成本。购置成本是由存货需求数量（D）和单价（U）决定的;订货成本中一部分为订货固定成本（F_1）,另一部分为订货变动成本,订货变动成本与订货次数和每次订货变动成本（K）有关,其中,订货次数是由存货年需求量（D）和每次进货批量（Q）之比决定的。购置成本与订货成本之和即是存货的取得成本,其公式可表达为:

取得成本=购置成本+订货成本

$$TC_A = DU + F_1 + \frac{D}{Q} \cdot K$$

(2) 储存成本

储存成本是指企业在存货储存期间发生的成本,包括储存固定成本和储存变动成本。前者与存货数量多少无关,如库房折旧费、管理人员工资等;后者与存货数量有关,如存货资金的应计利息、存货毁损等。以 F_2 表示储存固定成本,K_C 表示储存单位变动成本,则储存成本（TC_C）的计算公式为:

储存成本=储存固定成本+储存变动成本

$$TC_c = F_2 + \frac{Q}{2} \times K_c$$

（3）缺货成本

缺货成本是指企业因存货储备不足而造成的损失，如停工损失、丧失销售机会的损失等。缺货成本可用 TC_s 表示。

上述三项成本之和即是与存货相关的总成本（TC），用公式表示为：

$$TC = TC_a + TC_c + TC_s$$

3.存货经济订货批量

订货批量即每次（批）订货的数量，订货批量不同，存货成本不同。经济订货批量是指能够使存货相关总成本最低的采购批量。根据上述存货相关成本的不同组合，可以视情况分别确定基本经济订货批量、存在商业折扣的经济订货批量、存货陆续供应和使用的经济订货批量、允许存在缺货的经济订货批量。其中，基本经济订货批量是基础，其他几种情况下的经济订货批量都是在基本经济订货批量的基础上扩展而成的。在此主要介绍基本经济订货批量。

存货基本经济订货批量通常是以一系列假设为前提的，这些假设包括：

①一定时期对存货的需求量是能够确定的已知常量；

②市场供应充足，需要时可立即得到补充，不存在缺货现象；

③存货能够集中到货，而非陆续入库；

④企业现金充足，不会因现金短缺而影响进货；

⑤存货单价不变，且为已知常量，不考虑现金折扣。

基于上述假设，存货相关总成本的计算公式为：

$$TC = F_1 + \frac{D}{Q} \cdot K + DU + F_2 + \frac{Q}{2} \cdot K_c$$

只要对上述公式求一阶导数，即可求出存货总成本 TC 的最小值，此时确定的订货批量即为基本经济订货批量，即：

$$Q^* = \sqrt{\frac{2KD}{K_c}}$$

根据基本经济订货批量（Q^*）模型，还可以进一步计算该批量下的其他相关指标。

存货总成本：

$$TC(Q^*) = \sqrt{2KDK_c}$$

最佳订货次数：

$$N^* = D/Q^*$$

最佳订货周期：

$$t^* = 360/N^*$$

存货资金占用量：

$$I = \frac{Q^*}{2} \times U$$

存货控制主要以经济订货批量控制为主，除此之外，在实务中，还可以采用其他一些控制手段，诸如：定额控制、归口分级控制、ABC分类控制、适时供应系统控制（JIT）等。

定额控制，就是通过核定生产经营过程中存货资金的占用定额来控制存货的一种手段，它需要分别确定原材料、在产品、产成品等存货的资金定额。

归口分级控制，是指在企业（公司）总部领导下，以财务部门为核心，将所确定的各项存货资金定额指标，按职能部门所涉及的业务先归口，后分级，做到权责明确，落实到位。

（四）应付账款的管理

1.应付账款融资成本

应付账款融资按其是否支付代价，可分为"免费"融资和有代价融资两种。如果供应商提供的信用条件只规定信用期限，不提供现金折扣（如N/30），则购货方在信用期限（30天）内任何时间付款均无代价；如果供应商在提供信用期限的同时又规定了现金折扣期和现金折扣率，购货方在折扣期限内支付货款也没有融资代价；如果购货方虽然在规定的信用期限内付款，但却超过了规定的折扣期，则意味着放弃现金折扣的付款优惠，此时，利用应付账款融资便产生了代价。企业放弃现金折扣而产生的融资成本可以用放弃现金折扣的年成本率来表示，其计算公式为：

$$放弃现金折扣的年成本率 = \frac{现金折扣率}{1-现金折扣率} \times \frac{360}{信用期-折扣期} \times 100\%$$

现金折扣率越大，放弃现金折扣的年成本率越高；现金折扣期越长，放弃现金折扣的年成本率越高。但是，信用期限越长，放弃现金折扣的年成本率则越低。

2.现金折扣的利用

对于买方（融资方）而言，是否利用现金折扣需要一个简单的财务权衡，如果企业能以低于放弃现金折扣年成本率的利率借入短期资金，则应在现金折扣期内用借入的资金提前支付货款，享受现金折扣，反之，则应放弃；如果企业在折扣期内将应付账款所形成的资金来源用于短期投资，所得的投资收益率高于放弃现金折扣的年成本率，则应放弃现金折扣而去追求更高的收益；即使企业放弃现金折扣优惠是一个无奈的选择，也应将付款日推迟至信用期内的最后一天，以降低放弃现金折扣的成本。

三、营运资本的管理策略

（一）流动资产和流动负债的分析

企业的流动资产一般分为临时性流动资产和永久性流动资产两部分。前者是指由于季节性或临时性等原因占用的流动资产，如季节性存货、经营和销售旺季增加的应收账款等；后者是指那些企业处于经营低谷仍需保留的，用于满足企业长期稳定需要的流动资产，如保险储备中的存货或现金等。与此相对应，企业的资本需求也分为临时性资本需求和永久性资本需求两部分。企业一般通过流动负债（短期负债）筹资满足临时性流动资产需要，通过长期负债和股权资本筹资满足永久性流动资产和固定资产的需要。流动负债又可进一步分为临时性负债和自发性负债，临时性负债一般可利用短期借款形成，自发性负债是直接产生于企业持续经营中的负债，如商业信用形成的应付账款和日常运营中产生的其他应付款、应付工资、应付利息、应付税金等。

（二）营运资本融资政策

营运资本融资政策，主要是就如何安排临时性流动资产和永久性流动资产的资金来源而言的，一般可分为以下三种类型。

1. 配合型融资政策

配合型融资政策的特点是：对于临时性流动资产，运用临时性负债筹集资金满足其资金需求；对于永久性流动资产和固定资产（统称永久性资产），运用长期负债、自发性负债和权益资本筹集资金满足其资金需求。

配合型融资政策要求企业制定严密的临时负债筹资计划，以实现现金流动与预期安排相一致。在经营淡季和低谷阶段，企业除了自发性负债外应该没有其他流动负债，只有在临时性流动资产需求的高峰期，企业才举借各种临时性债务。

配合型融资政策的基本思想是：将资产与负债的期间相配合，以降低企业不能偿还到期债务的风险和尽可能降低债务资本成本。但是，事实上由于资产使用寿命的不确定性，往往达不到资产与负债的完全配合，一旦企业生产经营高峰期内的销售不理想，未能取得销售现金收入，便会面临偿还临时性负债的困难。因此，配合型融资政策是一种理想的、对企业资金使用水平要求较高的营运资本融资政策。

2. 激进型融资政策

激进型融资政策的特点是：临时性负债不仅可以解决临时性流动资产的资金需求，还可以解决部分永久性资产的资金需求。

由于临时性负债的资本成本一般低于长期负债和权益资本的资本成本，而激进型融资政策下临时性负债所占比重较大，所以该政策下的综合资本成本较低。但另一方面，为了满足永久性资产的长期资金需求，企业必然要在临时性负债到期后重新举债或申请债务展期，使企业更为经常地举债和还债，从而加大了筹资的困难和风险，甚至还可能面临由于短期负债利率变动而增加资本成本的风险。所以这种政策是一种收益性和风险性均较高的营运资本融资政策，是比较冒险的选择。

3. 稳健型融资政策

稳健型融资政策的特点是：临时性负债只解决部分临时性流动资产的资金需求，另一部分临时性流动资产和全部永久性资产，则由长期负债、自发负债和权益资本作为资金来源。

该种政策下,由于临时性负债所占比重较小,所以企业无法偿还到期债务的风险较低,蒙受短期利率变动损失的风险也较低。然而,另一方面,却会因为长期负债资本成本高于临时性负债的资本成本,以及经营淡季仍需负担长期负债利息等原因,从而降低企业的收益。所以,该政策是一种收益性和风险性均较低的营运资本融资政策,是比较保守的选择。

一般来说,如果企业的管理基础比较好,财务管理水平比较高,驾驭资金的能力比较强,采用收益和风险配合得较为适中的配合型融资政策是有利的。

(三) 营运资本持有政策

根据流动性、收益性和风险性之间的权衡关系,通常可把营运资本的持有政策分为三种类型:

1. 宽松型的持有政策

该种政策的特点是:企业保持一个较高的营运资本持有水平,以增强资产的流动性和偿债能力,降低风险,但同时也降低了企业的收益。它是一种双低类型的持有政策,即低风险、低收益。

2. 紧缩型的持有政策

该种政策的特点是:企业保持一个较低的营运资本持有水平,以提高企业的收益,但同时也降低了资产的流动性和偿债能力,加大了企业的风险。它属于双高类型的持有政策,即高收益、高风险。

3. 适中型的持有政策

该种政策的特点是:企业保持一个适中的营运资本持有水平,持有量既不过高,也不过低,流入的现金恰恰满足支付的需要,存货也恰好满足生产和销售所需。它将流动性、收益性和风险性很好地进行了权衡,做到了风险和收益的适中。

在理论上,适中型的持有政策比较符合财务管理总体目标的要求,是一种理想的选择。但在实务中,由于营运资本的持有水平受销售规模、存货水平、应收账款周转速度等多种因素的影响。因此,企业应根据自身的具体情况和环境条件,选择一个较为适当的营运资本持有政策。

(四) 营运资本管理

1. 认识营运资本

一方面,营运资本对公司的业务开拓、渠道保持,提高经营的安全性和效率都是必须的,它对公司经营的作用主要是促进销售和降低成本;另一方面,营运资本占用了公司宝贵的经济资源,营运资本收益差、成本高,且存在坏账、减值、积压、毁损等风险,有时还会沦为企业调节利润的工具,是公司经营的隐患之一。

2. 辨析营运资本

一方面,营运资本是企业的资产,而且是流动资产的主体,意味着实力。另一方面,真正具有市场地位、管理良好的企业营运资金又往往低于平均水平,意味着能力。财务分析人员都有这种纠结:营运资本高了,偿债能力增强,但营运效率下降;营运资本低了,营运效率高了,但偿债能力不足。实力还是能力取决于营运资本形成的原因,如果是被动形成的,非但体现不了实力强,反而恰恰意味着能力差。如果是主动管理的结果,则意味着公司产销能力卓越。

3.澄清营运资本

营运资本本质上是一个业务问题,其高低首先取决于业务模式,如发展战略、供应链效率、生产组织形式、销售策略等,这些都是决定营运资本高低的根本原因,也是营运资本管理的着力点。所以说,控制营运资本,功夫在营运资本之外。但是,认定营运资本属于业务问题并不否认财务在营运资本管理上的作用和责任。在策略既定的情况下,执行和跟踪非常关键,财务在这两方面都大有可为。

4.问源营运资本

营运资本的形式或许有被动的因素,但管理必须积极主动。营运资本形成时,被动中有主动的因素,症结在企业逐利的天性和规模扩张的冲动上。营运资本形成后,主动管理尤为重要,要有切实可行的制度和机制。

5.对治营运资本

对治营运资本,就是要在实现规模增长的同时,周转效率更大程度地持续改善。具体而言,一是要降低占用,二是要控制风险。这两个目标看似简单,实则具有系统性和全局性。只有抓住问题的根源进行系统调理,机体整体才能步入良性循环,谓之吃中药。把营运资本管理理解为控制时点数,调整数字,甚至在会计准则中寻找完成营运资本管控目标的办法,简单粗暴,谓之吃西药。

第四节 收益分配决策

一、收益分配的原则与程序

(一) 收益分配原则

企业收益的分配应遵循以下原则:

1.依法分配原则

企业对收益进行分配时,其分配项目、分配比例、分配顺序等应符合国家相关政策法规的规定,依法进行分配。依法分配不仅是进行收益分配活动的前提,也是企业正确处理财务关系的准绳。

2.资本保全原则

资本保全原则要求企业在进行收益分配时应首先保证资本的完整,不能因为收益分配的原因而减少企业的资本。确保向投资者分配的收益是投资者投入资本的增值部分，而不是投资者资本金的返还。这种资本保全措施不仅有利于企业承担风险和履行责任，也有利于企业有稳定的资本来持续经营和发展。

3. 兼顾各方利益原则

企业收益的分配涉及投资者、经营者及公司职工等各方面的利益，因此，企业必须统筹兼顾，制定合理的收益分配政策。既要考虑投资者的单边利益，又要兼顾其他利益相关者的合法权益，以确保企业内部财务关系的和谐稳定。

4. 分配与积累并重原则

在企业收益既定的情况下，分配与积累是矛盾的统一体。分配过多，会使企业失去可供未来发展的资金，丧失投资机会，减少收益；积累过多，会影响投资者的现实利益，使企业形象受损，降低投资者的信心。因此，收益分配应处理好积累与分配的关系，使企业的近期目标和长远发展得到更好的协调。

5. 投资与收益对等原则

企业向投资者分配收益时，应本着平等一致的原则，按照投资者投入资本的比例来进行，不允许发生任何一方随意多分多占的现象，防止大股东侵害中小股东的利益。这样才能真正做到收益分配的公平、公开、公正，有利于保护投资者的利益，提高投资者的积极性。

(二) 收益分配的程序

企业收益分配应按以下顺序进行：

1. 弥补以前年度的亏损

企业以税前收益弥补亏损已达到规定年限，剩余亏损可用税后收益继续弥补。

2. 提取法定盈余公积金

法定盈余公积金一般按当年税后净收益的10%计提，但若有亏损需要弥补，则以弥补亏损后的净收益为计提基数。

3. 提取任意盈余公积金

提取任意盈余公积金必须在提取法定盈余公积金之后，经股东大会或董事会决议，按照决议通过的比例提取。

4. 向股东（投资者）支付股利

向股东支付股利应按各股东的股份投资比例分配。原则上企业无盈利不得支付股利，即所谓"无利不分"。但为了维护其股票信誉，经股东大会特别决议，也可用盈余公积金支付股利。

二、股利理论与股利政策

(一) 股利理论

1. 股利无关论

股利无关论（MM理论）的基本假设是：①公司的投资者和管理当局可同等获得

关于未来投资机会的信息;②公司的投资决策与股利政策彼此独立;③不存在个人或公司所得税;④不存在任何证券发行或交易费用。

基于上述假设,MM理论认为,在一个完善的资本市场条件下,投资者对股利和资本利得并无偏好,股利政策不会影响公司的价值。在资本结构一定的条件下,公司价值是由既定投资决策的获利能力和风险水平决定的,而与股利政策无关。

2.股利相关论

与股利无关论持相反观点的股利相关论认为股利政策与股票价格密切相关,对公司价值会产生重大影响。持这种观点的主要有:

(1)"一鸟在手"理论

"一鸟在手"理论认为由于风险的存在,投资者对现金股利收益与资本利得收益是有偏好的,出于对风险的回避,大部分投资者更偏向于现金股利收益,他们宁愿现在收到较少但确定的现金股利,也不愿意等到未来收到可能较多但风险较大的资本利得好处。现金股利收益好比在手之鸟,抓在手中是飞不掉的,正所谓"双鸟在林,不如一鸟在手"。

(2)差别税收理论

差别税收理论认为,MM理论中关于不存在个人或公司所得税这一假设是不成立的。在现实生活中,这两种税都是存在的。一般来说,现金股利收入的税率高于资本利得的税率,这使得资本利得对于股东更为有利。既使现金股利与资本利得按相同的税率征收,但两者的支付时间不同,现金股利纳税是在收取股利的当时发生,而资本利得纳税只有在股票出售时才发生。因此,当存在税收差异时,企业采取高现金股利政策会损害股东的利益,而采取低现金股利政策则会提升股价,增加企业的价值。

(3)代理成本理论

代理成本理论认为,在现代企业中,股东与经理人之间、股东与债权人之间、控股股东与中小股东之间是存在利益冲突的。一方面,股东希望采取高现金股利政策,通过提高现金股利支付率,以减少经理人可自由支配的现金流量,从而减少股东和经理人之间的利益冲突,降低代理成本;另一方面,随着高额现金股利的支付,不仅减少了公司现金流量,增加了债权人风险,而且也使公司内部留存收益减少,增加了外部筹资成本;同时,控股股东也会利用其持股比例的优势控制董事会和管理层,利用其在公司中的控制权侵占公司利益,损害中小股东利益。通过提高现金股利,可以减少控股股东可支配的资本,降低掏空对公司利益的损害,从而保护中小股东的利益。由此可见,代理理论主张提高现金股利支付,不仅可以降低代理成本,提高公司价值,而且也有利于对中小股东利益的保护。但是,这种高现金股利支付也会带来外部筹资成本增加和股东税负增加的问题。因此,在实践中,需要在降低代理成本与增加筹资成本和税负之间权衡,以制定出符合股东利益的股利政策。

3.股权激励与道德风险

所谓股权激励，是一种职业经理人通过一定形式获取公司一部分股权的长期性激励制度，使经理人能够以股东身份参与企业决策、分享利润、承担风险，从而勤勉尽责地为公司的长期发展服务。

在国际上，股权激励计划是上市公司比较普遍采用的做法。一般观点认为，股权激励计划可以把职业经理人、股东的长远利益、公司的长期发展结合在一起，可以在一定程度上防止经理人的短期经营行为，以及防范"内部人控制"等侵害股东利益的行为。此外，现代企业理论和国外实践证明，股权激励对于改善公司治理结构、降低代理成本、提升管理效率、增强公司凝聚力和市场竞争力也起到非常积极的作用。

股权激励包括股票期权、员工持股计划、限制性股票激励计划和管理层收购（MBO）等。

（二）股利政策

1.股利政策的影响因素

（1）法律因素

为了保护股东和债权人的利益。各国法律（如公司法、证券法等）都会对公司的股利分配进行一定的限制，这些法律限制包括：第一，资本保全限制，即规定公司不能用包括股本和资本公积等在内的资本发放股利，以保证资本的安全完整；第二，公司积累的限制，即规定公司必须按净收益的一定比例提取法定盈余公积金，以增强企业抵抗风险的能力；第三，净收益限制，即规定公司的净收益必须是在以前年度的亏损得到足额弥补后还有剩余的情况下，才能用于发放股利，以防止侵蚀权益资本；第四，偿债能力限制，即规定公司分配股利时，必须保持充分的偿债能力，以维护债权人的利益；第五，超额累积利润限制，即规定公司的留存收益如果超过法律许可的范围，将被加征额外税款，以防止利用累积利润使股价上涨来帮助股东避税。

（2）公司自身因素

公司出于自身的财务需要，也存在一些限制股利分配的因素，这些财务限制包括：第一，资产的流动性。公司资产的流动性越好，变现能力越强，支付现金股利的能力越强。第二，盈余的稳定性。公司未来盈利能力越强，盈利的稳定性越好，就越倾向于采用高股利支付率政策，反之，则要采用低股利支付率政策。第三，举债能力。如果公司能够较容易地在资本市场上筹集到资本，未来举债筹资能力较强，就可以采取比较宽松的股利政策，适当提高股利支付水平，反之，则应采取较紧的股利政策。第四，现金持有量。公司是支付现金股利还是股票股利，在很大程度上受制于现金持有量，如果公司的现金持有量不充足，就会影响现金股利的支付水平。第五，投资机会。如果公司未来有着较高回报的良好投资机会，则可考虑少发放现金股利，多增加留存，以满足投资所需。反之，可适当多发放现金股利。第六，资本成本。与发行新股筹资相比，公司利用留存收益筹资，其资本成本较低。如果公司未来有扩大资金的需要，则应采取低股利政策。第七，债务需要。如果公司具有较高债务偿还需要的话，也应尽量减少当期的股利支付。

(3) 股东因素

股东出于自身经济利益的需要，对于股利分配也有一定的限制要求，来自股东的限制包括：第一，稳定的收入。公司留存收益过多，将会使股东收益减少，同时，资本利得又具有很大的不确定性。因此，对于要求稳定股利收入的股东而言，则希望多分得股利。第二，合理避税。许多国家的个人所得税税率采用累进税率，属于高收入阶层的股东为了避税往往反对公司发放较多的现金股利，属于低收入阶层的股东因个人税负较轻，则欢迎公司多分股利。我国税法规定，现金股利按20%的税率征收个人所得税，而股票交易尚未征收资本利得税。第三，控制权。公司举债筹资，虽然增加了财务风险，但却不会改变股东的控制权，一旦通过增募股本筹资，而现有的股东又没有足够的现金认购新股，他们的控制权就可能被稀释，因此，他们宁可公司不分配股利也不支持增募新股。

(4) 其他因素

影响股利政策的其他因素包括债务合同的限制和通货膨胀等。例如，在公司的长期债务合同中，往往有限制公司现金支付程度的条款，使得企业只能采取低股利政策。又如，由于通货膨胀的原因，使折旧基金的购买力水平下降，导致企业没有足够的资金来源重置固定资产，往往也要求企业采取偏紧的股利政策。

2. 股利政策的类型与实施

(1) 剩余股利政策

剩余股利政策的基本思想是，在不改变公司最优资本结构的情况下，将企业的净收益首先用于报酬率超过资本成本的投资项目上，在满足了这些投资项目的资金需要之后，才将剩余的部分作为股利发放给股东，多剩多发，少剩少发，不剩不发。

剩余股利政策实施的基本程序是，首先，设定目标资本结构，即债务资本与权益资本各自的比例；其次，确定目标资本结构下投资所需的权益资本数额；再次，确定使用留存收益对投资所需权益资本的满足程度；最后，确定投资所需权益资本得到满足后的剩余，并将其作为股利发放给股东。

采用剩余股利政策的理由是：不仅考虑了公司积累和未来发展的需要，而且也能使公司在目标资本结构下综合资本成本最低。但该种政策容易导致各期股利忽高忽低，极不稳定。

(2) 固定或稳定增长的股利政策

固定或稳定增长股利政策的基本思想是：公司将每年发放的每股股利固定在某一特定的水平上，并在较长时间内保持不变，只有当公司认为未来收益会显著、不可逆转地增长时，才提高年度的股利发放额，并继续保持较长时间的稳定，等待下一次收益增长高峰的到来，再考虑股利的适当提高。在持续经营过程中，公司股利的发放始终是在固定与增长中交替变换的。

采用该种政策的理由是：它不仅可以向市场或投资者传递公司经营状况稳定且增长的信息，树立公司的良好形象，有利于股票价格的稳定，而且也有利于投资者有规律地安排股利收入和支出。但该种政策极易导致股利支付与公司收益脱节，在资金短缺时，出现财务困境。

（3）固定股利支付率政策

固定股利支付率政策的基本思想是：公司将每年净收益的固定百分比作为股利发放给股东，这个固定百分比即固定股利支付率。股利支付率一经确定，各期保持不变，各期股利发放额随各期收益的变动而变动，收益高的年份股利发放额较高，收益低的年份股利发放额较低。

采用该政策的理由是：它可以使公司的股利支付与收益状况紧密衔接，真正体现多盈多分、少盈少分、不盈不分的股利分配原则。但这种政策由于股利支付极不稳定，可能向市场或投资者传递公司经营不稳定的信息，不利于树立公司良好形象，容易动摇投资者的信心，导致股价下跌，不利于实现公司价值最大化。

（4）低正常加额外股利政策

低正常加额外股利政策是公司每年都向股东支付固定的、较低的正常股利，当公司收益较多、资金较为充裕时，再根据实际情况向股东发放额外股利，但额外股利并不固定，也不意味着公司永久地提高了规定的股利率。它是一种介于固定股利政策与变动股利政策之间的折中政策。

采用该种政策的理由是：它具有较大的灵活性，可使公司具有较大的财务弹性，尤其是对那些收益水平在各年之间波动较大的公司，提供了一种较为理想的股利分配政策。它不仅克服了固定股利政策、固定股利支付率政策的缺点，而且也兼顾了股东稳定收入与股价的稳定、股利支付与收益的配合。它是一种集稳定性与灵活性于一体的股利政策，因而为许多企业所采用。

三、股利支付程序与支付方式

（一）股利支付程序

1.股利宣告日

股利宣告日即股东大会决议通过并由董事会宣告发放股利的日期。宣告的内容包括股利分配的年度、分配的范围、分配的方式、分配现金股利的金额或股票股利的数量，并公布股权登记日、除息日、股利发放日。

2.股权登记日

股权登记日是有权领取本期股利的股东资格登记截止的日期。只有在股权登记日之前登记在册的股东才有资格分享本期股利。

3.除息日

除息日也称除权日，是指领取股利的权利与股票彼此分开的日期。投资者只有在除息日之前购买股票，才能领取本次股利，在除息日当天或以后购买股票，则不能领取本次股利。之所以有这样的规定，是因为股票交易后，办理过户登记手续是需要时间的。在西方国家，按照证券业的传统惯例，除息日一般确定在股权登记日的前2个工作日或前4个工作日。目前由于电子技术的应用使得交割过户非常快速，除息日也可定为股权登记日的下一个工作日。

4.股利支付日

股利支付日是公司将股利正式支付给股东的日期。在这一天，公司将股利邮寄给股东或直接打入股东在证券公司开立的资金账户。

（二）股利支付方式

1.现金股利

公司支付现金股利亦称派现，是指公司直接用现金来支付股利，是公司股利支付的主要形式。公司支付现金股利除了要有足够的留存收益外，还要有足够的现金流量。

2.财产股利

财产股利是公司以现金以外的资产支付的股利，主要是以公司所拥有的其他企业的有价证券，如股票、债券等，作为股利支付给股东。

3.负债股利

负债股利是公司以负债方式支付的股利，通常以应付票据支付给股东，在不得已的情况下也可以发行公司债券抵付股利。

财产股利和负债股利实际上是现金股利的替代，目前在我国公司实务中很少使用，但并非法律所禁止。

4.股票股利

股票股利是公司利用增发股票代替现金而向股东支付的股利。它是根据现有股东所持股份的比例和公司规定的股票股利发放率来分配每个股东应得的新股的数量。发放股票股利，既不影响公司的资产和负债，也不增加股东权益总额，对股东财富没有任何改变，所以说股票股利不是实质性的资金使用。股票股利只是资本在股东权益内部的转移或调整，将公司未分配利润转为股本，在增加了股份数量和股本的同时，引起公司股东权益结构的改变，并由此使每股收益、每股市价和每股净资产降低，但股东持股比例保持不变。

发放股票股利对股东的意义在于：首先，发放股票股利后，股价并不成比例下降。一般在发放少量股票股利后，大体不会引起股价的立即变动，这可使股东得到股票价值相对上升的好处；其次，发放股票股利通常是成长中的公司的行为，这预示着公司将会有较大发展，利润将大幅度上升，这种利好信息足以消除增发股票带来的不利影响，从而保持股价稳定甚至略有上升；再次，股东需要现金时，不仅可以通过出售分得的股票股利得到现金，而且还可以获得税负上的好处。

资本投资是指具有资本支出属性的投资，即项目投资。资本投资决策的关键问题是估计现金流量和选择评价指标。投资项目的现金流量包括现金流出量、现金流入量以及现金净流量；投资项目的评价指标包括投资回收期、会计收益率、净现值、现值指数和内含报酬率。

现金流量的假设包括投资项目类型假设、全投资假设、建设期投入全部资金假设、经营期与折旧年限一致假设、时点指标假设、确定性假设。

正确估计投资项目的现金流量应重点关注的问题是：注意区分现金流量与会计利润；使用未来价格和成本；区分相关与非相关成本；关注附加效应影响；确定制造费用归属；考虑折旧和所得税的影响以及利息费用的处理。在充分关注上述问题后，应对项目的初始现金流量、经营现金流量和终结现金流量分别估计。

无论采用贴现指标还是采用非贴现指标对投资项目进行评价，对某一特定项目或方案而言，只要项目指标值大于或小于设定的基准值，即可视为项目可行，反之，则不可行。对于互斥项目的选择，应以项目指标值最大者或最小者为最优。

第六章　会计基础

第一节　会计理论

一、会计的内涵

（一）会计的含义

会计是以货币作为主要计量单位，以凭证为依据，运用一系列专门的方法，对特定主体的经济活动进行全面、系统、连续的核算和监督，为信息使用者提供决策有用信息的一种经济管理活动。

会计具有以下五个方面的特征：①会计以货币为主要计量单位。②会计是一项经济管理活动。③会计是以凭证为依据。④会计具有两项基本职能。⑤会计具有一系列专门的方法。

（二）会计的对象与目标

1.会计的对象

会计的对象，是指会计核算和监督的内容，即能用货币反映的经济活动，但并不是所有的经济活动都属于会计对象，如经济合同、人事任命等就不属于会计对象。只有以货币表现的经济活动，才是会计核算和监督的内容，即会计对象。在实务中，会计对象又称为资金运动或价值运动，经济活动也称交易或事项。

会计主体的资金运动一般包括资金投入、资金循环与周转、资金退出三个环节，当然，具体到不同的企业、行政事业单位，会有比较大的差异，因为不同的会计主体，其组织形式、管理过程与要求不尽相同，所以在具体企业、行政事业单位中的表现形式就不一样。

2.会计的目标

会计的目标，是指企业通过会计报表的形式对外提供关于企业在某一特定日期的财务状况、某一会计期间的经营成果及现金流量等会计信息,为会计信息使用者提供对决策有用的会计信息,同时反映管理层受托责任的履行情况。会计报表使用者包括投资者、债权人、政府部门和社会公众等。满足投资者的信息需求是企业编制会计报表的立足点,如果企业提供的会计报表信息与投资者的决策需求无关,则表明会计报表就失去了存在的意义。一般来说,会计报表能够满足投资者的会计信息需求,也可以满足其他信息使用者的信息需求。

(三) 会计的职能

会计的职能,是指会计在经济管理过程中所具有的功能,包括基本职能和拓展职能。现代会计具有很多功能,如会计核算、会计监督、预测经济前景、参与经济决策、参与经济管理等,但是,会计的基本职能只有两个:一是会计核算,二是会计监督。

1.会计核算职能

会计核算职能也称会计反映职能,是指会计以货币为主要计量单位,对特定主体的经济活动进行确认、计量和报告,如实反映特定主体财务状况、经营成果和现金流量等会计信息,为信息使用者提供对决策有用的会计信息。其中,确认是运用专门的会计方法、通过文字和数字金额同时描述某一交易或事项的会计程序;计量是用货币或其他计量单位反映某一交易或事项过程及其结果的会计程序;报告是在确认、计量的基础上,对特定主体的财务状况、经营成果和现金流量情况,以会计报表的形式向有关方面披露。

(1) 核算职能的特征

①会计核算主要以货币为主要计量单位,从数量上反映会计主体的经济活动

由于经济活动的复杂性和多样性,只有以货币为主要计量单位,以实物计量单位和劳务计量单位为辅助计量单位,将发生的经济业务从数量方面如实地反映出来,通过一定的原理和手段,将经济业务转化为会计信息,才能既从总体上反映经济活动,又从明细上反映经济活动。

②会计核算具有连续性、系统性和完整性

连续性,是指会计核算要对会计对象进行连续的确认、计量、记录和报告;系统性,是指会计核算应采用科学的程序和方法,运用一定的手段确保提供的会计信息成为一个有机的整体,满足不同信息使用者的需要;完整性,是指企业应当对属于本企业的所有会计对象进行确认、计量、记录和报告,不得遗漏,更不得隐瞒。

(2) 会计核算的内容

会计核算贯穿于企业经济活动的全过程,是会计的首要职能。会计核算的具体内容包括:

①款项和有价证券的收付

款项,是指作为支付手段的货币资金,主要包括库存现金、银行存款,其他货币

资金。其中,其他货币资金包括:银行汇票存款、银行本票存款、信用卡存款、信用证保证金存款、存出投资款、外埠存款等。有价证券,是指代表一定财产拥有权或支配权的证券,主要包括股票、债券、基金等。

款项和有价证券是企业流动性最强的资产,企业应当按照国家的有关规定,加强对款项和有价证券进行管理,保证其安全完整和高效运转。

②财物的收发、增减和使用

财物,是指企业拥有或控制的财产物资,是看得见摸得着的实物资产。财务一般包括原材料、燃料、包装物、低值易耗品、在产品、半成品、产成品、商品等流动资产和房屋建筑物、机器设备、设施、运输工具等固定资产。财物的收发、增减和使用是企业资金运动的重要组成部分,是会计核算中常见的业务。因此,加强对财物的监管,有助于企业控制成本和降低成本,有助于保障财物的安全、完整,防止资产流失。

③债权债务的发生和结算

债权债务,是指企业基于过去的业务所拥有的权利或义务。其中,债权,是指企业基于过去的业务具有的应收款项的权利,主要包括应收账款、应收票据、其他应收款、预付账款、长期应收款等;债务也称负债,是指企业基于过去的业务需要承担的应付款项的现时义务,主要包括短期借款、应付票据、应付账款、预收账款、应付职工薪酬、应交税费、应付股利、其他应付款、长期借款、应付债券、长期应付款等。

④资本、基金的增减

资本,是指投资者投入企业的资本,包括实收资本和资本公积两部分。资本是企业成立的前提,没有资本,企业就无法成立和发展,资本是明确投资者权利和利益分配的依据,是现代企业产权化标准。基金,是指具有特定目的和用途的资金,主要包括事业发展基金、集体福利基金、社保基金等。资本、基金的增减都会引起企业资金的变化,会计机构、会计人员必须及时办理会计手续,进行核算。

⑤收入、支出、费用、成本的计算

对企业来说,收入是企业在销售商品、提供劳务等日常经济活动中所形成的经济利益的总流入;支出是企业在日常活动和非日常活动中发生的经济利益的流出;费用是企业在生产和销售商品、提供劳务等日常经济活动中发生的经济利益的总流出;成本是企业生产产品、提供劳务过程中发生的对象化的费用。收入、支出、费用、成本是相互联系、密不可分的,都是判断企业经营成果的依据,企业应当加强核算。

⑥财务成果的计算和处理

财务成果,是指企业在一定期间内通过从事生产经营活动而在财务上取得的成果,要么是盈利,要么是亏损。财务成果的计算和处理包括利润的计算、所得税费用的计算、利润分配或亏损弥补等。财务成果是反映经营成果的最终要素,对它的计算和处理涉及有关方面的经济利益,因此必须及时进行会计核算。

⑦其他需要办理会计手续，进行会计核算的事项

前面六项内容基本上涵盖了会计核算的主要内容，但由于会计环境纷繁复杂，经济活动及会计业务的发展也是日新月异，仍有可能产生一些新的会计核算内容，如企业的终止清算、破产清算等，也是会计核算不可缺少的内容。为了适应经济发展对会计核算工作的要求，会计法将可能产生的新的会计业务事项以"其他事项"来概括，以保证各种复杂的经济活动都能够得到及时的核算和反映。

2.会计监督职能

会计监督职能也称控制职能，是指在核算的过程中对特定主体经济活动的真实性、合法性、合理性进行审查，即以一定的标准和要求利用会计所提供的作息对各单位的经济活动进行有效的指导、控制和调节，以达到预期的目的。其中，真实性审查，是指审查各项记录是否和实际发生的业务一致，提供的信息是否真实可靠；合法性审查，是指审查各项经济业务是否符合国家有关法律法规，是否遵守财经纪律，是否执行国家的方针政策；合理性审查，是指审查各项财务收支是否符合特定对象的收支计划，是否有利于预算目标的实现，是否存在浪费，是否存在违反内部控制的要求等。

监督具有以下两个方面的特征：

（1）会计监督主要是通过价值量指标来实现职能的

会计核算主要从数量上面综合反映会计主体的会计信息，会计监督则通过利用会计核算所提供的信息从价值层面上实行职能。会计监督以价值量为主要监督依据，全面、及时、有效地监督和控制企业的各项经济活动。

（2）会计监督包括事前、事中和事后环节

会计的监督活动贯穿于企业的经济活动，包括事前监督、事中监督、事后监督。其中，事前监督是在经济活动开始前进行的监督和审查，主要包括对经济活动的可行性进行审查以及对经济事项是否合法合规进行审查；事中监督是对正在进行中的经济活动进行监督，找出失误和偏差的原因并进行纠正，使经济活动沿着预定的目标进行；事后监督是对已经发生的经济活动进行审核和分析，发现问题，改正问题，总结经验教训。

3.会计拓展职能

现代会计是一项职能多样化的经济管理工作，除了核算和监督两项基本职能以外，会计还具有预测经济前景、参与经济决策、评价经营业绩等拓展职能。

（1）预测经济前景

预测经济前景，是指企业根据财务报表提供的数据，采用一定的手段定量或定性地判断和推测经济活动的发展变化规律，描绘出经济发展的趋势，用来指导企业的经营管理活动，提高经营管理的效益。

（2）参与经济决策

参与经济决策，是指企业根据财务报表提供的数据，结合企业生产经营的状况，运用定量或定性的分析方法，对多项备选方案进行分析，找出最适合企业的方案，为经营决策提供参考依据，促进决策的科学化，提高决策效益。

（3）评价经营业绩

评价经营业绩，是指企业根据财务报表提供的数据，运用一定的方法，对企业在一段时间内的生产管理、市场营销、投资收益等进行分析，对照行业标准或计划标准，做出客观、准确的评价。

随着经济环境的变化以及企业管理手段的变化，会计的职能会发生不断的变化，因此，应该用发展的眼光去学习会计的职能。

二、会计基本假设与会计基础

（一）会计基本假设

1.会计主体

会计主体，是指企业会计确认、计量和报告的空间范围，是会计核算的特定组织或单位。为了向会计信息使用者反映不同主体的财务状况、经营成果和现金流量等会计信息，应当明确提供会计信息的主体，将不同的主体区别开来；不同的主体各自提供财务报告，如实反映各自的财务状况、经营成果和现金流量等会计信息，为信息使用者提供对决策有用的信息。在会计主体假设下，特定主体应当对本身发生的交易或事项进行会计确认、计量和报告，反映特定主体本身的交易或事项，不能越界处理业务，反映其他主体的会计信息，如H公司只能反映H公司的会计信息，不能反映其他公司的会计信息。

（1）明确会计主体对会计主体的确认、计量和报告有着重要的作用

①明确会计主体才能明确会计主体所核算交易或事项的范围

在会计工作中，首先要明确核算的交易或事项的范围。会计只对影响主体本身的各项交易或事项进行确认、计量和报告；不影响主体本身的交易或事项不需要确认、计量和报告。

②明确会计主体才能将不同会计主体的交易或者事项区分开来

明确会计主体，应当将会计主体与会计主体的所有者以及其他会计主体区分开来。公司所有者与公司无关的交易或者事项是属于公司所有者私人的交易或事项，不应纳入公司会计核算的范围。

（2）会计主体与法律主体的关系

会计主体是指会计独立核算的主体，包括法律主体和非法律主体；法律主体是指法律认可的法人组织，属于会计主体的范畴。一般来说，一个法律主体必然是一个会计主体，但会计主体不一定是法律主体。一个公司作为一个独立的法律主体，应当建立独立的财务系统，进行独立核算，反映公司本身的财务状况、经营成果和现金流量

等会计信息。但是，会计主体不一定是法律主体，如在多个具有控股关系的集团里面，一个母公司拥有若干子公司，母、子公司虽然是不同的法律主体，但是母公司对于子公司拥有控制权，为了全面反映集团整体的财务状况、经营成果和现金流量等会计信息，就有必要将集团作为一个会计主体，编制合并财务报告；另外，个人独资企业、合伙企业等也属于会计主体，但其不具备法律主体资格，不属于法律主体。

2.持续经营

持续经营是指在可预见的将来，企业按照当前的规模和状态继续经营下去，不会停业，也不会大规模削减业务。在持续经营的假设下，企业的债权可以按时收回，企业的债务可以按时清偿，因此，企业的确认、计量和报告是围绕持续经营展开的。会计一系列的核算方法、计量原则的使用均是在持续经营基本假设下进行的，企业能否持续经营下去，对企业会计原则、会计方法的选择有很大影响。明确这个基本假设，就意味着会计主体将按照既定用途使用资产，按照既定的合约条件清偿债务，会计人员就可以在此基础上选择会计原则和会计方法。如果判断企业会持续经营，就可以假定企业的固定资产在持续经营的生产经营过程中长期发挥作用，并服务于生产经营过程，固定资产就可以根据历史成本进行记录，并采用一定的折旧方法，将历史成本分摊到各个会计期间或相关产品的成本中。如果判断企业不会持续经营，固定资产就不应采用历史成本进行记录并按期计提折旧。

如果一个企业在不能持续经营时仍按持续经营基本假设选择会计确认、计量和报告原则和方法，就不能客观地反映企业的财务状况、经营成果和现金流量，从而误导会计信息使用者的经济决策。

3.会计分期

会计分期是指将一个企业持续经营的生产经营活动划分为一个个连续的、长短相同的期间。会计分期的目的，在于通过会计期间的划分，将持续经营的生产经营活动划分成连续、相等的期间，据以结算盈亏，按期编制财务报告，从而及时向财务报告使用者提供有关企业财务状况、经营成果和现金流量的信息。

在会计分期假设下，企业应当划分会计期间，分期结算账目和编制财务报告。会计期间通常分为年度和中期。中期，是指短于一个完整的会计年度的报告期间。由于有了会计分期，才产生了当期与以前期间、以后期间的差别，才使不同类型的会计主体有了记账的基准，进而孕育出折旧、摊销等会计处理方法。

4.货币计量

货币计量是指会计主体在会计确认、计量和报告时以货币计量，反映会计主体的生产经营活动。在会计的确认、计量和报告过程中之所以选择货币作为基础进行计量，是由货币的本身属性决定的。货币是商品的一般等价物，是衡量一般商品价值的共同尺度，具有价值尺度、流通手段、贮藏手段和支付手段等特点。其他计量单位，如重量、长度等，只能从一个侧面反映企业的生产经营情况，无法在量上进行汇总和比较，不便于会计计量和经营管理，只有选择货币尺度进行计量，才能充分反映企业的生产经营情况，会计确认、计量和报告选择货币作为计量单位。

（二）会计基础

会计基础是指企业确认、计量和报告的基础，是明确收入、费用等要素入账的时间依据，包括权责发生制和收付实现制。

权责发生制要求，凡是当期已经实现的收入和已经发生或应当负担的费用，无论款项是否收付，都应当作为当期的收入和费用，计入当期利润表；凡是不属于当期的收入和费用，即使款项已在当期收付，也不应当作为当期的收入和费用。

收付实现制是与权责发生制相对应的一种会计基础，它是以实际收到或支付现金的时点作为确认收入和费用的依据，不考虑经济业务是否发生。

在实务中，单位的交易或者事项的发生时间与相关货币收支时间有时并不完全一致。例如，款项已经收到，但销售并未实现；或者款项已经支付，但并不是为本期生产经营活动而发生的。为了更加真实、公允地反映特定会计期间的财务状况和经营成果，企业在会计确认、计量和报告中应当以权责发生制为基础，行政单位在会计确认、计量和报告中应当以收付实现制为基础，事业单位在会计确认、计量和报告中应当以收付实现制为基础，但带经营性质的业务在会计确认、计量和报告中应当以权责发生制为基础。

三、会计信息质量要求

会计信息质量要求是对企业会计报告中所提供会计信息质量的基本要求，它规范了会计报告中所提供的会计信息。会计信息质量要求主要包括可靠性、相关性、可理解性、可比性、实质重于形式、重要性、谨慎性和及时性等。

（一）可靠性

可靠性要求企业应当以实际发生的交易或者事项为依据进行确认、计量和报告，如实反映企业的真实的财务状况、经营成果和现金流量等信息，保证会计信息真实可靠、内容完整。

为了保证会计信息的质量，具体要求做到以下三个方面：

1.以实际发生的交易或者事项为依据进行确认、计量

已经发生的交易或事项，并且满足确认条件才可以确认；尚未发生的交易或事项不能进行确认，不符合会计要素概念及其确认条件的交易或事项不能进行确认，企业只能将符合会计要素概念及其确认条件的交易或事项如实反映在会计报告中，不得弄虚作假。

2.保证会计信息的全面完整

企业在确认、计量和报告中，要求在符合重要性和成本效益的前提下，保证提供信息的全面完整。企业不得遗漏或者减少应当披露的信息，凡是影响到信息使用者决

策的信息都应当充分反映，做到信息披露全面完整。

3.在会计报告中反映的信息应当是客观中立的

企业在编制会计报告时，应当以实际发生的交易为基础和依据，不得人为改变。如果企业在会计报告中为了达到事先设定的结果或效果而列出一些虚假的会计信息，那么这样的会计报告信息就不是中立的。

（二）相关性

相关性要求企业提供的会计信息应当与信息使用者的经济决策需要相关，有助于信息使用者对企业过去、现在和未来的财务状况、经营成果、现金流量等做出评价或者预测。

企业提供的会计信息是否有用，关键是看所提供的会计信息与信息使用者的经济决策需要是否相关，是否有助于信息使用者提高决策水平。会计信息的相关性应当能够反映以下两个方面：

1.有利于信息使用者评价企业过去的情况

相关性要求企业提供的会计信息能够使信息使用者评价企业过去的综合情况，如过去的财务状况、经营成果和现金流量等情况。

2.具有预测价值

相关性要求企业提供的会计信息有利于信息使用者根据会计报表所提供的信息预测企业未来的财务状况、经营结果和现金流量等情况。

会计信息质量的相关性，要求企业在确认、计量和报告的过程中，充分考虑信息使用者的决策需要。但是，相关性并不代表企业提供的信息可以人为地篡改。相关性应当以可靠性为基础，两者之间并不矛盾，不应将两者对立起来。也就是说，会计信息在满足可靠性的前提下，尽可能地做到相关，满足不同使用者的决策需要。

（三）可理解性

可理解性要求企业提供的会计信息应当清晰明了，便于投资者等会计报告使用者理解和使用。

企业提供会计信息的目的在于满足信息使用者的经济决策需要，然而，只有让信息使用者了解会计信息的内涵，理解会计报告反映的信息内容，才能使信息使用者有效地运用信息，为决策提供依据，这就要求企业会计报告提供的信息清晰明了，易于理解。另外，我们要提高会计信息的有用性，满足向信息使用者提供决策有用信息的要求。

在实务中，会计信息作为一种专业性较强的信息，并不是所有的人都能理解和掌握的。另外，在强调会计信息的可理解性的同时，还应假定信息使用者具有会计专业知识，并且愿意付出努力去研究这些信息。

（四）可比性

可比性要求企业提供的会计信息应当相互可比，有助于信息使用者将过去、现在的信息进行比较，将同行业的企业数据进行比较。可比性主要包括两个方面：

1. 纵向可比

纵向可比，是指同一企业在不同时期发生的相同或相似的业务，应当采用一致的会计政策，不得随意变更。为了方便信息使用者了解企业财务状况、经营成果和现金流量等的变动趋势，应当比较同一企业在不同时期的会计信息，全面地评价企业的过去、分析现在、预测未来，为经济决策提供依据。

2. 横向可比

横向可比，是指不同企业在同一会计期间发生的相同或者相似的经济业务，应当采用国家统一规定的会计政策，确保会计信息口径一致、相互可比，以便于信息使用者评价和比较同一时期不同企业的财务状况、经营成果和现金流量等情况，为经济决策提供依据。

但是，满足会计信息可比性要求，并非表明企业不得变更会计政策，如果按照规定或者在会计政策变更后可以提供更可靠、更相关的会计信息，那么就可以变更会计政策。有关会计政策变更的情况，应当在附注中予以说明。

（五）实质重于形式

实质重于形式要求企业应当按照交易或者事项的经济实质进行会计确认、计量和报告，而不仅仅以交易或者事项的法律形式为依据。

在实务中，企业发生的多数交易或者事项的经济实质和法律形式是一致的，但是，也存在经济实质和法律形式不一致的情况。例如，以融资租赁方式租入的资产，虽然从法律形式来讲企业并不拥有其所有权，但是租赁合同中规定的租赁期相当长，往往接近于该资产的使用寿命；租赁期结束时承租企业有优先购买该资产的选择权；在租赁期内承租企业有权支配资产并从中受益等，从其经济实质来看，企业能够控制融资租入资产所创造的未来经济利益，在会计确认、计量和报告上就应当将以融资租赁方式租入的资产视为企业的资产，列入企业的资产负债表。

（六）重要性

重要性要求企业提供的会计信息应当反映与企业的财务状况、经营成果和现金流量等有关的所有重要交易或者事项。

在实务中，如果某会计信息的省略或者错报会影响会计信息使用者做出正确的经济决策，该信息就具有重要性。对于重要性的判断，一般要根据企业所处的环境和实际情况进行，而且要依赖于会计本身的职业敏感性，具有一定的主观性。重要性一般从项目的性质和金额大小两方面加以判断。

（七）谨慎性

谨慎性要求企业对交易或者事项进行确认、计量和报告应当保持必要的谨慎，不应高估资产或收益，也不应低估负债或费用。

在市场竞争中，经济环境复杂多变，企业的生存、发展面临着许多不确定性，这给企业带来一定的风险，例如，应收款项是否能收回、固定资产使用寿命的长短、无形资产使用寿命的长短、售出存货可能发生的退货或返修等。谨慎性要求企业在面临不确定性因素做出会计职业判断时，应当保持必要的谨慎，结合企业的实际情况综合分析，充分估计面临的各种风险和损失，既不高估资产或收益，也不低估负债或费用，例如，要求企业对可能发生的资产减值损失计提资产减值准备、对售出商品可能发生的保修义务等确认预计负债等，就体现了会计信息质量的谨慎性要求。

但是，谨慎性并不等于企业可以设置秘密准备或人为性地调整自身的资产、负债、所有者权益、收入、费用和利润。

（八）及时性

及时性要求企业对于已经发生的交易或者事项，应当及时进行确认、计量和报告，不得提前或延后。

会计信息具有很强的时效性，过期的会计信息，对信息使用者没有使用价值。在确认、计量和报告过程中保持及时性，一是要求及时收集会计信息，即在经济交易或者事项发生后，及时收集整理各种原始单据或者凭证；二是要求及时处理会计信息，即按照会计准则的规定，及时对经济交易或者事项进行确认或者计量，并编制会计报告；三是要求及时传递会计信息，即按照国家规定的有关时限，及时地将编制的会计报告传递给信息使用者，有助于其及时使用和决策。

四、会计核算方法

（一）设置账户

设置账户是对会计对象进行分类核算的一种专门方法。由于会计对象的具体内容是复杂多样的，要对其进行系统的核算，就必须对交易或事项进行科学的分类，以有助于分类，且连续地反映会计信息，为完成会计核算工作提供基础。

（二）复式记账

复式记账是指对企业发生的每项交易或事项，要以相等的金额，在两个或两个以上相互联系的账户中进行登记的一种记账方法。采用复式记账方法，可以全面反映每一笔经济业务的来龙去脉，便于检查账簿记录的正确性和完整性，是一种比科学的记账方法。在全球范围内，复式记账法得到全面的应用。

（三）填制和审核凭证

会计凭证是记录经济业务，明确经济责任，作为记账依据的书面凭据。正确填制和审核会计凭证，是有效完成核算工作的基础，是做好会计工作的前提。填制和审核会计凭证，是会计人员日常工作的起点。

（四）登记会计账簿

登记会计账簿是以经过审核无误的会计凭证为依据，全面、系统、连续地记录各项交易或事项，为信息使用者提供完整、系统的核算资料。账簿记录是重要的会计工作，是进行会计分析、会计检查的重要依据。账簿记录是否真实、完整，直接关系到会计报表的质量，应当重视账簿的记录工作。

（五）成本计算

成本计算是按照一定产品或劳务归集和分配生产经营过程中发生的各种耗费，以便确定各项产品或劳务的总成本和单位成本的一种专门方法。产品成本是综合反映企业生产经营活动的一项重要指标。正确地进行成本计算，可以考核生产经营过程的费用支出水平，同时又是确定企业盈亏和制定产品价格的基础。

（六）财产清查

财产清查是指通过对企业的实物资产、往来款项、货币资金等进行盘点或核对，从而查明各项资产实有数额的一种专门方法。通过财产清查，可以提高会计记录的正确性，保证账实相符。同时，还可以查明各项财产物资的保管和使用情况以及各种结算款项的执行情况，以便对积压或损毁的物资进行清理，对逾期未收到的款项加强管理。

（七）编制会计报表

编制会计报表是以特定表格的形式，定期并总括地反映企业的经营活动的一种专门方法。会计报表是以账簿记录为主要依据，经过专门的方法加工整理而形成的会计信息数据，用来分析企业财务状况、经营成果、现金流量等情况，为决策提供依据。编制会计报表是会计核算工作的最后环节。

会计核算的七种方法是相互联系、相互依存、相互制约的，共同构成完整的会计核算方法体系。在实务中，一般在交易或事项发生后，按规定的手续填制和审核原始凭证，并应用复式记账法编制记账凭证，依据审核无误的会计凭证在有关账簿中进行登记；在期末对生产经营活动产生的耗费进行成本计算和财产清查，确保账簿记录的准确，最后根据账簿记录编制会计报表。

会计是以货币作为主要计量单位，以凭证为依据，运用一系列专门的方法，对特定主体的经济活动进行全面、系统、连续的核算和监督，为信息使用者提供对决策有用的信息的一种经济管理活动。会计的发展大致经过了古代会计、近代会计、现代会计三个阶段。

会计的职能是指会计在经济管理工作中所具有的功能，包括基本职能和拓展职能。其中，基本职能包括会计核算和会计监督，会计核算和会计监督是相辅相成的，会计核算是会计监督的基础，会计监督是会计核算质量的保障。

会计的对象是指会计核算和监督的内容，即能用货币反映的经济活动，但并不是所有的经济活动都属于会计对象，如经济合同、人事任命等就不属于会计对象。只有以货币表现的经济活动，才是会计核算和监督的内容，即会计对象。在实务中，会计对象又称为资金运动或价值运动，经济活动也称交易或事项。

会计基本假设是会计确认、计量和报告的前提，是对会计核算所处的时间、空间环境等所做出的合理的假设。会计基本假设包括会计主体、持续经营、会计分期和货币计量，四个基本假设相辅相成，缺一不可。

会计基础是企业会计的确认、计量和报告的基础，包括权责发生制和收付实现制。企业会计准则规定，应当以权责发生制为基础进行确认、计量和报告。

会计信息质量要求是对企业财务报告中所提供会计信息质量的基本要求，它规范了财务报告中所提供的会计信息。会计信息质量要求主要包括可靠性、相关性、可理解性、可比性、实质重于形式、重要性、谨慎性和及时性等。

会计核算方法主要包括：设置账户、复式记账、填制和审核凭证、登记会计账簿、成本计算、财产清查和编制会计报表七种专门方法。

第二节 会计要素

会计要素是对会计对象按经济特征做出的基本分类，属于会计对象的具体化。企业会计要素按照其内容分为资产、负债、所有者权益、收入、费用和利润，其中，资产、负债和所有者权益要素侧重于反映企业的财务状况，收入、费用和利润要素侧重于反映企业的经营成果。会计要素既是进行会计确认和计量的依据，也是设定财务报表结构和内容的基础。

在实务中，相同类型的交易或事项具有共同的特征。如企业持有的库存现金、银行存款、应收票据、应收账款等由企业拥有或控制，并能够在未来期间给企业带来经济利益，这一类型的业务统称资产要素；如企业的短期借款、应付票据、应付职工薪酬、应交税费、长期借款等是企业承担的现实义务，履行该义务会导致企业在未来会计期间有经济利益流出，这一类型的业务统称负债要素；如企业的实收资本、资本公积、盈余公积等均反映企业所有者对企业净资产的权利，这一类型的业务统称所有者权益要素。依次类推，企业将会计要素分为资产、负债、所有者权益、收入、费用和利润六大类，企业发生的所有经济业务均可以通过这六大类会计要素表达。因此，通过对企业会计要素的划分，可以将抽象的资金运动按业务的经济特征进一步划分为比较详细的会计要素，便于分类核算和提供详细的会计信息。

一、资产要素

（一）资产的概念

资产，是指企业过去的交易或者事项形成的，由企业拥有或者控制的，预期会给其带来经济利益的资源。根据资产的概念，资产具有以下三个方面的特征：

1. 资产由企业过去的交易或者事项形成

资产应当由企业过去的交易或者事项所形成，过去的交易或者事项主要包括采购、生产、建设等交易或者事项，只有过去的交易或者事项才能形成资产，企业在未来发生的交易或者事项具有不确定性，不属于资产的范畴。

2. 资产应当是企业拥有或者控制的资源

资产作为一种资源，应当由企业拥有或者控制，具体是指企业享有某项资源的所有权，或者虽然不享有某项资源的所有权，但能够实质上控制该资源，获得该资源带来的经济利益。

企业拥有资产的所有权，表明企业能够从资产中获取一定的经济利益。在判断资产是否属于某企业时，考虑的首要因素是对资产的拥有权；当然，在特殊情况下，企业虽然不拥有资产的所有权，但其能够从实质上控制某项资产，能够通过其获取一定的经济利益，那么该资产也属于企业的固定资产。如通过融资租赁方式租入的固定资产，企业对其不具有所有权，但根据融资租赁协议的约定，企业对该租赁资产具有实质的控制权，根据实质重于形式的计量属性，企业也应当将其作为企业的固定资产看待。

3. 资产预期能给企业带来经济利益

资产预期会给企业带来经济利益，是指资产具有能够直接或者间接地导致现金和现金等价物流入企业的潜力。这种潜力既包括企业在日常生产经营活动形成的潜力，也包括企业中非日常活动形成的潜力；带来的经济利益既包括现金或者现金等价物，也包括转化为现金或者现金等价物的其他资源。

资产预期能为企业带来经济利益是资产的重要特征。例如，企业采购的原材料、购建的固定资产等可以用于制造商品或者提供劳务，对外出售后收回货款，货款即为企业所获得的经济利益。如果某一项目预期不能给企业带来经济利益，那么就不能将其确认为企业的资产。对于已经确认为资产的项目，如果其不能再为企业带来经济利益，那么就不能再确认为企业的资产。例如：过期的霉烂变质的商品，不能给企业带来经济利益，不属于资产。

（二）资产的确认条件

某一项资源确认为资产，除了要符合资产的概念，还应当同时满足以下两个条件：

1.与资源有关的经济利益很可能流入企业

能给企业带来经济利益是资产的一个基本特征,不能给企业带来经济利益的资源不应确认为资产。在实务中,某些资源能否给企业带来经济利益具有不确定性,与资源有关的经济利益能否流入企业或者能够流入多少具有不确定性。因此,资产的确认还应当与经济利益流入的不确定性程度的判断结合起来。当与资源相关的经济利益流入企业的时候,该资源可以确定为资产;当与资源相关的经济利益不可能流入企业的时候,该资源不确定为资产。

2.资源的成本或者价值能够可靠地计量

成本或价值是衡量资产的重要依据,只有某项资源的成本或价值能够可靠地计量时,它才属于企业的资产。在实务中,企业取得的许多资产都会发生相应成本。例如,企业采购或者加工的存货、企业购建的房屋或者设备等,对于这些资产,只有实际发生的成本能够可靠计量,才能视为符合资产确认的条件。在某些情况下,企业取得的资产没有发生实际成本或者发生的实际成本很小,例如,企业持有的某些衍生金融工具形成的资产,对于这些资产,尽管它们没有实际成本或者发生的实际成本很小,但是如果其公允价值能够可靠计量的话,也被认为符合资产可计量性的确认条件。

(三) 资产的分类

1.按流动性分类

资产按其流动性的强弱分为流动资产和非流动资产。其中,流动资产,是指预计在一个正常营业周期中变现、出售或耗用,或者主要为交易目的而持有,或者预计在资产负债表日起一年内(含一年)变现的资产,以及自资产负债表日起一年内交换其他资产或清偿债务的能力不受限制的现金或现金等价物。常见的流动资产有库存现金、银行存款、其他货币资金、应收票据、应收账款等。非流动资产,是指流动资产以外的各项资产,常见的非流动资产有固定资产、在建工程、工程物资等。

2.按是否具有实物形态分类

资产按其是否具有实物形态分为有实物形态的资产和没有实物形态的资产。其中,有实物形态的资产,是指具有实物形态,看得见摸得着的资产,主要包括固定资产、工程物资、原材料、库存商品等。没有实物形态的资产,是指不具有实物形态的资产,主要包括无形资产、商誉。

二、负债要素

(一) 负债的概念

负债也叫债务,是指企业过去的交易或者事项形成的,预期会导致经济利益流出企业的现时义务。根据负债的概念,负债具有以下几个方面的特征:

1.负债由企业过去的交易或者事项形成

只有过去的交易或者事项才形成负债,企业将在未来发生的承诺、签订的合同等交易或者事项,不形成负债。因此,某一交易或事项是否形成企业的负债,首先得判断该交易或事项是不是过去发生的,如果该交易事项不是过去发生的,那就不满足负债的概念。

2.负债是企业承担的现时义务

负债必须是企业现实条件下承担的义务,即企业在现实条件下已承担的义务,未来发生的交易或者事项形成的义务,或者由或有事项引起的潜在义务,均不应当确认为负债。

现实条件下承担的义务可以是法定义务,也可以是推定义务。其中,法定义务,是指具有约束力的合同或者法律、法规规定的义务,通常在法律意义上需要强制执行。如企业购买商品形成应付账款、企业向金融机构贷款形成短期借款或长期借款、企业按照税法规定应当交纳的税款等,均属于企业承担的法定义务,需要依法予以偿还。推定义务,是指根据企业多年来的习惯做法、公开的承诺或者公开宣布的经营政策而导致企业将承担的责任,这些责任也使有关各方形成了企业将履行义务承担责任的合理预期,如企业承诺对售出的商品10天内免费调换、一年内免费维修,根据以往判定,有8%的客户需要商家对商品进行调换或维修,而商家履行该承诺必须付出一定的代价。尽管个别客户的这种需求是或有事项,但根据概率推算,总有一部分客户需要商家履行承诺,从而付出相应代价,这种情况导致企业需要在未来期间承担一定的义务,这种义务称为推定义务,企业必须将履行该义务而预计的支出计入预计负债。

3.负债预期会导致经济利益流出企业

负债预期会导致经济利益流出企业是负债的一个本质特征。某一项义务在履行时会导致经济利益流出企业才属于负债;如果某一项义务在履行时不会导致经济利益流出企业,就不属于负债的范畴。在履行现时义务清偿负债时,导致经济利益流出企业的形式多种多样,例如,用现金偿还或以实物资产形式偿还;以提供劳务形式偿还;以部分转移资产、部分提供劳务形式偿还;将负债转为资本等。企业购买商品,款项尚未支付,需要在未来某一时间内偿还,这就属于负债;如果该笔货款以后不需要偿还,则不属于企业的负债。

(二)负债的确认条件

某一项现时义务是否确认为负债,除了需要符合负债的概念外,还应当同时满足以下两个条件:

1.与该义务有关的经济利益很可能流出企业

从负债的概念可以看到,预期会导致经济利益流出企业是负债的一个本质特征。在实际工作中,履行某项义务所引起的经济利益流出企业具有不确定性,尤其是与推定义务相关的经济利益需要依赖会计职业判断和主观估计。因此,负债的确认应当与经济利益流出企业的不确定性程度的判断结合起来,如果履行某项现时义务很可能导致相关的经济利益流出企业,就应当将其确认为负债;如果履行某项现时义务,但是导致企业经济利益流出的可能性很小,就不应当确认为负债,如企业欠某人1000元劳务费,经过多年寻找都找不到该债权人,该笔劳务费几乎不需要偿还,不能作为企业的负债。

2.未来流出的经济利益的金额能够可靠地计量

在确认负债的过程中,除了要满足经济利益很可能流出企业,还应当满足未来流出的经济利益的金额应当能够可靠计量。对于与法定义务有关的经济利益流出金额,通常可以根据合同或者法律规定的金额予以确定,考虑到经济利益流出的金额通常在未来期间,有时未来期间较长,有关金额的计量需要考虑货币时间价值等因素的影响。对于与推定义务有关的经济利益流出金额,企业应当根据履行相关义务所需支出的最佳估计数进行估计,并综合考虑货币时间价值、风险等因素的影响。

(三) 负债的分类

负债按流动性分为流动负债和非流动负债两大类。其中,流动负债是指预计在一个正常营业周期清偿,或者主要为交易目的而持有,或者自资产负债表日起1年内(含1年)到期应予清偿,或者企业无权自主地将清偿推迟至资产负债表日后1年以上的负债。流动负债主要有:短期借款、应付账款、应付票据、预收账款、应付职工薪酬、应交税费、应付利息、应付股利、其他应付款等。非流动负债是指流动负债以外的负债,主要包括长期借款、应付债券、长期应付款等。

三、所有者权益要素

(一) 所有者权益的概念

所有者权益也称股东权益,是指企业资产减去负债后,由所有者享有的剩余权益。所有者权益实际上是企业全部的资产扣除企业的全部负债后,由股东对企业净资产的所有权,即股东对企业资产的剩余索取权。

根据所有者权益的概念,所有者权益有以下三个特征:

(1)除非发生减资、清算或分派现金股利,企业不需要偿还所有者权益。(2)企业清算时,只有在清偿所有负债后,剩余财产才返还给所有者。(3)所有者凭借所有者权益能够参与企业利润的分配。

(二) 所有者权益的确认条件

所有者权益体现的是所有者在企业中的剩余权益,因此,所有者权益的确认主要依赖于资产、负债、收入、费用、利得和损失,尤其是资产和负债的确认;所有者权益金额的确定也主要取决于资产和负债的计量。例如,企业接受投资者投入的资产,在该资产符合资产确认条件时,就相应地符合了所有者权益的确认条件;当该资产的价值能够可靠计量时，所有者权益的金额也就可以确定。

（三）所有者权益的分类

所有者权益按来源分为所有者投入的资本、直接计入所有者权益的利得和损失以及留存收益，具体包括实收资本或股本、资本公积（股本溢价或资本溢价、其他资本公积）、盈余公积（法定盈余公积、任意盈余公积）和未分配利润。

其中，所有者投入的资本是指所有者按投资合同或协议约定实际投入企业的资本，既包括构成企业注册资本或者股本的金额，也包括投入资本超过注册资本或股本部分的金额。直接计入所有者权益的利得和损失，是指企业在非日常活动中形成的不应直接计入当期损益、会导致所有者权益发生增减变动的、与所有者投入资本或者向所有者分配利润无关的利得或者损失。

留存收益是企业历年实现的净利润留存于企业的部分，主要包括盈余公积和未分配利润。

四、收入要素

（一）收入的概念

收入，是指企业在日常活动中形成的、会导致所有者权益增加的、与所有者投入资本无关的经济利益的总流入。根据收入的概念，收入具有以下几个方面的特征：

1.收入是企业在日常活动中形成的

日常活动是指企业为完成其经营目标所从事的经常性活动以及相关的辅助性的活动，如制造性企业的产品销售活动，商业企业的商品购销活动，金融企业的存贷款活动，租赁企业的出租业务等。明确界定日常活动是为了将收入与利得相区分，因为企业非日常活动所形成的经济利益的流入不能确认为收入，而应当计入利得。

2.收入会导致所有者权益的增加

与收入相关的经济利益的流入应当会导致所有者权益的增加，不会导致所有者权益增加的经济利益的流入不符合收入的概念，不应确认为收入。如企业向债权人借入款项，尽管也导致了企业经济利益的流入，但该流入并不导致所有者权益的增加，反而使企业承担了一项现时义务，应当确认为一项负债。

3.收入是与所有者投入资本无关的经济利益的总流入

收入应当会导致经济利益的流入，从而导致资产的增加。如企业销售商品，应当收到现金或者有权在未来收到现金，才表明该交易符合收入的概念。但是在实务中，经济利益的流入有时是所有者投入资本的增加所导致的，所有者投入资本的增加不应当确认为收入，应当将其直接确认为所有者权益。

（二）收入的确认条件

企业收入的来源渠道多种多样，不同收入来源的特征有所不同，其收入确认条件也往往存在差别，但都至少应当符合以下三个条件：

（1）与收入相关的经济利益应当很可能流入企业。（2）经济利益流入企业的结果会导致资产的增加或者负债的减少。（3）经济利益的流入额能够可靠计量。

（三）收入的分类

1.按经济业务的性质分类

收入按经济业务的性质分为销售商品收入、提供劳务收入、让渡资产使用权收入。其中，销售商品收入，是指企业通过销售商品、材料等获得的收入；提供劳务收入，是指企业通过提供管理咨询、建筑安装、法律咨询、导游等业务获得的收入；让渡资产使用权收入，是指企业通过资产出租、资产出借等获得的收入。

2.按重要性分类

收入按重要性分为主营业务收入、其他业务收入。

五、费用要素

（一）费用的概念

费用，是指企业在日常活动中发生的、会导致所有者权益减少的、与向所有者分配利润无关的经济利益的总流出。根据费用的概念，费用具有以下几方面的特征：

1.费用是企业在日常活动中形成的

费用必须是企业在日常活动中所形成的，对日常活动的界定与收入概念中涉及的日常活动的界定相一致。日常活动所产生的费用通常包括销售成本（营业成本）、职工薪酬、折旧费、无形资产摊销等。将费用界定为日常活动所形成的，目的是将其与损失相区分，企业非日常活动所形成的经济利益的流出不能确认为费用，而应当计入损失。

2.费用会导致所有者权益的减少

与费用相关的经济利益的流出应当会导致所有者权益的减少，不会导致所有者权益减少的经济利益的流出不符合费用的概念，不应确认为费用。

3.费用是与向所有者分配利润无关的经济利益的总流出

费用的发生应当会导致经济利益的流出，从而导致资产的减少或者负债的增加，其表现形式包括现金或者现金等价物的流出，存货、固定资产和无形资产等的流出或者消耗等。企业向所有者分配利润也会导致经济利益的流出，而该经济利益的流出属于所有者权益的抵减项目，不应确认为费用，应当将其排除在费用的概念之外。

（二）费用的确认条件

费用的确认除了应符合概念外，还应当满足严格的条件，包括以下三个方面：

（1）与费用相关的经济利益应当很可能流出企业。（2）经济利益流出企业的结果会导致资产的减少或者负债的增加。（3）经济利益的流出额能够可靠计量。

（三）费用的分类

企业费用可以分为可直接计入产品成本的费用和期间费用两类。其中，直接计入产品成本的费用包括直接材料、直接人工和制造费用等；期间费用包括管理费用、财务费用和销售费用，期间费用在期末直接转入本年利润，而不计入产品成本中。

六、利润要素

（一）利润的概念

利润，是指企业在一定会计期间的经营成果，主要体现为在一定会计期间内企业通过从事生产经营活动而实现的盈利或者发生的亏损。一般地，如果企业通过生产经营活动实现了一定数额的盈利，表明该企业的经营成果好，所有者权益有所增加；如果企业通过生产经营活动发生亏损，表明该企业的经营成果不好，所有者权益有所减少。在实际工作中，利润往往是评价企业经营管理活动业绩的一项直观的重要的指标，也是会计信息使用者进行决策时的重要参考依据。

利润包括收入减去费用后的净额以及直接计入当期利润的利得和损失等。其中，收入减去费用后的净额反映的是企业日常经营活动的业绩。企业应当严格区分收入和利得、费用和损失，以更加全面准确地反映企业的经营业绩。

（二）利润的确认条件

利润反映的是收入减去费用加上利得减去损失后的净额。因此，利润的确认主要依赖于收入和费用以及利得和损失的确认，其金额的确定也主要取决于收入、费用、利得和损失金额的计量。

七、会计要素计量属性

会计计量是为了将符合确认条件的会计要素登记入账并列报于财务报表而确定其金额的过程。企业应当按照确定的计量属性进行确认、计量和报告。会计要素的计量属性主要包括历史成本、重置成本、可变现净值、现值和公允价值。

（一）历史成本

历史成本又称实际成本，是企业取得或制造某项财产物资时所实际支付的现金或者其他等价物。在历史成本计量下，资产按照其购置时支付的现金或现金等价物的金额，或者按照购置资产时所付出的对价的公允价值计量。负债按照其因承担现时义务而实际收到的款项或资产的金额，或者按照承担现时义务的合同金额，或者按照日常活动中为偿还负债预期需要支付的现金或者现金等价物的金额计量。大部分的交易或事项都可以采用历史成本计量。

(二) 重置成本

重置成本又称现行成本，是指按照当前市场条件，重新取得同样一项资产所需支付的现金或现金等价物金额。在重置成本下，资产按照现在购买相同或者相似资产所需支付的现金或者现金等价物的金额计量。负债按照现在偿付该项债务所需支付的现金或者现金等价物的金额计量。重置成本实际上是按照当前的市场行情重新估算现有的资产或负债的价值的方法，重置成本一般用在盘盈固定资产的核算。

(三) 可变现净值

可变现净值，是指在生产经营过程中，以预计售价减去进一步加工成本和销售所必需的预计税金、费用后的净值。在可变现净值计量下，资产按照其正常对外销售的所能收到现金或者现金等价物的金额扣减该资产至完工时估计将要发生的成本、估计的销售费用以及相关税金后的金额计量。可变现净值是把企业的存货按照目前的市场售价减去加工环节和销售环节预计发生的各项税费后的净额，是估算企业存货价值的方法，并没有实际出售存货换取资金。

(四) 现值

现值，是指对未来现金流量以恰当的折现率进行折现后的价值，是考虑货币时间价值等因素的一种计量属性。在现值计量下，资产按照预计从其持续使用和最终处置中所产生的未来现金流入量的折现金额计量。负债按预计期限内需要偿还的未来现金流出量的折现金额计量。现值是和终值相对应的，通过把未来某一时间点上的现金流量按照一定的折现率折算到某一个初始时间点，能够更好地预测未来，反映资产的成本和效益。

(五) 公允价值

公允价值，是指在公平交易中，熟悉情况的交易双方自愿进行资产交换或者债务清偿的金额。在公允价值计量下，资产和负债按照在公平交易中，熟悉情况的交易双方自愿进行资产交换或者债务清偿的金额计量。在实务中，如果市场不公开，买卖双方交易中存在欺诈、隐瞒等不公平的行为，成交的价格不属于公允价值。

(六) 会计要素计量属性的应用

在实务中，企业发生的交易或事项一般采用历史成本计量属性，历史成本是最常用的计量属性，可以用来衡量大部分交易或事项。企业如果采用历史成本以外的计量属性，应当取得更加可靠的依据，证明采用其他会计要素计量属性能够更真实地反映企业的信息，如在盘盈固定资产时，采用重置成本计量属性能够更真实地反映盘盈固定资产的现时价值；在存货期末计价时，采用可变现净值计量属性能够更真实地反映期末存货的价值；在非流动资产可收回金额计量时，采用现值计量属性能够更真实地反映非流动资产未来可收回金额的现时价值；在交易性金融资产、可供出售金融资产等计量时，采用公允价值计量属性能够更真实地反映交易性金融资产、可供出售金融资产在市场上的交易价格。

第三节 会计等式

一、会计等式的概念

会计等式，是指会计六要素之间存在的特定数量关系。会计等式主要包括会计恒等式、会计动态等式和会计扩展等式。

企业会计要素包括资产、负债、所有者权益、收入、费用和利润六种类型，前面三个要素资产、负债和所有者权益反映了资金运动的相对静止状态；后面三个要素收入、费用和利润反映了资金运动的显著运动状态；会计要素之间具有紧密的相关性，在数量上存在特定的平衡关系，称为会计等式。会计等式是反映各项会计要素之间平衡关系的计算公式，它是设置会计科目、复式记账和编制会计报表的理论依据。

二、会计等式的类型

（一）会计恒等式

会计恒等式是反映企业在特定日期财务状况的等式，是反映资金运动相对静止的等式，是企业运用复式记账法、试算平衡和编制资产负债表的理论依据。会计恒等式的表达如下：

资产=负债+所有者权益

或

资产=权益

这是最基本的会计等式，也称为第一恒等式。企业从事生产经营活动，必须拥有一定数量的资产，一定数量的资产是企业从事生产经营活动的基础；企业的资产来源主要包括所有者投入的资产和债权人借入的资产，所有者投入的资产形成所有者权益，债权人借入的资产形成企业的负债。在特定时点上，企业拥有的资产等于企业的所有者权益与负债之和，形成了"资产=负债+所有者权益"这一等式。在会计上，习惯把所有者权益和负债统称为权益，形成了"资产=权益"这一等式。其中，资产表现为各种形式，代表着权益的存在形式；权益反映了企业资产的来源。任何一个企业，有一定数额的资产，必然有一定数额的权益；有一定数额的权益，必然有一定数额的资产；没有无资产的权益，也没有无权益的资产。

（二）动态等式

动态等式反映了企业在一定会计期间的经营成果，是企业资金运动的动态表现形式，是企业编制利润表的依据。

企业从事生产经营活动的目的是实现利润。在经营活动中会获得一定数额的收入，也会发生一定数额的费用。通过一段时间内获得的收入与发生的费用对比，就可以反映企业在一段时间内的经营成果。企业在一段时间内实现的收入减去同期发生的费用后的余额，称为利润。动态等式的表达如下：

收入-费用=利润

在实务中，由于收入只反映日常活动产生的经济利益的流入，不包括非日常活动形成的直接计入当期利润的利得；费用只反映日常活动发生的经济利益的流出，不包括非日常活动发生的直接计入当期利润的损失，因此，收入减去费用后，还应当加上计入当期利润的利得减去损失，最后的计算结果才等于利润。

（三）综合等式

综合等式是融合了静态会计要素、动态会计要素形成的等式。企业形成的利润，意味着所有者权益增加，企业形成的利润属于所有者权益的一部分，即把"收入-费用=利润"融合到"资产=负债+所有者权益"这一等式中，形成了综合会计等式。综合会计等式表达如下：

资产=负债+所有者权益+（收入-费用）

或

资产=负债+所有者权益+利润

或

资产+费用=负债+所有者权益+收入

三、经济业务的发生对会计等式的影响

经济业务，是指企业在生产经营过程中发生的、会引起会计要素增减变动的交易或事项。在企业的生产经营活动中，资产、负债、所有者权益的数量不是静止不变的，会随着交易或事项的发生而改变，但无论何时何地，无论什么样的交易或事项，其变化都不会破坏会计等式的平衡关系，即"资产=负债+所有者权益"这一等式永远成立。

会计要素是指对会计对象按照经济特征所做的具体分类，是会计核算内容的具体化。企业会计要素分为六类：资产、负债、所有者权益、收入、费用、利润。其中，资产、负债、所有者权益是反映企业某一特定日期财务状况的要素，也称静态要素；收入、费用、利润是反映企业在一定会计期间内经营成果的会计要素，也称动态要素。

资产，是指企业过去的交易或者事项形成的，由企业拥有或者控制的，预期会给企业带来经济利益的资源。

负债，是指企业过去的交易或者事项形成的，预期会导致经济利益流出企业的现时义务。

所有者权益也称股东权益，是指企业资产减去负债后，由所有者享有的剩余权益。

收入，是指企业在日常活动中形成的、会导致所有者权益增加的、与所有者投入资本无关的经济利益的总流入。

费用，是指企业在日常活动中发生的、会导致所有者权益减少的、与向所有者分配利润无关的经济利益的总流出。

利润，是指企业在一定会计期间的经营成果，主要体现为在一定会计期间内企业通过从事生产经营活动而实现的盈利或者发生的亏损。

会计要素计量属性包括历史成本、重置成本、可变现净值、现值和公允价值，企业一般使用历史成本计量属性，如果使用历史成本以外的计量属性，应当取得可靠的依据。

会计等式是反映各项会计要素之间平衡关系的计算公式，它是设置会计科目、复式记账和编制会计报表等理论依据。

会计等式包括：资产=负债+所有者权益；收入－费用=利润；资产=负债+所有者权益+（收入－费用）。

第七章 企业要素综合费用的核算

第一节 材料与外购动力的核算

一、材料费用的核算

(一) 材料的内容与分类

材料是制造企业生产过程中的劳动对象,是生产过程中不可缺少的物资要素。在生产过程中直接取自于自然界的劳动对象,一般称为原料,如冶炼金属的矿砂、用以纺织的棉花、制造面粉的小麦等;以经过工业加工的产品作为劳动对象的,一般称为材料,如各种钢材。在实际工作过程中有时把两者合并起来,统称为原材料。

材料是产品成本的重要组成部分,它包括企业在生产经营过程中实际消耗的各种原料及主要材料、外购半成品、辅助材料、燃料、修理用备件及周转材料等。

1. 原料及主要材料

原料及主要材料是指经过加工后构成产品实体的各种原料和材料,如冶金企业炼铁耗用的矿石、纺织企业纺纱耗用的原棉等。对于购入企业来说,外购半成品同原料一样都是劳动对象,在继续加工中构成产品的主要实体,因此也列入此类,如机械制造企业使用的钢材、纺织企业织布耗用的棉纱等。但有些企业为了加强外购半成品专项管理和核算,将外购半成品作为材料的一个独立类别。

2. 辅助材料

辅助材料是指直接用于生产过程,有助于产品形成或便于生产进行,但不构成产品实体的各种材料。辅助材料在生产中发挥的作用不同,有的为劳动工具所耗费,如维护机器设备用的机油和防锈剂等;有的与主要材料相结合有助于产品形成,如漂白粉、催化剂、油漆、染料等;有的为正常劳动创造条件,如各种清洁用具和照明用具等。

3.燃料

燃料是指在生产过程中用来燃烧发热的各种材料,包括固体燃料、气体燃料和液体燃料,如煤、天然气和汽油等。燃料在生产过程中的作用也不同,有的直接用于工艺技术过程,如铸造车间用的燃料;有的用于生产动力,如发电车间用的燃料;有的用于一般用途,如取暖用的燃料。燃料按其在生产中所起的作用来看,也属于辅助材料,但由于它在企业生产过程中的消耗量大,对现代化生产来说作用较大,故单列一类,以便于企业管理和核算。

4.修理备用件

修理备用件是指为修理本企业机器设备和运输工具所专用的各种备品备件,如齿轮、轴承、阀门、轮胎等。在修理设备时用来更换磨损和老化零件的零件称为配件。为了缩短设备修理停歇时间,在备件库内经常保存一定数量的配件,称为备件。修理用的一般零件属于辅助材料一类。

5.周转材料

周转材料是指企业能够多次重复使用,逐渐转移其价值但仍保持原有形态,不确认为固定资产的材料,包括包装物、低值易耗品及建筑企业的钢模板、木模板、脚手架等。低值易耗品是指单位价值或使用年限在规定限额以下,不能作为固定资产管理的各种物品,如工具、管理用具和劳动保护用品等。包装物是指为包装本企业产品,随同产品一同出售或在销售过程中租借给购货单位使用的各种包装物品,如箱、桶、瓶、袋等,但不包括包装用的一般零星材料,如纸张、绳子和铁丝等。

(二)材料费用的归集

材料费用的归集,无论是外购还是自制,都应根据审核无误的收料单、领料单、退料单等,按照材料的具体用途进行归集。

1.材料费用的原始记录

为了有效地控制生产成本,必须严格办理有关材料的领取和退库手续,做好相关的原始记录。一般来说,材料费用的原始记录包括领料单、限额领料单、领料登记表和退料单等。

(1)领料单

领料单是一种一次性使用的领发料凭证,一般是一式三联。领料部门在填制完成后,凭此向仓库领料,经收、发料双方签章,仓库据以发料,并留下一联作为发料的凭证,一联送交财务部门作为入账的依据,一联送还领料部门作为其领料的凭证。领料单多数情况下是一单一料,适用于未制定定额或不经常使用的材料的领发。

(2)限额领料单

限额领料单是一种在规定时期和规定限额内可多次使用的领发料累计凭证,适用于经常领用并已制定消耗定额的材料。限额领料单所规定的限额是用料部门当期可领用材料的最高限额。领料部门在规定的限额内,可以一次和分次领用。限额领料单可以一单一料,也可以一单多料,一般为一式三联:一联由领料单位留存;一联留存于发料仓库,用于登记仓库明细账;一联交会计部门据以记账。

(3) 领料登记表

领料登记表也是一种多次使用有效的凭证。对于生产车间、班组常用的消耗材料,不便于采用领料单或限额领料单领料的,可采用"领料登记表"办理领料手续。一般采用一单一料制,在一个月内连续适用,月末汇总记账。

(4) 退料单

退料单是一种记录生产车间退回结存材料的凭证。车间或班组在领用材料较多或出于月末成本计算的需要,可将材料退回仓库,填写"退料单"。下月不再使用的材料,应填制"退料单",连同材料退回仓库,下月继续使用的材料办理"假退料"手续。退料单一般一式三联,分别由发料部门、发料仓库和会计部门留存。

会计部门应对领料单、领料登记表和限额领料单等发料凭证所列材料、数量单价和用途进行审核,检查所领材料是否符合规定。只有经过审核、签章的发料凭证,才能据以发料,并作为归集材料费用消耗的原始凭证。生产单位也应在健全材料收发计量制度的同时,建立各种领料凭证制度,以控制发出材料的数量,从而达到控制生产成本的目的。

2.材料发出的计价

为了反映和监督材料物资的增减变动情况,正确地核算产品成本中的材料费用,原则上最终必须按实际成本对材料进行计价。但就每一种材料来说,在日常核算中,可以采用实际成本计价,也可以采用计划成本计价。

(1) 按实际成本计价

在按实际成本进行材料日常核算的情况下,收料凭证和材料明细账的收入均按实际成本计价。明细账上发出材料的金额,应采用加权平均法、先进先出法、个别计价法和移动加权平均法等方法计算登记,并根据计算出的材料实际单位成本乘以发出材料数量填制领料凭证,并据以登记材料明细账的发出栏。

为了简化总账的登记工作,一般在月末根据全部发料凭证编制发料凭证汇总表,然后根据发料凭证汇总表编制凭证,并据以登记总账。实际成本计价法通常适用于规模小、材料品种少、采购业务不多的企业。

(2) 按计划成本计价

在按计划成本进行材料日常核算的情况下,收料凭证、领料凭证都按计划单位成本计价,材料明细账中的收入栏和发出栏的金额也都按计划成本登记。计划成本计价法通常适用于规模较大、材料品种繁多、采购业务较多的企业。

采用计划成本计价,日常每一种材料的收发结存都采用计划成本进行简化核算,月末计算材料成本差异率(材料成本差异额与材料计划成本的比例),将发出材料的计划成本调整为实际成本。材料成本差异率的计算公式为:

$$材料成本差异率 = \frac{月初结存材料成本差异 + 本月收入材料成本差异}{月初结存材料计划成本 + 本月收入材料计划成本} \times 100\%$$

发出材料应分摊的成本差异=发出材料的计划成本×材料成本差异率

发出材料的实际成本=消耗材料的计划成本±消耗材料应分摊的成本差异

上列各计算公式中的材料成本差异，如为超支差异则按正数计算，如为节约差异则按负数计算，然后将超支差异或节约差异结转，增加或减少当期的成本费用，以便将当期的成本费用调整为实际数。

（三）材料费用的分配

材料费用的分配是指将企业一定时期内耗用的材料，按用途、部门和受益对象分配计入产品成品和期间费用的过程，即确定费用归属的过程。基本生产车间为生产产品而耗费的材料，应计入"基本生产成本"账户；辅助生产车间耗费的材料，应计入"辅助生产成本"账户；间接用于产品生产而发生的材料，应计入"制造费用"账户；销售部门耗用的材料，应计入"销售费用"账户；企业行政管理部门耗费的材料，应计入"管理费用"账户；在建工程耗费的材料，应计入"在建工程"账户。

1. 材料费用的分配方法

对于企业一定时期内耗用的材料，能够直接明确其归属对象的应直接记入成本对象；由多种产品共同耗费的材料，需要采用一定的方法，在各成本对象之间进行分配。材料费用的分配方法有很多，通常有定额耗用量比例分配法、定额费用比例分配法和产量（重量、体积）比例分配法等。

（1）定额耗用量比例分配法

定额耗用量比例分配法是以各种产品的材料消耗总定额为标准，来分配材料费用的方法。计算公式为：

某种产品材料定额消耗量=该种产品实际产量×单位产品材料消耗定额

$$材料消耗量分配率 = \frac{各种产品实际共同耗用材料总量}{各种产品材料定额耗用总量}$$

某种产品应分配的材料数量=该种产品的材料定额消耗量×材料消耗量分配率

某种产品应分配的材料费用=该种产品应分配的材料数量×材料单价

定额耗用量比例分配法适用于各种材料消耗定额比较健全且相对准确的材料费用的分配。按照这种方法，可以考核材料消耗定额的执行情况，有利于进行材料消耗定额的管理，但分配计算的工作量较大。

（2）定额费用比例分配法

按定额费用比例分配法分配材料费用时，除分配标准为定额材料费用之外，分配的步骤与材料定额耗用量比例相同。计算公式为：

某种产品某种材料定额费用=该种产品实际产量×单位产品原材料费用定额

=该产品产量×单位产品消耗定额×

材料单位实际成本（或计划成本）

$$原材料费用分配率 = \frac{各种产品实际共同耗用材料费用总额}{各种产品材料定额费用总额}$$

某种产品应分配的材料费用＝该种产品原材料定额费用×原材料费用分配率

定额耗用量比例分配法和定额费用比例分配法适用于定额资料比较健全的企业或车间。采用这两种方法有利于分析和考核生产部门执行材料消耗定额的情况。

（3）产量（重量、体积）比例分配法

产量（重量、体积）比例分配法是以各种产品的产量（重量、体积）为标准来分配材料费用的方法。计算公式为：

$$原材料费用分配率 = \frac{各种产品实际共同耗用材料费用总额}{各种产品的产量（或重量、体积）之和}$$

某种产品应分配的材料费用＝该产品产量×原材料费用分配率

按产量（重量、体积）比例分配法分配材料费用，适用于直接材料耗用的材料数量与产品产量（重量、体积）有一定比例关系的产品。

2.材料费用分配的账务处理

在实际工作中，材料费用的分配是根据当月审核、归类后的领料和退料及有关资料，按照材料费用发生的地点和用途，汇总编制"材料费用分配汇总表"后，再据以编制会计分录。

（1）实际成本计价法下材料费用分配的账务处理

材料采用实际成本计价，在编制材料费用分配表时，若有退料凭证的，则应将其金额从相关的领料凭证中扣除。

（2）计划成本计价法下材料费用分配的账务处理

材料按计划成本计价时，材料费用分配表要增加"计划成本"栏、"差异率"栏、"差异额"栏。在编制材料费用分配表时，首先将发出材料汇总表上的计划成本加总后，直接填入或分配填入相关的"计划成本"栏内，然后根据本月各种材料的成本差异率，计算应负担的差异额填入"差异额"栏内。

（四）燃料费用的归集与分配

燃料实际上也是材料，如果燃料费用在产品成本中所占比重较小，那么燃料费用的归集与分配及账务处理的方法与材料费用基本相同。如果燃料费用在产品成本中所占比重较大，可以与动力费用一起在"基本生产成本"账户下专设"燃料及动力"成本项目，同时在"原材料"账户外增设"燃料"账户进行核算，用以反映燃料的增减变动、分配和结存情况。

在分配燃料费用时，如果燃料直接用于产品生产，且只生产一种或是虽然生产多种产品但按照产品品种分别领用的，属于直接计入费用，可根据领料凭证直接计入该种产品基本生产成本明细账中的"直接材料"或"燃料及动力"成本项目；如果未按产品品种分别领用,而是几种产品共同领用的燃料,则应采用适当的分配标准和分配方法,在各种产品之间分配后计入各产品成本明细账中的"直接材料"或"燃料及动力"成本项目。对于直接用于辅助生产并有专设成本项目的燃料费用,应计入"辅助生产成本"账户和相应的专栏;如果用于基本生产和辅助生产耗用但没有专设成本项目的燃料费用,应计入"制造费用"账户;如果是企业管理部门、销售部门领用的燃料,应根据用途计入"管理费用""销售费用"账户。同时贷记"燃料"或"原材料"账户。

二、外购动力费用的核算

(一)外购动力费用的归集

外购动力费用是指向外单位购买电力、蒸汽、煤气等动力所支付的费用。在实际工作中,企业所支付的外购动力款先计入"应付账款"账户,月末再将其分配计入各有关成本、费用账户。

如果每月支付的动力费用的日期基本固定,而且每月付款日到月末的应付动力费用相差不多,也可以不通"应付账款"账户核算,而将每月支付的动力费用作为应付动力费,在付款时直接借记各成本费用账户,贷记"银行存款"账户,每月分配、登记一次动力费用。

(二)外购动力费用的分配

企业耗用的外购动力一般可以用仪器、仪表显示耗用的数量,来确定各部门、各产品的实际耗用量,然后根据各部门耗用的数量乘以外购动力单价就可以计算出各部门、各产品应负担的动力费用。在没有仪表记录的情况下,可按生产工时比例、机器功率时数比例或定额耗用量比例等,将耗用的动力费用分配到各种产品成本中去。

1.有计量仪器记录的情况下,动力(以电力为例)费用分配的计算公式

车间、部门耗用电力费用=该车间、部门耗电数量×电力费用分配率

2.在没有计量仪器的情况下,动力(以电力为例)费用分配的计算公式

$$某车间动力用电力费用分配率 = \frac{各种产品共同耗用电力费用总额}{各种产品生产工时之和}$$

某产品分配动力用电力费用=该车间某产品生产工时×该车间动力用电力费用分配率

直接用于产品生产的外购动力费用,如果该动力费在产品成本构成中所占的比重较大,应计入"基本生产成本"账户下的"燃料及动力"成本项目;如果外购动力费用在产品成本构成中所占比重不大,可以计入"基本生产成本"账户下的"直接材料"成本项目,也可以计入"制造费用"项目。用于辅助生产车间、基本生产车间照明、在建工程、销售部门及行政管理部门的外购动力应分别计入"辅助生产成本""制造费用""在建工程""销售费用""管理费用"等账户核算。

在实际工作中，通常编制外购动力分配表进行外购动力费用的分配。

第二节 职工薪酬与损失费用的核算

一、职工薪酬费用的核算

（一）职工薪酬的构成

职工薪酬，是指企业为获得职工提供的服务或解除劳动关系而给予的各种形式的报酬或补偿。职工薪酬包括短期薪酬、离职后福利、辞退福利和其他长期职工福利。企业提供给职工配偶、子女、受赠养人、已故员工遗属及其他受益人等的福利也属于职工薪酬。

1.短期薪酬

短期薪酬，是指企业在职工提供相关服务的年度报告期间结束后十二个月内需要全部予以支付的职工薪酬，因解除与职工的劳动关系给予的补偿除外。短期薪酬具体包括：

（1）职工工资、奖金、津贴和补贴

职工工资、奖金、津贴和补贴是指按照构成工资总额的计时工资、计件工资、支付给职工的超额劳动报酬、为补偿职工特殊或额外的劳动消耗和因其他特殊原因支付给职工的津贴，以及为了保证职工工资水平不受物价影响支付给职工的物价补贴等。其中，企业按照短期奖金计划向职工发放的奖金属于短期薪酬，按照长期奖金计划向职工发放的奖金属于其他长期职工福利。

①计时工资

指按照职工的工作时间来计算工资的一种方式。计时工资具体形式主要有月工资制、日工资制和小时工资制。有些企业的厂长、经理或高层管理人员也可采用年薪制。

②计件工资

按照工人生产合格品的数量（或作业量）和预先规定的计件单价，来计算报酬的一种工资形式。计件工资可分个人计件工资和集体计件工资。

③加班加点工资

指按国家规定支付给职工在法定工作时间以外从事劳动的报酬。职工每日工作不超过八小时；超过规定工作时间的，必须按规定支付加班工资；休息日和节假日加班的，必须按照规定支付加班工资。

④奖金

为奖励职工在生产、工作中取得优异成绩，在标准工资之外支付给职工超额劳动报酬和增收节支的劳动报酬，包括生产奖、节约奖、劳动竞赛奖及其他经常性奖金。

⑤津贴和补贴

指为补偿职工特殊或额外的劳动消耗和因其他特殊原因支付给职工的津贴和补贴。津贴主要包括补偿职工因特殊或额外劳动消耗的津贴（如高空津贴、井下津贴、夜班津贴、野外津贴、高温津贴）、保健性津贴、技术性津贴（如工人技师津贴）。补贴主要是有些地区或单位发放给职工的伙食补贴、物价补贴、住房补贴和通讯补贴等。

（2）职工福利费

职工福利费是指企业为职工提供的除职工工资、奖金、津贴和补贴、职工教育经费、社会保险费及住房公积金等以外的福利待遇支出。它具体包括发放给职工或为职工支付的以下各项现金补贴和非现金补贴：

①为职工卫生保健、生活等发放或支付的各项现金补贴和非货币性福利，包括职工因公外地就医费用、职工疗养费用、防暑降温费等。②企业尚未分离的内设集体福利部门所发生的设备、设施和人员费用。③发放给在职职工的生活困难补助及按规定发生的其他职工福利支出，如丧葬补助费、抚恤费、职工异地安家费、独生子女费等。

（3）医疗保险费、工伤保险费和生育保险费等社会保险费

医疗保险费、工伤保险费和生育保险费等社会保险费是指企业按照国家规定的基准和比例计算，向社会保险经办机构缴纳的医疗保险费、工伤保险费和生育保险费。

（4）住房公积金

住房公积金是指企业按照国家规定的基准和比例计算，向住房公积金管理机构缴存的住房公积金。

（5）工会经费和职工教育经费

工会经费和职工教育经费是指企业为了改善职工文化生活、为职工学习先进技术和提高文化水平和业务素质，用于开展工会活动和职工教育及职业技能培训等相关支出。工会经费和职工教育经费分别按职工工资总额的2%和1.5%～8%比例提取，计入相关的成本费用中。

（6）短期带薪缺勤

短期带薪缺勤，是指企业支付工资或提供补偿的职工缺勤，包括年休假、病假、短期伤残、婚假、产假、丧假、探亲假等。长期带薪缺勤属于其他长期职工福利。

（7）短期利润分享计划

短期利润分享计划，是指因职工提供服务而与职工达成的基于利润或其他经营成果提供薪酬的协议。长期利润分享计划属于其他长期职工福利。

（8）非货币性福利

非货币性福利是指企业以自己生产的产品或外购商品发放给职工作为福利，企业提供给职工无偿使用自己拥有的资产或租赁资产供职工无偿使用等。例如，提供给企

业高级管理人员使用的住房、汽车等；免费为职工提供诸如医疗保健的服务或向职工提供企业支付了一定补贴的商品或服务等；以低于成本的价格向职工出售住房等。

（9）其他短期薪酬

其他短期薪酬是指除上述薪酬以外的其他为获得职工提供的服务而给予的短期薪酬。

2.离职后福利

离职后福利，是指企业为获得职工提供的服务而在职工退休或与企业解除劳动关系后，提供的各种形式的报酬和福利，短期薪酬和辞退福利除外。

3.辞退福利

辞退福利，是指企业在职工劳动合同到期之前解除与职工的劳动关系，或者为鼓励职工自愿接受裁减而给予职工的补偿。

4.其他长期职工福利

其他长期职工福利，是指除短期薪酬、离职后福利、辞退福利之外所有的职工薪酬，包括长期带薪缺勤、长期残疾福利、长期利润分享计划等。

（二）职工薪酬的归集

1.职工薪酬的原始记录

企业要进行职工薪酬的核算，必须要有正确、完整的原始记录作为依据。不同的职工薪酬制度所依据的原始记录不同。计算计时工资，应以考勤记录中的工作时间为依据；计算计件工资，应以产量记录中产品数量和质量记录为依据。因此，考勤记录和产量记录是计算职工薪酬的主要原始记录，也是归集和分配职工薪酬的基础。

（1）考勤记录

考勤记录是登记职工出勤和缺勤情况的记录。它是分析考核职工工作时间利用情况的原始记录，也是计算计时工资的重要依据。考勤的方法有考勤簿、考勤卡片（考勤钟打卡）和考勤磁卡（刷卡）等形式。

①考勤簿

考勤簿一般按车间、生产班组和部门分别设置，由考勤人员根据职工出勤情况逐日登记。月末根据考勤记录统计出每个职工的出勤时间和各种原因的缺勤时间，经车间或财务部门审核后，据以计算出每个职工的计时工资，以及病、伤、产假工资等。

②考勤卡

考勤卡是按人设置的，工人上班时，将自己的考勤卡片从考勤卡的存放处取出交给专职考勤人员，考勤人员根据收到的考勤卡片确定工人的出勤和缺勤情况，并计入考勤卡内。如果职工调入调出，可根据有关部门通知，增设或注销考勤卡。月末，财会部门根据考勤人员报送的职工出勤情况，计算每个职工的应付工资额。

（2）产量记录

产量记录，也称产量工时记录，是登记工人或生产小组在出勤时间内完成产品的数量、质量和耗用工时的原始记录,如工作通知单、工序进程单、工作班产量记录和产量通知单等。产量记录是计算计件工资的依据,也是反映在产品在生产过程中转移情况、加强在产品实物管理的依据,还可以为在各种产品之间分配与工时有关的费用提供合理分配标准。

①工作通知单

工作通知单,也称派工单或工票,是以每个工人或生产班组所从事的各项工作对象开设的,用以通知工人按单内指定的任务进行生产的记录。当生产任务完成后,将送检的产品数量和实用工时填入单内,连同产品一起交检验员验收,检验员将检验结果填入单内,送交有关部门,据以计算产品产量和工人应得的计件工资。

②工序进程单

工序进程单,也称加工路线单,是以加工产品为对象而开设的记录加工进程的一种产量记录。由于加工对象往往要经过若干道工序连续加工,因此,当产品转入下一道工序时,要将工序进程单随实物一起移交,并要顺次登记各工序的实际产量、加工工时,以及各工序间加工物的交接数量。工序进程单具有较强的监督和控制作用,但是由于工序进程单是按照加工对象开设的,而计算工资和统计产量是按照班组和个人进行的,因此,它不能全面反映班组的产量,还应结合使用工作班产量记录。

③工作班产量记录

工作班产量记录,也称工作班报,是按生产班组开设的反映一个生产班组在一个工作班内的生产产量和工时记录。工作班产量记录根据工人送检的产品数量,经工段长和检验员签名后,用以统计产量、工时和计算产品成本。工作班产量记录是计算计件工资的主要依据。

职工薪酬费用核算的原始记录,除了依据上述考勤记录和产量记录外,还需填制一些其他凭证,如废品通知单、停工单、各种奖金津贴发放通知单、代扣款项通知单等。这些原始记录都应在月末结算之前送交财会部门,以便在工资结算时一并加以考虑。

2.职工薪酬的计算

职工薪酬的计算是企业工资薪酬费用归集的基础,也是企业与职工之间进行工资结算的依据。企业可以根据具体情况采用不同的工资制度,其中最基本的工资制度是计时工资和计件工资。

(1)计时工资的计算

计时工资是根据每个职工工资卡片上确定的工资标准,按照考勤记录中登记的出勤或缺勤情况来计算每个职工的应得工资额。工资标准按其计算时间的不同,可分为月薪制、日薪制和小时工资制。企业固定职工的计时工资一般按月薪计算;临时职工的计时工资大多数按日薪计算,也有按小时工资计算的。

1)月薪制

月薪制是指按职工固定的月标准工资扣除缺勤工资计算的一种方法。在月薪制下，不论各月日历天数多少，不论各月双休日和法定假日有多少，每月的标准工资相同。如果职工出现缺勤，就应按月工资标准扣除缺勤天数计算工资，计时工资的计算有以下两种方法：

①按月标准工资扣除缺勤天数应扣工资额计算（扣缺勤法）

某职工本月应得工资=某职工月标准工资－（事假天数×日标准工资）－（病假天数×日标准工资×病假扣款率）

②按出勤天数直接计算（出勤法）

某职工本月应得工资=某职工月出勤天数×日标准工资+日标准工资×（1-病假扣款率）×病假天数

2）日薪制

日薪制是按职工实际出勤天数和日标准工资计算其应付计时工资的一种方法。在日薪制下，按出勤天数计算工资，每日工作时数为8小时；如果每日工作不满8小时，还应根据日标准工资计算小时工资率。

无论采用哪一种方法计算工资，都应由企业自行确定。计算方法一经确定，不应随意变动。

日标准工资是指每位职工每日应得的平均工资额，计算有以下两种方法：

①每月按30天计算日工标准资

每年总天数按国家口径360天计算，每月的日历天数为30天。日标准工资的计算公式为：

$$日标准工资 = 月标准工资 \div 30$$

②每月按20.83天计算日工标准资

即按全年日历天数（365天），减去法定假日（11天），减去全年法定双休日（52×2=104天），除以12得出。日标准工资的计算公式为：

$$日标准工资 = 月标准工资 \div 20.83$$

每种方法的计算结果都不一样，各有利弊。按20.83天计算日标准工资，节假日不计算工资，更能体现按劳分配原则。而在一般情况下，企业职工的出勤天数总比缺勤天数多，计算缺勤工资更容易，所以按20.83天计算日标准工资、采用月薪制扣缺勤法相对来说更合理一些。

（2）计件工资的计算

计件工资是根据规定的计件单价和完成的合格品数量计算的工资。计件工资的计算分个人计件工资的计算和集体计件工资的计算两种。

①个人计件工资的计算

个人计件工资是根据产量记录中登记的每一个工人的产品产量乘以规定的计件单价计算。计算公式为：

应付计件工资=Σ（某工人本月生产每种产品产量×该种产品计件单价）
产品产量=合格品数量＋料废品数量

其中，料废品是指由于材料质量不符合要求等客观原因、非工人本人过失造成的不合格产品。对于加工完成后发现的料废品，应同合格品一起计算计件工资；由于工人操作不当等原因造成的废品，属于工废品，不能支付工资，有的还应由工人赔偿损失。

某种产品计件单价=生产单位产品所需的工时定额×该级工人小时工资率

应付计件工资=某工人本月生产各种产品定额工时之和×该工人小时工资率

在计算计件工资时，合格产品可完全按计件单价计算，但料废产品并不一定都是完工以后发现的，即料废产品并不一定都完成整个加工过程，当然也就不能按计件单价全额计算工资。此时，可按生产工人完成的定额工时计算计件工资。

②集体计件工资的计算

集体计件工资是根据某一集体完成工作量和计件单价计算并与集体进行结算的工资。按生产小组等集体计件工资的计算方法与个人计件工资的计算方法基本相同。集体计件工资还需在集体内部各工人之间按照贡献大小进行分配。由于工人级别或工资标准一般体现工人劳动的质量和技术水平，工作日一般体现劳动的数量，因而集体内部大多按每人的工资标准和工作日数（或工时数）的乘积为比例进行分配。

3.职工薪酬的结算

职工薪酬包括应付工资、实发工资和代扣款项三个部分。应付工资是企业付给职工的劳动报酬，是扣除职工因病、因事缺勤后企业付给的全部工资；实发工资是根据应付工资减去代扣款项，实际发放到职工手中的工资额；代扣款项是在工资发放时从应付工资中扣除的由企业替职工垫付给有关单位的款项，如由职工个人负担的"五险一金"、职工应缴纳的个人所得税、房租、水电费等。因此，应付工资减去代扣款项，便是实发工资。

此外，在发放工资时，有些福利费用或补贴也随工资一起发放，如职工困难补助、独生子女费等，因此有的单位实发工资中还包括代发款项。

应付工资和实发工资的计算公式为：

应付工资=计时工资（或计件工资）+奖金+津贴和补贴－缺勤应扣工资

实发工资=应付工资+代发款项－代扣款项

企业与职工进行工资结算，是通过编制"工资结算表"进行的。"工资结算表"通常按车间或部门分别编制，一式三份：一份交劳动部门存档；一份裁成工资条连同工资额一并发给职工；一份在发工资时由职工个人签名后，交财会部门作为工资核算的原始凭证。

（三）职工薪酬的分配

1.工资薪酬费用的分配

工资薪酬费用的分配是指将"工资结算汇总表"中的应付工资按用途计入相关的

成本费用中。直接生产产品的工人工资薪酬借记"生产成本"账户,提供劳务的工人工资薪酬借记"劳务成本"账户,车间管理人员的工资薪酬借记"制造费用"账户,从事基本建设工程的人员工资薪酬借记"在建工程"账户,自创无形资产人员的工资薪酬借记"研发支出"账户,行政管理人员工资薪酬借记"管理费用"账户,销售人员工资薪酬借记"销售费用"账户。

采用计件工资形式支付的产品生产工人工资,一般可以直接计入所生产产品的成本,不需要在各种产品(或成本计算对象)之间进行分配。采用计时工资形式支付工资,如果生产工人只生产一种产品,则可将工资费用直接计入该产品成本,不需要在各种产品之间进行分配;如果生产多种产品,则需要选用合理方法在各种产品之间进行分配。

直接人工费用的分配方法有生产工时分配法、直接材料费用分配法和系数分配法等。生产工时分配法中的生产工时,可以是产品的实际工时,也可以是单位产品的定额工时和按实际生产量计算的定额总工时。计算公式为:

$$生产工人工资薪酬分配率 = \frac{生产工人工资薪酬总额}{\sum 各产品实际(定额)工时}$$

各种产品应分配的工资薪酬额=各产品实际(定额)工时×分配率

在实际工作中,职工薪酬的分配一般是通过编制"工资分配汇总表"来进行的。"工资分配汇总表"可根据"工资结算表""工资结算汇总表"编制。

2. 工资附加费用的分配

工资附加费用是以工资总额作为计提基础,按照国家和地方有关法律、法规规定的计提比例计算的职工薪酬费用,包括职工福利费、社会保险费、住房公积金、工会经费和职工教育经费等。

(1) 职工福利费

新企业所得税法规定,职工福利费在工资总额14%内据实列支。在发生货币性福利费开支时,借记"应付职工薪酬——职工福利"账户,贷记"库存现金"等账户。同时按照福利费开支的对象计入相应的成本、费用账户中,按所属的部门或用途,借记"生产成本""管理费用""销售费用"等账户,贷记"应付职工薪酬——职工福利"账户。

(2) 社会保险费

社会保险费一般采用企业与职工共同分担的原则,由企业承担的部分,采用按工资总额或国家、地区规定的计提基础和比例计提,分别按用途或受益部门计入企业当月的成本费用中。

(3) 住房公积金、工会经费和职工教育经物

住房公积金一般采用由企业和职工共同分担的原则,由企业承担的部分,采用按工资总额或国家、地区规定的计提基础和比例计提;工会经费按工资总额的2%;职工教育经费按工资总额1.5%~2.5%的比例由企业计提,分别按用途或受益部门计入企业当月的成本费用中。

3.非货币性福利费用的分配

企业以非货币性资产作为福利发放给职工的,应根据非货币性资产的不同性质进行相应的账务处理:

①企业以自产产品作为非货币性福利发放给职工的,应当根据受益对象,按照该产品的公允价值,计入相关成本、费用中,并确认应付职工薪酬,借记"生产成本——基本生产成本""生产成本——辅助生产成本""制造费用""管理费用"等账户,贷记"应付职工薪酬——职工福利"账户。②企业将拥有的房屋等资产无偿提供给职工使用的,应当根据受益对象,将该住房每期计提的折旧计入相关的成本、费用,并确认应付职工薪酬。借记"生产成本基本生产成本""生产成本——辅助生产成本""制造费用""管理费用"等账户,贷记"应付职工薪酬——职工福利"账户。③租赁住房等资产供职工无偿使用的,应根据受益对象,将每期应付的租金计入相关的成本费用中,并确认应付职工薪酬。

二、损失费用的核算

(一)损失费用

企业在生产过程中难免会发生这样或那样的损失,产生的各种耗费就叫作损失费用。

企业发生的各种损失,按能否计入产品成本分为生产损失和非生产损失。

1.生产损失

生产损失是指在生产过程中发生的不能正常产出的各种耗费,包括废品损失、停工损失及生产损耗、生产废料等。其中,废品损失和停工损失为成本核算中的生产损失。生产损失与产品的生产有直接关系,应该由生产的产品承担,作为产品成本的组成部分。

2.非生产损失

非生产损失是指由企业经营管理或其他非生产原因造成的损失,如库存材料的盘亏、毁损、投资损失、坏账损失等。非生产损失与产品生产没有直接关系,因此不计入产品的成本。

企业的生产损失会提高完工产品的生产成本,因此,企业必须控制生产损失,同时在会计核算上及时反映各种生产损失,以便分析原因,促使企业采取有效措施将损失控制在合理范围内。如果生产损失的数额较小,为了简化成本核算的工作量,可予以简化处理;如果生产损失的数额较大,企业就必须进行生产损失的核算。

(二)废品损失的核算

1.废品和废品损失

(1)废品

废品是指企业在生产过程中由于不符合规定的技术标准,不能按照原定的用途或需要经过加工修理就能使用的在产品、半成品和产成品，包括在生产过程中发现及入库后发现的废品。

废品按其是否具有可修复性，分为可修复废品和不可修复废品。可修复废品是指技术上可以修复，且所花费的修复费用在经济上合算的废品；不可修复废品是指技术上不能修复，或者支付修复费用在经济上不合算的废品。

废品按产生的原因，分为工废品和料废品。工废品是由于工人操作过失而产生的废品，属于操作工人的责任；料废品是由于材料的质量不符合规定要求而产生的废品，一般由同种产品的合格产品负担其损失。

（2）废品损失

废品损失是指在生产过程中发生的各种废品所形成的报废损失和修复费用。报废损失即为不可修复废品的生产成本（扣除回收的残料价值和应收赔偿款之后的损失）；修复费用是指可修复废品在返修过程中所发生的修理费用。

在核算中应注意，下列各项不作为废品损失处理：

①经过质量检验部门鉴定不需要返修、可以降价出售的不合格品，其降价损失不作为废品损失，在计算损益时，不应作为废品损失处理。②产成品入库后，由于保管不善等原因而损坏变质的损失，属于管理上的问题，应作为管理费用处理而不作为废品损失处理。③实行包退、包修、包换（三包）的企业，在产品出售后发现的废品所发生的一切损失，作为管理费用处理，而不作为废品损失处理。

在生产过程中产生废品时，应填写废品通知单。废品通知单是进行废品损失核算的原始凭证，具体内容包括废品的名称和数量、产生废品的原因和责任人等。

2.废品损失的核算账户

为了单独核算废品损失，企业应在"生产成本"账户下设置"废品损失"明细账户，在产品成本明细账中设"废品损失"成本项目。

"废品损失"账户借方登记不可修复废品生产成本和可修复废品的修复费用；贷方登记废品残料回收的价值、应收的赔偿款，以及计入当期产品成本的净损失；该账户月末一般无余额。"废品损失"账户应按车间设立明细账，账内按产品品种分设专户，并按成本项目分设专栏或专行，进行明细核算。

不单独核算废品损失的企业，不设"废品损失"账户，产品生产明细账中也不设"废品损失"成本项目。发生不可修复废品时，只从全部产量中扣除废品数量，不单独归集废品生产成本；废品的残料价值直接冲减"基本生产成本"账户及明细账的"直接材料"成本项目的费用；发生可修复废品的修复费用时，直接计入"基本生产成本"账户及明细账的有关成本项目。辅助生产一般不单独核算废品损失。

3.不可修复废品损失的核算

不可修复的废品损失，即报废损失，是指不可修复废品的实际成本扣除残料和废料价值及过失人赔偿款后的净损失。核算思路是先将不可修复废品负担的实际成本计算出来,转入"废品损失"账户,通过"废品损失"账户核算出不可修复废品的净损失后,再将其转回到"基本生产成本"账户由合格品负担。

由于不可修复废品的成本与合格品的成本是同时发生并归集在一起的,因此,要将废品报废前与合格产品计算在一起的各项费用,采用适当的分配方法,在合格品和废品之间进行分配。废品生产成本的确定方法一般有按废品所耗实际成本计算和按废品所耗定额成本计算两种。

(1) 按废品所耗实际成本计算

按废品所耗实际成本计算,是指在废品报废时,根据废品和合格品实际发生的全部费用,按一定的分配方法,在合格品和废品之间进行分配,计算出废品的实际成本,从"基本生产成本"账户的产品明细账转入"废品损失"明细账。

在完工以后发现的废品,其单位废品负担的各项生产费用与单位合格品完全相同,可按合格品和废品的数量比例分配各项生产费用,计算废品的实际生产成本。按废品的实际生产成本计算废品损失,虽然符合实际,但核算工作量较大。

(2) 按废品所耗定额成本计算

按废品所耗定额成本计算,是指按废品数量和废品的各项费用定额计算废品的定额成本,再将废品的定额成本扣除废品残料的回收价值,即为废品损失,而不考虑废品实际发生的费用。

4.可修复废品损失的核算

可修复废品损失是指废品在修复过程中发生的各项修复费用。可修复废品返修以前发生的生产费用已归集在"基本生产成本"账户,因为它不是废品损失,所以不必转出。返修时发生的修复费用为废品损失,应根据各种费用分配表计入"废品损失"明细账,如有残料价值和赔偿款,应冲减废品损失。

修复完毕,将废品损失(修复费用减去残值和赔款)从"废品损失"账户的贷方转入"生产成本——基本生产成本"账户的借方及其有关成本明细账的"废品损失"成本项目。

(三) 停工损失的核算

1.停工与停工损失

(1) 停工

停工是指企业因为各种原因而停止产品生产。在确认停工时,应考虑以下因素:

①停工时间

从停工时间方面看,有长期停工(如因季节停工)和临时停工(如因停水、停电等停工)。

②停工范围

从停工范围方面看,有全面停工(如因自然灾害、停业整顿而停工)和局部停工(如因某一条生产线检修而停工)。

③停工原因

从停工原因方面看，有季节性生产停工、固定资产大修理期间停工、停电、停工待料、机械故障停工、自然灾害等。

④从管理的角度

可以把停工分为正常停工（计划内停工）和非正常停工（计划外停工）。

（2）停工损失

停工损失是指企业分厂、车间或车间内班组等生产单位在停工期间发生的各项费用，包括停工期间发生的燃料及动力费、支付的生产工人工资和提取的福利费、应负担的制造费等。

在发生停工损失时，应由停工车间填制"停工报告单"，并在考勤记录中登记。在"停工报告单"内，应详细列明停工的范围、时间、原因及过失等事项。"停工报告单"经有关部门审批后，作为停工损失核算的原始凭证。

为了简化核算，停工不满一个工作日的，一般不计算停工损失。季节性生产企业在停工期间发生的费用，应计入生产成本，不作为停工损失。

2.停工损失的归集

单独核算停工损失的企业，应当增设"停工损失"总分类账，用于归集和分配停工损失。该账户按车间设置明细账，也可在"产品成本"总分类账下设置"停工损失"明细账并相应地在"生产成本"明细账内增设"停工损失"成本项目。"停工损失"的借方归集当期发生的停工损失，贷方分配结转停工损失，月末一般无余额。

不单独核算停工损失的企业，不在"产品成本"账户下设置"停工损失"明细账。停工期间发生的属于停工损失的各项费用，直接计入"制造费用"或"营业外支出"等账户。

3.停工损失的分配

停工损失的分配就是将企业归集在"停工损失"账户内的费用，根据发生停工的原因进行分配和结转。发生停工损失时，借记"停工损失"账户，贷记"原材料""应付职工薪酬""制造费用"等账户。

由于产生停工损失的原因不同，其分配结转的方法也不同。

①由非常灾害等原因造成的停工损失，应计入营业外支出。可以获得赔偿的停工损失，应积极索赔，冲减停工损失，借记"营业外支出""其他应收款"账户，贷记"停工损失"账户。②停工待料、电力中断、机械故障等原因造成的停工损失，应计入产品成本。如果停工车间只生产一种产品，直接计入该产品明细账的"停工损失"成本项目；如果停工车间生产多种产品，则采用分配制造费用的方法，分配计入该车间各种产品明细账的"停工损失"成本项目。编制会计分录时，借记"生产成本"账户，贷记"停工损失"账户。③季节性停产、修理期间停产的停工损失，应计入制造费用，借记"制造费用"账户，贷记"停工损失"账户。

第三节　辅助生产费用与制造费用的核算

一、辅助生产费用的核算

（一）辅助生产费用的归集

1.辅助生产费用核算的内容

生产企业的生产车间按其生产性质可分为基本生产车间和辅助生产车间两类。辅助生产车间从事辅助生产，是为企业基本生产、行政管理等部门提供产品或劳务的车间。例如，为基本生产车间提供工具、模具、修理用备件等产品的车间；为基本生产车间和行政管理等部门提供水、电、气、运输及修理等产品或劳务的车间。

辅助生产车间为基本生产、行政管理等部门提供产品或劳务所耗费的各项费用称为辅助生产费用，其实质就是辅助生产车间生产的产品或提供劳务发生的成本。显然，这些产品或劳务成本最终转化为基本生产的产品成本。所以，正确及时地计算辅助生产产品和劳务的成本，合理分配辅助生产费用，对于降低产品成本、节约费用，以及正确计算产品成本和期间费用有着重要的意义。

2.辅助生产费用归集的方法

为了归集辅助生产费用，企业应设置"生产成本——辅助生产成本"账户，并按辅助生产车间或产品、劳务的种类设置明细账户，账内按成本项目设置专栏，进行明细核算。日常发生的各种辅助生产费用，在"生产成本——辅助生产成本"账户的借方进行归集，月末再分配到各受益产品或部门中去；在辅助生产费用分配后，该账户一般无余额。辅助生产费用归集有两种方法：单独归集"制造费用"法和"制造费用"并入法。

（1）单独归集"制造费用"法

单独归集"制造费用"法是将辅助生产的制造费用与基本生产的制造费用一样，先通过"制造费用——辅助生产车间"明细账单独归集，月末按一定的方法再分配转入"辅助生产成本"账户，计算辅助生产的产品或劳务的成本。这种方法适用于生产两种以上产品或提供多种劳务的辅助生产车间，如机修车间和生产自制工具、模型、修理用备品备件的辅助生产车间。

（2）"制造费用"并入法

"制造费用"并入法是将辅助生产车间发生的制造费用直接或分配计入辅助生产成本账户，计算辅助生产产品或劳务的成本。这种方法不单独设置辅助生产车间的"制造费用"账户，简化了核算，适用于规模很小、产品或劳务单一、制造费用很少且辅助生产不对外提供产品或劳务的辅助生产车间，如供水、供电、供气车间和运输车间。

（二）辅助生产费用的分配

1.辅助生产费用分配的特点

辅助生产费用的分配，就是将归集在"辅助生产成本"账户及其明细账的辅助生产费用，通过一定的程序和方法在各受益部门之间进行分配。由于辅助生产车间提供的产品和劳务的种类不同，其费用分配结转的程序和方法也不一样。

生产工具、模具和修理用备件等产品的辅助生产，其发生的费用，应计入工具、模具和修理用备件等产品的成本，在产品完工时，从"辅助生产成本"账户的贷方分别转入"低值易耗品"和"原材料"账户；有关部门、单位领用时，再从"低值易耗品""原材料"账户的贷方转入"制造费用""管理费用"等账户的借方。提供水、电、修理、运输等产品或劳务的辅助生产，其发生的费用应在各受益部门之间依据受益程度按比例分配。

辅助生产费用分配的一般原则如下：对能确认为某一基本生产车间或为某一产品、批别所耗用的辅助生产费用，应将其直接计入该车间的制造费用中；其他辅助生产费用，应按一定的分配标准分配给各受益单位，即谁受益谁分担。辅助生产费用的分配是通过编制辅助生产费用分配表进行的。

2.辅助生产费用的分配方法

辅助生产费用分配的方法主要有直接分配法、交互分配法、顺序分配法、计划成本分配法和代数分配法。

（1）直接分配法

直接分配法是指不考虑辅助生产车间之间相互提供的产品或劳务，而将辅助生产车间发生的费用全部直接向辅助生产车间以外的各受益对象进行分配的方法。这种方法的特点是辅助生产车间之间不分配辅助生产费用，也就是说既不转出，也不转入。

采用直接分配法，由于各辅助生产费用只是对外分配，各辅助生产车间之间相互耗用的费用不考虑，简化了计算工作。但当辅助生产车间之间的费用差额较大时，会影响分配结果的准确性。因此，直接分配法一般适用于辅助生产车间不相互提供产品、劳务或提供产品、劳务较少的情况。

（2）交互分配法

交互分配法，也称一次交互分配法，是先将归集的辅助生产费用在各辅助生产单位之间进行交互分配，然后计算出交互分配后的费用，再对辅助生产单位以外的受益部门进行分配的一种方法。交互分配法分配辅助生产费用的步骤如下：

①第一次分配

第一次分配，也称交互分配或对内分配，根据各辅助生产车间发生的原始辅助生产费用和其提供的产品或劳务的总量计算出费用分配率，在辅助生产车间之间进行一次交互分配，从而计算出各辅助生产车间的实际费用（即交互分配前的费用，加上分配转入的费用，减去分配转出的费用）。

②第二次分配

第二次分配，也称对外分配，根据各辅助生产车间的实际费用和其向辅助生产车间以外的受益对象提供的产品或劳务的数量计算出的费用分配率，在辅助生产车间以外的各受益对象之间进行分配。

由于对辅助生产车间之间提供的产品或劳务的费用进行了交互分配，交互分配法提高了分配结果的客观性和准确性，同时，这种方法也易于理解和计算。但是由于在交互分配中分配率是根据各辅助生产车间的直接费用进行计算的，不是各辅助生产车间的实际单位成本，所以分配结果也不是很精确。因此，交互分配法适用于各辅助生产车间之间相互提供产品或劳务较多的企业。

（3）顺序分配法

顺序分配法，又称梯形分配法，是指按照各辅助生产单位相互提供产品或劳务数量多少的顺序，依次分配辅助生产费用的一种方法。

首先，将各辅助生产单位按相互间受益多少依次排序，受益少的排在前，受益多的排在后；其次，将排在前的辅助生产费用先分配出去，分配时向排在后的辅助生产单位分配费用，排在后的辅助生产单位的费用后分配（排在后的辅助生产单位的费用包括本车间的辅助生产费用和前面辅助生产单位分配来的费用），即排在后面的辅助生产单位不能向排在其前面的辅助生产单位分配费用。

采用顺序分配法，各辅助生产车间之间不进行交互分配，各辅助生产费用只分配一次，计算简单。但排在前面的辅助生产单位不负担后面的辅助生产费用，分配结果的正确性受到一定的影响。因此，这种方法只适用于在各辅助生产单位之间相互受益程度存在明显差异，可进行排序的情况下采用。

（4）计划成本分配法

计划成本分配法是根据辅助生产车间的产品或劳务的单位计划成本和各受益对象所耗用的产品或劳务数量进行辅助生产费用分配，然后再将计划成本分配额与实际费用之间的差额（即辅助生产成本差异）进行调整分配。一般来讲，如果制订的单位计划成本较为准确，辅助生产成本差异就不会很大，为简化计划，差异可全部调整计入管理费用。

采用计划成本分配法，由于是按照事先确定的计划单位成本进行分配，不必单独计算费用分配率，而且各辅助生产费用只分配一次，从而简化和加速了成本计算工作。这种分配方法不仅能反映和考核辅助生产车间的成本计划执行情况，而且还便于分析和考核各受益对象的成本，便于分清企业内部各部门的经济责任。但是计划单位成本的制定要求较高，不能与实际误差太大，否则会影响分配结果的准确性。所以，计划成本分配法一般适用于定额管理较好、计划成本资料比较准确的企业。

（5）代数分配法

代数分配法是根据代数中解多元一次方程的原理，先计算出各辅助生产车间产品劳务的单位成本（即分配率），然后根据该单位成本和各受益对象耗用辅助生产车间产品或劳务数量进行辅助生产费用分配的一种方法。计算步骤如下：

①为每个辅助生产车间提供的产品或劳务的单位成本设立一个未知数，有几个辅助生产车间设几个未知数，建立多元一次方程组。②解多元一次方程组，计算出各辅助生产车间产品或劳务的单位成本。③根据单位成本和各受益对象耗用辅助生产车间产品或劳务数量计算出各受益对象应分配辅助生产费用。

采用代数分配法分配辅助生产费用，分配结果最准确。但在分配前要先解联立方程，如果辅助生产车间较多，未知数也较多，计算工作量就会大大增加，计算也比较复杂，因此，这种方法一般适用于已实行电算化的企业。

二、制造费用的核算

（一）制造费用的内容

制造费用是指企业为生产产品或提供劳务而发生的、应计入产品成本或劳务成本，但没有专设成本项目的各种生产费用。虽然制造费用不直接计入产品成本，但通过归集和分配后最终会转入产品或劳务的成本。

制造费用的内容比较复杂，包括职工薪酬、折旧费、租赁费、机物料消耗、低值易耗品摊销、水电费、办公费和劳动保护费等。它是一个由多种成分组成的综合性费用。具体内容包括：

①间接用于产品或劳务的生产费用，如机物料消耗，车间辅助人员的工资及福利费，车间厂房的折旧费、租赁费和保险费，车间生产用的照明费、取暖费、运输费、劳动保护费，以及季节性停产和生产设备修理期间的停工损失等。这部分费用在制造费用中占较大比重。②直接用于产品或劳务的生产费用，但管理上不要求或不便于单独核算，因而未设成本项目的费用，如生产用机器设备的折旧费、租赁费和保险费，设计制图费，试验检验费等。③车间用于组织和管理生产的费用。例如，车间管理人员工资及福利费，车间管理用房和设备折旧费、租赁费和保险费，车间管理用具摊销，车间照明费、水费、差旅费、办公费、取暖费和劳务保护费，在产品季节性停工损失和生产用固定资产修理期间的停工损失等。

（二）制造费用的归集

为了归集和分配制造费用，企业应设置"制造费用"账户。该账户应按车间或部门设置明细账，一般选用多栏式账户登记，明细账内按不同的费用项目设专栏，如职工薪酬、折旧费、机物料消耗、水电费、劳动保护费、差旅费、办公费、保险费及其他，进行明细核算。日常发生的各种制造费用，在"制造费用"账户的借方进行归集；在制造费用分配后，该账户一般无余额。

(三) 制造费用的分配

1.制造费用的分配原则

企业归集的制造费用，期末必须采用一定的分配标准和方法，分配转入有关产品成本或劳务成本。分配转入的原则为，只生产一种产品或提供一种劳务的车间，制造费用直接计入该车间产品或劳务的成本；生产多种产品或提供多种劳务的车间，制造费用应分配计入各种产品或劳务的成本。

企业的组织结构为车间、分厂和总厂的情况下，分厂发生的制造费用比照车间发生的制造费用在分厂各产品或劳务之间分配，总厂发生的制造费用在全厂各产品或劳务之间分配。

2.制造费用的分配方法

制造费用的分配方法主要有生产工人工时比例法、机器工时比例法、生产工人工资比例法和年度计划分配率分配法等。企业应根据自己的实际情况，选择合理的分配方法；分配方法一经确定，不能随意变动，以保证产品成本的客观性和可比性。不论采用哪种分配方法，都应根据分配计算的结果编制制造费用分配表，据此进行制造费用分配的总分类核算和明细核算。

(1) 生产工人工时比例法

生产工人工时比例法，是按照生产各种产品所用生产工人实际工时的比例分配制造费用的方法。计算公式为：

$$制造费用分配率 = \frac{制造费用总额}{各产品生产工时总额}$$

某种产品应分配的制造费用＝该种产品生产工时×制造费用分配率

按生产工人工时比例法分配制造费用，其优点是能将劳动生产率和产品负担的费用水平联系起来。如果劳动生产率提高，则产品耗用的生产工时减少，所负担的制造费用也就降低，因而分配结果较为合理。但采用这种方法必须做好生产工时的记录与核算工作。因此，生产工人工时比例法适用于机械化程度较低或各种产品工艺机械化程度大致相同的企业。

(2) 机器工时比例法

机器工时比例法，是按照各产品生产机器设备运转时间的比例分配制造费用的方法。

计算公式为：

$$制造费用分配率 = \frac{制造费用总额}{各产品机器工时之和}$$

某种产品应分配的制造费用＝该种产品机器工时×制造费用分配率

机器工时比例法的分配方法与生产工人工时比例法方法基本相同。由于机械化程度较高的车间发生的制造费用，机器设备折旧费、修理费的比重较大，而人工费用较小，因此，在机械化程度高的车间使用机器工时比例法分配制造费用比较合理。采用这种方法时，必须做好各种产品机器工时的记录工作，以保证工时的准确性。

（3）生产工人工资比例法

生产工人工资比例法是指按照各种产品或劳务工人工资的比例分配制造费用的方法。

计算公式为：

$$制造费用分配率 = \frac{制造费用总额}{各产品生产工人工资总额}$$

某种产品应分配的制造费用=该种产品生产工人工资×制造费用分配率

由于生产工人工资的资料可以在工资费用分配表中得到，因此按照生产工人工资比例法分配制造费用，核算过程比较简便。但由于生产各种产品的机械化程度不同，其所负担的制造费用会很不合理，所以这种分配方法适用于各种产品的机械化程度或需要工人的操作技能大致相同的情况。

（4）年度计划分配率分配法

年度计划分配率分配法，是按照确定的年度计划分配率分配制造费用的方法。采用这种分配方法，无论各月实际发生的制造费用是多少，每月各种产品中的制造费用都按照年度计划分配率分配。但在年度内如果全年实际发生的制造费用与计划数额发生较大差额时，应及时调整年度计划分配率。计算公式为：

$$年度计划分配率 = \frac{年度制造费用计划总额}{年度各产品计划产量的定额工时总数}$$

"制造费用"账户如果有年末余额，就是全年制造费用实际发生额与计划分配额的差额，一般在年末按一定的方法分配计入12月份的产品成本中，借记"生产成本——基本生产成本"账户，贷记"制造费用"账户。实际发生额大于计划分配额时，用蓝字补记；实际发生额小于计划分配额时，用红字冲减。计算公式为：

$$差异额分配率 = \frac{差异额}{按年度计划分配率分配的制造费用}$$

某产品应分配的差异额=该产品按计划分配率分配的制造费用×差异额分配率

按年度计划分配率分配法分配制造费用，适用于季节性生产企业，可以使企业旺季与淡季的制造费用均衡地计入产品生产成本。采用这种分配方法时，制定的计划成本应尽可能接近实际；如果年度制造费用的计划数脱离实际过大，就会影响成本计算的准确性。

第八章 资产的核算

第一节 固定资产的核算

一、认识固定资产

（一）固定资产概述

1.固定资产的定义

固定资产，是指企业为生产产品、提供劳务、出租或经营管理而持有的，使用寿命超过一个完整会计年度的有形资产。固定资产主要包括房屋建筑物、机器设备、运输工具以及其他设备等。

2.固定资产的特征

与流动资产相比，固定资产具有以下特点。

①企业持有固定资产的目的是生产商品、提供劳务、出租或经营管理，而不像存货一样直接用于出售。其中，出租是指企业将拥有或控制的机器设备、运输工具以及其他设备等以经营租赁方式出租。②固定资产的使用寿命通常超过一个完整会计年度，这是固定资产区别于流动资产的重要标志。固定资产的使用寿命是指固定资产所能给企业带来经济利益的期间，或生产产品、提供劳务的总数量。③固定资产属于有形资产，该特征是固定资产区别于无形资产的重要标志。有些无形资产可能同时符合固定资产的其他特征，如无形资产是为生产商品、提供劳务而持有，使用寿命超过一个会计年度；但是，无形资产没有实物形态，不属于固定资产。

3.固定资产的确认条件

固定资产同时满足以下两个条件时，才能确认。

（1）与该固定资产有关的经济利益很可能流入企业（流入的概率大于50%）

企业在确认固定资产时，需要判断与该项固定资产有关的经济利益是否很可能流入企业。衡量的标准是以50%作为临界点，如果与该资产有关的经济利益流入企业的概率大于50%，则认为与该资产有关的经济利益很可能流入企业。在实际工作中，主要是通过判断与该固定资产所有权相关的风险和报酬是否转移到了企业来进行综合判断。

（2）该固定资产的成本能够可靠计量

成本能够可靠计量是资产确认的基本条件。某项资产是否要确认为固定资产，除了满足固定资产定义和与该资源有关的经济利益很可能流入企业外，还应当满足企业取得该资源所发生的支出必须能够可靠计量。企业在确定固定资产成本时，有时需要根据所获得的最新资料，对固定资产的成本进行合理估计。如果企业能够合理地估计出固定资产的成本，则视同固定资产的成本能够可靠地计量。

（二）固定资产的分类

固定资产的种类、外形特征、规格型号、用途等各不相同，因此，企业应当根据管理和核算的需要，对固定资产进行科学合理的分类。

1. 按经济用途划分

固定资产按经济用途可以分为生产经营用固定资产和非生产经营用固定资产。

2. 按使用情况划分

固定资产按使用情况可以分为使用中的固定资产、未使用的固定资产、不需用的固定资产和租出的固定资产。

3. 按所有权划分

固定资产按所有权可以分为自有固定资产和租入固定资产。

4. 按经济用途和使用情况划分

固定资产按经济用途和使用情况可以分为生产经营用固定资产、非生产经营用固定资产、租出固定资产、不需用固定资产、未使用固定资产、土地和融资租入固定资产。

（三）固定资产的计价

固定资产计价，是指固定资产价值的计量。不同方式取得的固定资产，其计价方法是不一致的。固定资产的计价主要包括历史成本、重置成本、公允价值。

1. 历史成本

历史成本又称实际成本，是指取得或制造某项固定资产时所实际支付的现金或者现金等价物金额。在历史成本计量下，固定资产按照其购置时支付的现金或现金等价物的金额，或者按照购置资产时所付出的对价的公允价值计量。一般情况下，固定资产按照历史成本计量。

2. 重置成本

重置成本又称现行成本，是指按照当前市场条件，重新取得同样一项固定资产所需支付的现金或现金等价物金额。在重置成本下，固定资产按照现在购买相同或者相似资产所需支付的现金或者现金等价物的金额计量。固定资产在盘盈时,一般按照重置成本计量。

3.公允价值

公允价值是指在公平交易中,熟悉情况的交易双方自愿进行固定资产交换的金额。在公允价值计量下,固定资产按照在公平交易中,熟悉情况的交易双方自愿进行交换的金额计量。一般在非货币性资产交换或接受投资者投入固定资产时,按照公允价值计量。

(四) 应设置的会计科目

为了加强对固定资产进行核算,企业根据管理要求一般需要设置"固定资产""累计折旧""工程物资""在建工程""固定资产清理""固定资产减值准备""资产处置损益"等科目,核算固定资产的取得、计提折旧、处置等情况。

1."固定资产"科目

为了核算固定资产的增减变动及其余额,企业应当设置"固定资产"科目。该科目属于资产类科目,借方登记企业增加的固定资产原价,贷方登记企业减少的固定资产原价;期末余额在借方,表示企业期末固定资产的原价。

2."累计折旧"科目

为了核算固定资产累计计提折旧的情况,企业应设置"累计折旧"科目。该科目属于"固定资产"科目的备抵科目,贷方登记计提的固定资产折旧,借方登记减少固定资产转出的累计已提折旧额;期末余额在贷方,反映企业累计计提的固定资产折旧额。

3."工程物资"科目

为了核算企业为构建固定资产而准备的工程物资的增减变动情况,企业应设置"工程物资"科目。该科目属于资产类科目,借方登记企业购入工程物资的实际成本,贷方登记领用工程物资的实际成本;期末余额在借方,表示企业为工程购入但尚未领用的工程物资的实际成本。

4."在建工程"科目

为了核算企业为构建固定资产而建造的工程成本,企业应设置"在建工程"科目。该科目属于资产类科目,借方登记企业各项在建工程的实际支出,贷方登记完工工程转出的实际支出;期末余额在借方,表示企业尚未完工的工程发生的实际支出。

5."固定资产清理"科目

为了核算企业因出售、报废和毁损等转入清理的固定资产价值及其在清理过程中所发生的清理支出以及清理收益的情况,企业应设置"固定资产清理"科目。该科目属于资产类科目,借方登记转入清理的固定资产净值、清理过程中发生的清理费用以及应交的税金,贷方登记清理固定资产的变价收入、保险公司或过失人的赔偿款等;清理完毕后该科目没有余额。

二、固定资产的初始计量

固定资产的初始计量是通过计算确定固定资产在不同方式下取得时的入账价值。一般而言,固定资产应当按历史成本进行初始计量,已经确认登记入账的固定资产成本称为固定资产原价。在实际工作中,企业取得固定资产的方式和途径各不相同,固定资产成本的确认和计量也有所不同。

(一) 外购方式取得固定资产的核算

外购方式取得固定资产的成本主要包括购买价款、相关税费(不含可以抵扣的增值税)、使固定资产达到预定可使用状态前所发生的可归属于该项资产的运输费、装卸费、保险费、安装费和专业人员服务费等。

1.购入不需要安装的固定资产

购入不需要安装的固定资产,是指购入不需要安装就可以直接使用的固定资产,其成本一般包括购买价款,相关税费(不含可以抵扣的增值税),使固定资产达到预定可使用状态前所发生的可归属于该项资产的运输费、装卸费、保险费和专业人员服务费等。

购入不需要安装的固定资产时的会计分录如下:

借:固定资产

应交税费—应交增值税(进项税额)

贷:银行存款

应付账款

应付票据等

2.购入需要安装的固定资产

购入需要安装的固定资产,是指购入需要经过安装、调试达到预定可使用状态才可以使用的固定资产,其成本一般包括购买价款,相关税费(不含可以抵扣的增值税),使固定资产达到预定可使用状态前所发生的可归属于该项资产的运输费、装卸费、保险费、安装费和专业人员服务费等。

(1)购入需要安装的固定资产时的会计分录:

借:在建工程

应交税费—应交增值税(进项税额)

贷:银行存款

应付账款

应付票据等

(2)安装固定资产时的会计分录:

借:在建工程

贷:原材料

银行存款

应付账款

应付票据等

（3）安装完毕达到预定可使用状态时的会计分录：

借：固定资产

贷：在建工程

3.延期付款购入固定资产

如果企业购买固定资产的价款超过正常信用条件延期支付的，实质上具有融资性质，该固定资产的成本应当以购买价款的现值为基础确定。实际支付的价款与购买价款现值之间的差额，确认为未确认融资费用，在延期付款期间按规定分次转入企业的财务费用。

（1）延期付款购入固定资产时的会计分录：

借：固定资产（不需要安装）

在建工程（需要安装）

未确认融资费用

贷：长期应付款

（2）分摊未确认融资费用时的会计分录：

借：财务费用

贷：未确认融资费用

（二）自行建造固定资产的核算

自行建造的固定资产，是指企业自行组织采购工程物资、自行组织施工人员从事工程施工完成固定资产或与第三方签订建造合同委托第三方建造完成的固定资产。自行建造的固定资产的成本由自建造该项资产开始至达到预定可使用状态前所发生的合理的必要的支出构成，主要包括工程物资成本、人工成本、交纳的相关税费、应予资本化的借款费用以及应分摊的间接费用等。企业自行建造固定资产有两种方式：自营方式和出包方式。

1.自营方式建造固定资产

企业以自营方式建造固定资产是指企业自行组织采购工程物资、组织施工人员施工建造。自营方式建造的固定资产的成本应当按照实际发生的工程物资、施工人员工资薪酬、机械施工费等进行确认。

（1）购入为工程准备的物资时的会计分录：

借：工程物资

应交税费—应交增值税（进项税额）

贷：银行存款

应付账款

应付票据等

（2）工程领用工程物资时的会计分录：

借：在建工程

贷：工程物资

（3）工程领用本企业材料时的会计分录：

借：在建工程

贷：原材料

（4）结算工程负担的职工薪酬时的会计分录：

借：在建工程

贷：应付职工薪酬

（5）结算辅助生产部门为工程提供的水费、电费、设备安装等劳务时的会计分录：

借：在建工程

贷：生产成本—辅助生产成本

（6）工程进行负荷联合试车发生相关费用时的会计分录：

借：在建工程

贷：银行存款

应付票据

原材料等

（7）试车形成的产品或副产品对外销售或转为库存商品时的会计分录：

借：银行存款

应收票据

库存商品等

贷：在建工程

（8）工程达到预定可使用状态，结转工程成本时的会计分录：

借：固定资产

贷：在建工程

注意：已达到预定可使用状态但尚未办理竣工决算手续的固定资产，应按估计价值入账，待确定实际成本后再进行调整，已计提的折旧不再调整。

2.出包方式建造固定资产

采用出包方式建造固定资产，企业要与建造承包商签订建造合同。企业的新建、改建、扩建等建设项目，通常均采用出包方式。

企业以出包方式建造固定资产，其成本由建造该项固定资产起至达到预定可使用状态前所发生的合理的必要支出构成，包括发生的建筑工程支出、安装工程支出，以及需分摊计入的待摊支出。

以出包方式建造固定资产的具体支出,由建造承包商核算,"在建工程"科目实际成为企业与建造承包商的结算科目,企业将与建造承包商结算的工程价款作为工程成本,统一通过"在建工程"科目进行核算。

(1) 按照发包的工程合同规定预付工程款时的会计分录:

借:预付账款

贷:银行存款

(2) 按照工程进度或合同规定的进度付款时的会计分录:

借:在建工程

贷:银行存款

　　预付账款

(3) 按照合同规定补付工程款时的会计分录:

借:在建工程

贷:银行存款

(4) 工程完工达到预定可使用状态,转入固定资产时的会计分录:

借:固定资产

贷:在建工程

(三) 投资者投入固定资产的核算

投资者以固定资产的方式进行投资,应当按照投资合同或协议约定的价值入账(投资合同或协议约定价值不公允的除外)。企业收到投资者投入的固定资产,一方面,固定资产增加,另一方面,实收资本或股本增加。

收到投资者投入的固定资产时的会计分录:

借:固定资产

贷:实收资本(或股本)

　　资本公积

(四) 租入固定资产的核算

租入固定资产是企业通过租赁的方式获取固定资产的使用权。租赁有两种形式:一种是融资租赁;另一种是经营租赁。

1.融资租赁

融资租赁,是指实质上转移了与资产所有权有关的全部风险和报酬的租赁。融资租赁方式下,租赁资产的所有权最终可能转移,也可能不转移。由于在租赁期内承租企业实质上获得了融资租入资产所提供的主要经济利益,同时承担了与融资租入资产有关的风险,因此承租企业应将融资租入资产作为一项固定资产计价入账,同时确认相应的负债,并且在租赁期间计提固定资产折旧。

(1) 融资租入的固定资产,在租赁期开始日的会计分录:

借:固定资产(不需要安装)

在建工程（需要安装）

未确认融资费用（长期应付款与固定资产的入账价值之间的差额）

贷：长期应付款

银行存款

（2）未确认融资费用在租赁期间按一定的标准进行摊销时的会计分录：

借：财务费用

贷：未确认融资费用

2.经营租赁

在租赁活动中，如果一项租赁在实质上没有转移与租赁资产所有权有关的全部风险和报酬，那么该项租赁应认定为经营租赁。在经营租赁中，企业不需要将租赁资产资本化，只需要将支付或应付的租金按一定方法计入相关资产成本或当期损益。通常情况下，企业应当将经营租赁的租金在租赁期内各个期间，按照直线法计入相关资产成本或者当期损益。

（1）经营租赁开始日，按照合同或协议约定预付租金时的会计分录：

借：预付账款

贷：银行存款

（2）支付各期租金时的会计分录：

借：管理费用

销售费用等

贷：预付账款

银行存款等

（五）其他方式取得固定资产的核算

1.接受捐赠的固定资产

接受捐赠获得的固定资产，应当根据捐赠设备的发票等有关单据确定其价值。通过捐赠获得固定资产时的会计分录：

借：固定资产

应交税费—应交增值税（进项税额）

贷：营业外收入

银行存款等

2.政府无偿调入的固定资产

企业按照报经有关部门批准无偿调入的固定资产，按调出单位的账面价值加上新的安装成本、包装费、运杂费等作为调入固定资产的入账价值。

（1）收到政府无偿调入固定资产时的会计分录：

借：在建工程（需要安装）

固定资产（不需要安装）

贷：资本公积—无偿调入固定资产
　　银行存款

（2）发生安装费时的会计分录：

借：在建工程
贷：银行存款
　　应付职工薪酬等

（3）需安装的固定资产达到可使用状态时的会计分录：

借：固定资产
贷：在建工程

三、固定资产的折旧

（一）折旧概述

1. 折旧的定义

折旧，是指在固定资产使用寿命内，按照确定的方法对应计折旧额进行系统分摊。其中，应计折旧额，是指应当计提折旧的固定资产原价减去预计净残值后的金额；已计提减值准备的固定资产，还应当扣除已计提的固定资产减值准备累计金额。预计净残值，是指固定资产预计使用寿命达到预计期限并处于使用寿命终了时的预期状态，企业从该项资产处置中获得的净现金流量。

企业应当根据固定资产的性质和使用情况，合理确定固定资产的使用寿命和预计净残值。固定资产的使用寿命、预计净残值一经确定，不得随意变更。

2. 固定资产折旧的范围

企业应当对所有固定资产计提折旧。但是，已提足折旧仍继续使用的固定资产和单独计价入账的土地除外。企业在计提固定资产折旧时，应当注意下列几种情况。

①企业应按月计提固定资产折旧，当月增加的固定资产，当月不提折旧，从下月起计提折旧；当月减少的固定资产，当月照提折旧，从下月起不提折旧。固定资产提足折旧后，不论能否继续使用，均不再提取折旧；提前报废的固定资产，也不再补提折旧。②已达到预定可使用状态但尚未办理竣工决算的固定资产，应当按照估计价值确定其成本，并计提折旧；待办理竣工决算后再按实际成本调整原来的暂估价值，但不需要调整原已计提的折旧额。③处于更新改造过程停止使用的固定资产，应将其账面价值转入在建工程，不再计提折旧。更新改造项目达到预定可使用状态转为固定资产后，再按照重新确定的折旧方法和该项固定资产尚可使用年限计提折旧。④融资租入的固定资产，应当采用与自有应计提折旧资产相一致的折旧政策。

3. 影响固定资产折旧的因素

影响固定资产折旧的因素主要包括以下四个方面。

①固定资产原值，即固定资产的账面成本，一般固定资产的原值越高，应计提的

折旧就越多。②固定资产减值准备，是指固定资产已计提的固定资产减值准备累计金额。一般而言，已计提固定资产减值准备的固定资产，应计提的折旧会减少。③固定资产的预计净残值，是指假定固定资产预计使用寿命已满并处于使用寿命终了时的预期状态，企业从该项资产处置中获得的净现金流量。由于在计算折旧时，对固定资产的残余价值和清理费用是人为估计的，所以固定资产预计净残值的确定有一定的主观性。④固定资产的使用寿命，是指企业使用固定资产的预计期间，或者该固定资产所能生产产品或提供劳务的数量。固定资产使用寿命直接影响各期应计提的折旧额。

（二）固定资产折旧的方法

企业应当根据与固定资产有关的经济利益的预期实现方式，合理选择折旧方法。固定资产折旧方法包括年限平均法、工作量法、双倍余额递减法和年数总和法等。企业选用不同的折旧方法，将影响固定资产使用寿命期间内不同时期的折旧费用，因此，固定资产的折旧方法一经确定，不得随意变更。

1.年限平均法

年限平均法又称直线法，是指将固定资产的应计折旧额均衡地分摊到固定资产预计使用寿命内的一种方法。采用这种方法计算的每期折旧额相等。

采用年限平均法计提固定资产折旧的计算公式如下：

固定资产年折旧额=（固定资产原价-预计净残值）÷预计使用年限固定资产月折旧额=固定资产年折旧额÷12

或

固定资产年折旧率=（1-预计净残值率）÷预计使用年限×100% 固定资产月折旧率=固定资产年折旧率÷12

固定资产月折旧额=固定资产原价×固定资产月折旧率

2.工作量法

工作量法是按照固定资产预计所完成的工作量计算折旧额的方法。工作量法计提折旧考虑了固定资产在各个期间的磨损情况，通过固定资产承担的工作量来分摊固定资产折旧。这种方法一般适用于一些专用设备、运输工具等。

采用工作量法计提固定资产折旧的计算公式如下。

单位工作量折旧额=（固定资产原价-预计净残值）÷预计总工作量

固定资产月折旧额=固定资产当月工作量×单位工作量折旧额

①按里程计算折旧的公式。

单位行驶里程折旧额=（固定资产原价-预计净残值）÷预计总行驶里程

或

单位行驶里程折旧额=［固定资产原价×（1-预计净残值率）］÷预计总行驶里程

固定资产月折旧额=固定资产当月行驶里程×单位行驶里程折旧额②按照工作小

时计算折旧的公式。

固定资产每小时折旧额＝（固定资产原价－预计净残值）÷预计总小时数或

固定资产每小时折旧额＝［固定资产原价×（1－预计净残值率）］÷预计总小时数

固定资产月折旧额＝固定资产当月工作小时数×固定资产每小时折旧额

3.双倍余额递减法

双倍余额递减法是指在不考虑固定资产预计净残值的情况下，根据每期期初固定资产原价减去累计折旧后的金额和双倍的直线法折旧率计算固定资产折旧的一种方法。应用这种方法计算折旧额时，由于每年年初固定资产净值没有扣除预计净残值，所以应在其折旧年限到期前两年内，将固定资产净值扣除预计净残值后的余额平均摊销。

采用双倍余额递减法计提固定资产折旧的计算公式如下：

固定资产年折旧率＝2÷预计使用年限×100%

固定资产月折旧率＝固定资产年折旧率÷12

固定资产月折旧额＝（固定资产原价－累计折旧）×月折旧率

4.年数总和法

年数总和法又称年限合计法。它将固定资产的原价减去预计净残值后的余额，乘以以固定资产尚可使用寿命为分子、以预计使用寿命逐年数字之和为分母的逐年递减的分数，计算每年的折旧额。

采用余数点和法计提固定资产折旧的计算公式如下：

固定资产年折旧率＝尚可使用寿命÷预计使用寿命的年数总和×100%

固定资产月折旧率＝年折旧率÷12

固定资产月折旧额＝（固定资产原价－预计净残值）×月折旧率

（三）固定资产折旧的业务处理

企业计提固定资产折旧，应当根据固定资产的用途计入相关资产的成本或者当期损益。一般而言，基本生产车间使用的固定资产，计提的折旧应计入制造费用；行政管理部门使用的固定资产，计提的折旧应计入管理费用；销售部门使用的固定资产，计提的折旧应计入销售费用；研发无形资产使用的固定资产，计提的折旧计入研发支出；工程使用的固定资产，计提的折旧计入在建工程；出租的固定资产，计提的折旧计入其他业务成本；未使用固定资产，其计提的折旧应计入管理费用。

计提固定资产折旧时的会计分录：

借：制造费用

　　管理费用

　　销售费用

　　研发支出

在建工程

其他业务成本

贷：累计折旧

企业至少应当于每年年度终了，对固定资产使用寿命和预计净残值进行复核。如有证据表明固定资产的使用寿命估计数与原先计划有差异的，应当调整固定资产使用寿命；固定资产预计净残值与原先计划有差异的，应当调整预计净残值。

在固定资产使用过程中，与其有关的经济利益预期实现方式也可能发生重大变化，在这种情况下，企业也应相应改变固定资产的折旧方法。固定资产使用寿命、预计净残值和折旧方法的改变按照会计估计变更的有关规定进行处理。

四、固定资产的后续支出

固定资产的后续支出，是指固定资产在使用过程中发生的更新改造支出、修理费用等。企业将固定资产投入使用后，因为市场的变化、技术的进步等，固定资产的目前状态无法满足生产经营的需要，企业为了获取更多的经济利益，往往会对现有固定资产进行维修、改建、扩建或者提升性能。固定资产的后续支出，满足资本化条件的，应当计入固定资产的成本；不满足资本化条件的，在发生时计入当期损益。

（一）固定资产后续支出的处理原则

固定资产的后续支出，应当遵循相关规定和处理原则，即固定资产的后续支出如果符合固定资产确认条件的，应当计入固定资产成本，同时将被替换部分的账面价值扣除；固定资产的后续支出如果不符合固定资产确认条件的，应当计入当期损益。

（二）资本化支出的核算

固定资产的后续支出符合固定资产确认条件的，应当计入固定资产成本，同时将被替换部分的账面价值扣除。固定资产发生可资本化的后续支出时，企业应当将该固定资产的原价、已计提的累计折旧、已计提的固定资产减值准备转销，将其账面价值转入在建工程，并停止计提折旧。发生的可资本化的后续支出，通过"在建工程"科目核算；在固定资产发生的可资本化后续支出完成并达到预定可使用状态时，再从在建工程转为固定资产，并按重新确定的使用寿命、预计净残值和折旧方法计提折旧。

1.将固定资产转入改造时的会计分录：

借：在建工程

累计折旧

固定资产减值准备

贷：固定资产

2.改造过程中领用工程物资时的会计分录：

借：在建工程

贷：工程物资

3.改造过程中发生工程人员的工资、出包工程所支付的工程价款、应由工程负担的借款费用、税金及其他有关费用等的会计分录：

借：在建工程

贷：应付职工薪酬

银行存款

长期借款等

4.工程改造完成达到预定可使用状态时的会计分录：

借：固定资产

贷：在建工程

（三）费用化支出的核算

固定资产投入使用后，其磨损及各组成部分耐用程度的不同可能导致局部损坏。为了保证固定资产的正常生产能力，发挥它应有的工作效能，企业必须加强对固定资产的维护和修理。固定资产的日常维护支出通常不满足固定资产的确认条件，应在发生时直接计入当期损益。企业生产车间和行政管理部门等发生的固定资产修理费用等后续支出计入管理费用；企业专设销售机构的，发生的与专设销售机构相关的固定资产修理费用等后续支出计入销售费用。固定资产更新改造支出不满足固定资产确认条件的，也应在发生时直接计入当期损益。

发生费用化支出时的会计分录：

借：管理费用

销售费用等

贷：银行存款

应付职工薪酬

原材料等

五、固定资产的处置

固定资产处置是企业将不需用、不能用的固定资产进行处置。一般而言，固定资产处置包括固定资产的出售、转让、报废或毁损、对外投资、非货币性资产交换、债务重组等情况。

（一）固定资产终止确认的条件

固定资产满足下列条件之一的，应当予以终止确认。

1.该固定资产处于处置状态

处于处置状态的固定资产不再用于生产商品、提供劳务、出租或经营管理，因此不再符合固定资产的定义，应予终止确认。

2.该固定资产预期通过使用或处置不能产生经济利益

固定资产的确认条件之一是与该固定资产有关的经济利益很可能流入企业，如果一项固定资产预期通过使用或处置不能产生经济利益，就不再符合固定资产的定义和确认条件，应予终止确认。

（二）固定资产处置的业务处理

企业出售、转让、报废固定资产或发生固定资产毁损，应当将处置收入扣除账面价值和相关税费后的金额计入当期损益。固定资产的账面价值是固定资产成本扣减累计折旧和累计减值准备后的金额。固定资产处置一般通过"固定资产清理"科目进行核算。

1.固定资产转入清理

固定资产转入清理时的会计分录：

借：固定资产清理（按处置时固定资产的账面价值）

累计折旧（按处置时累计计提的折旧额）

固定资产减值准备（按处置时累计计提的减值准备）

贷：固定资产（按固定资产的账面余额）

2.发生的清理费用

清理过程中发生相关费用时的会计分录：

借：固定资产清理

贷：银行存款

应交税费等

3.出售收入、残料等的处理

收回出售固定资产的价款、残料变价收入时的会计分录：

借：银行存款等

贷：固定资产清理

应交税费—应交增值税（销项税额）

4.保险赔款的处理

确认或收到应由保险公司或过失人赔偿的损失时的会计分录：

借：其他应收款

银行存款等

贷：固定资产清理

5.清理净损益的处理

（1）固定资产清理完成后，结转净损失的会计分录：

借：营业外支出（非流动资产毁损、报废损失）

资产处置损益（日常活动非流动资产销售等形成的损失）

贷：固定资产清理

（2）固定资产清理完成后，结转净收益的会计分录：

借：固定资产清理

贷：营业外收入（非流动资产毁损、报废利得）
资产处置损益（日常活动非流动资产销售等形成的利得）

六、固定资产清查与固定资产期末计价

（一）固定资产清查

企业应当定期或不定期对企业的固定资产进行清查，确定固定资产的实有数量，并和企业的账面记录进行核对，确保固定资产核算资料的真实、准确。在固定资产清查过程中，如果发现盘盈、盘亏的固定资产，应填制固定资产盘盈盘亏报告表。盘盈、盘亏固定资产，应当按照规定的程序报董事会批准并处理。

1.盘盈固定资产

固定资产单位价值比较高，在财产清查中盘盈的固定资产，企业应当作为以前年度差错处理。企业在财产清查中盘盈的固定资产，在按管理权限报经批准处理前应先通过"以前年度损益调整"科目核算。盘盈的固定资产，应按重置成本确定其入账价值。

（1）盘盈固定资产时的会计分录：

借：固定资产

贷：以前年度损益调整

（2）确认应交所得税时的会计分录：

借：以前年度损益调整

贷：应交税费—应交所得税

（3）将以前年度损益调整结转为留存收益时的会计分录：

借：以前年度损益调整

贷：盈余公积—法定盈余公积

利润分配—未分配利润

2.盘亏固定资产

（1）在财产清查中发现盘亏的固定资产，按盘亏固定资产的账面价值入账。企业编制下列会计分录：

借：待处理财产损溢（盘亏固定资产的账面价值）

累计折旧（累计计提的折旧）

固定资产减值准备（累计计提的减值准备）

贷：固定资产（固定资产原值）

（2）按管理权限报经批准后处理时的会计分录：

借：其他应收款（保险公司或责任人赔偿部分）

营业外支出—盘亏损失（净损失部分）

贷：待处理财产损溢

(二) 固定资产期末计价

企业应当在资产负债表日对其拥有的固定资产进行估值，判断其是否存在可能发生减值的迹象。如果固定资产存在减值迹象，应当进行减值测试，计算可收回金额；可收回金额低于账面价值的，应当按照可收回金额低于账面价值的金额，计提固定资产减值准备。

1. 固定资产发生减值的判断

存在下列迹象的，表明固定资产可能发生了减值。

①固定资产的市价在当期大幅度下跌，其跌幅明显高于因时间的推移或者正常使用而预计的下跌。②企业经营所处的经济、技术或者法律等环境以及资产所处的市场在当期或者将在近期发生重大变化，从而对企业产生不利影响。③市场利率或者其他市场投资报酬率在当期已经提高，从而影响企业计算资产预计未来现金流量现值的折现率，导致资产可收回金额大幅度降低。④有证据表明固定资产已经陈旧过时或者其实体已经损坏。⑤固定资产已经或者将被闲置、终止使用或者计划提前处置。⑥企业内部报告的证据表明资产的经济效益已经低于或者将低于预期，如资产所创造的净现金流量或者实现的营业利润（或者亏损）远远低于（或者高于）预计金额等。⑦其他表明资产可能已经发生减值的迹象。

在判断资产是否存在可能发生减值的迹象时，应当考虑重要性原则。

2. 固定资产减值的业务处理

固定资产的可收回金额低于其账面价值的，企业应当将固定资产的账面价值减记至可收回金额，减记的金额确认为资产减值损失，计入当期损益，同时计提固定资产减值准备。固定资产减值损失一经确认，在以后会计期间不得转回。

资产负债表日，根据资产减值准则确定固定资产发生减值的会计分录：

借：资产减值损失

贷：固定资产减值准备

固定资产是指企业为生产产品、提供劳务、出租或经营管理而持有的，使用寿命超过一个完整会计年度的有形资产。固定资产主要包括房屋建筑物、机器设备、运输工具以及其他设备等。

固定资产的初始计量是指通过计算确定固定资产在不同方式下取得时的入账价值。一般而言，固定资产应当按历史成本进行初始计量，已经确认登记入账的固定资产成本称为固定资产原价。

外购固定资产的成本主要包括购买价款，相关税费，使固定资产达到预定可使用状态前所发生的可归属于该项资产的运输费、装卸费、保险费、安装费和专业人员服务费等；自行建造的固定资产的成本主要包括自建造该项固定资产开始至达到预定可使用状态前所发生的合理的必要支出；投资者投入的固定资产的成本主要由投资合同或协议约定的价值确定（投资合同或协议约定价值不公允的除外）。

固定资产的折旧方法包括年限平均法、工作量法、双倍余额递减法和年数总和法等。

企业计提固定资产折旧，应当根据固定资产的用途计入相关资产的成本或者当期损益。一般而言，基本生产车间使用的固定资产，计提的折旧应计入制造费用；行政管理部门使用的固定资产，计提的折旧应计入管理费用；销售部门使用的固定资产，计提的折旧应计入销售费用；研发无形资产使用的固定资产，计提的折旧计入研发支出；工程使用的固定资产，计提的折旧计入在建工程；出租的固定资产，计提的折旧计入其他业务成本；未使用固定资产，其计提的折旧应计入管理费用。

固定资产的后续支出，应当遵循相关规定和处理原则，即固定资产的后续支出如果符合固定资产确认条件，应当计入固定资产成本，同时将被替换部分的账面价值扣除；固定资产的后续支出如果不符合固定资产确认条件，应当计入当期损益。

一般而言，固定资产处置包括固定资产的出售、转让、报废或毁损、对外投资、非货币性资产交换、债务重组等情况。

企业应当在资产负债表日对其拥有的固定资产进行估值，判断其是否存在可能发生减值的迹象。如果固定资产存在减值迹象，应当进行减值测试，计算可收回金额；可收回金额低于账面价值的，应当按照可收回金额低于账面价值的金额，计提固定资产减值准备。

第二节 无形资产的核算

一、无形资产概述

（一）无形资产的定义

无形资产，是指企业拥有或者控制的不具有实物形态的可辨认的非货币性资产，主要包括专利权、非专利技术、商标权、著作权、特许权、土地使用权等。

（二）无形资产的特点

1.无形资产是能给企业带来经济利益的资源

无形资产作为资产，应当具备一般资产的基本特征，即无形资产在使用或者处置过程中能给企业带来经济利益，导致现金或现金等价物流入企业。

2.无形资产不具有实物形态

无形资产通常表现为某种权利、技术、秘方或者源于合同性的权利，这些都不具有实物形态，这一特点使其与存货、固定资产等有形资产相区别。

3.无形资产具有可辨认性

无形资产作为一项资产，应当能够与其他资产相互区分，并能够单独辨认，如企业持有的专利权、非专利技术、商标权、土地使用权、特许权等。满足下列条件之一的，符合无形资产定义中的可辨认性标准。

（1）能够从企业中分离或者划分出来，并能单独或者与相关合同、资产或负债一起，用于出售、转移、授予许可、租赁或者交换。（2）源自合同性权利或其他法定权利，无论这些权利是否可以从企业或其他权利和义务中转移或者分离。

4.无形资产属于非货币性长期资产

无形资产是一项长期性的非货币性资产，这一特点与企业的货币性资产相互区分。企业持有的货币性资产和能够以固定或可确定的金额收回的资产以外的资产，都属于非货币性资产。无形资产在使用或处置过程中为企业带来的经济利益具有不确定性（即金额不固定），随着环境的变化而变化，因此，无形资产属于长期的非货币性资产。

（三）无形资产的确认

无形资产应当同时满足以下两个确认条件，才能够确认。

1.与该无形资产有关的经济利益很可能流入企业

无形资产作为一项资产，应当满足其所产生的经济利益很可能流入企业这一硬性条件。"很可能"是指与该无形资产相关的经济利益流入企业的概率大于50%。一般而言，与无形资产相关的经济利益形成主要包含在销售商品、提供劳务的收入里，或企业使用该无形资产而给使用企业减少的成本，或包含在获得的其他相关利益里。在实际工作中，确定与无形资产相关的经济利益是否很可能流入企业，应当融入专业人员的经验和职业判断。

2.与该无形资产有关的成本能够可靠计量

与该无形资产有关的成本能够可靠计量是一项基本条件，是确认无形资产的前提条件之一。对于无形资产而言，这个条件显得更为重要。如企业内部产生的品牌、报刊名、客户资料和类似项目的支出，不能与整个业务开发成本区分开来，成本无法可靠计量，因此，这些不能够确认为无形资产。

（四）无形资产的内容

无形资产是一项非货币性长期资产，主要包括专利权、非专利技术、商标权、著作权、土地使用权、特许权等内容。

1.专利权

专利权是指国家专利管理机关依法授予发明创造专利申请人对其发明创造在法律规定期限内所享有的专有权利，主要包括发明专利权、实用新型专利权和外观设计专利权。专利权给予持有人独家使用或者控制某项发明的特殊权利，从而给持有人带来特殊的经济利益；但是，不是所有的专利都能带来经济利益。

2.商标权

商标是用来辨别特定的商品或劳务的标记。商标权是指专门在某类指定的商品或产品上使用特定的名称或图案的权利。商标经过注册登记，就获得了法律上的保护。

企业自创的商标并将其注册登记，花费一般比较小。实际上，能够给企业带来经济利益的商标，一般都是经过长时间的广告宣传以及客户对商标的信赖树立起来的。如果企业购买他人的商标，一次性支出费用较大的，可以将其资本化，作为无形资产核算，根据购入商标的价款、支付的手续费及有关费用作为商标的成本。

3. 土地使用权

土地使用权是指国家准许企业或单位在一定时间内对国有土地享有开发、利用、经营的权利。企业取得土地使用权，应将取得时发生的合理支出予以资本化，计入无形资产成本。

4. 非专利技术

非专利技术也叫专有技术或技术秘密，是指独特的、先进的、未公开的、未申请专利、可以带来经济利益的技术和秘密。非专利技术主要包括工业专有技术，即在生产上已经采用，仅限于少数人知道，不享有专利权或发明权的生产、装配、修理、工艺或加工方法的技术知识；商业（贸易）专有技术，即具有保密性质的市场情报、原材料价格情报以及用户、竞争对象的情况和有关知识；管理专有技术，即生产组织的经营方式、管理方式、培训职工方法等保密知识。非专利技术并不是专利法的保护对象，其所有人依靠自我保密的方式来维持独占权，可以用于转让和投资。

5. 著作权

著作权又称版权，是作者对其创作的文学、科学和艺术作品依法享有的某种特殊权利。著作权包括两方面的权利，即精神权利（人身权利）和经济权利（财产权利）。精神权利指作品署名、发表作品、确认作者身份、保护作品完整性、修改已经发表的作品等各项权利，包括发表权、署名权、修改权和保护作品完整权。经济权利指以出版、表演、广播、展览、录制唱片、摄制影片等方式使用作品以及因授权他人使用作品而获得经济利益的权利。

6. 特许权

特许权指企业在某一地区经营或销售某种特定商品的权利或一家企业接受另一家企业使用其商标、商号、技术秘密等的权利。前者一般指政府机关授权、准许企业使用或在一定地区享有经营某种业务的特权，如水、电、邮电通信等专营权、烟草专卖权等；后者指企业间依照签订的合同，有期限或无期限使用另一家企业的某些权利，如连锁店、分店使用总店的名称等。

二、无形资产的核算

（一）应设置的会计科目

为了核算无形资产的取得、摊销、减值和处置等情况，企业应当设置"研发支出""无形资产""累计摊销""无形资产减值准备""资产处置损益"等科目。

1. "研发支出"科目

为了核算企业内部研发无形资产所发生费用化支出和资本化支出，企业应设置"研发支出"科目。该科目属于成本类科目，借方登记研究、开发无形资产发生的成本，贷方登记结转费用化支出以及结转形成无形资产的成本；期末余额在借方，表示企业研发无形资产的成本。

2．"无形资产"科目

为了核算企业持有的无形资产成本及其增减变动情况，企业应设置"无形资产"科目。该科目属于资产类科目，借方登记取得无形资产的成本，贷方登记出售或报废无形资产转出的无形资产账面余额；期末余额在借方，表示企业无形资产的成本。

3．"累计摊销"科目

为了核算企业对使用寿命有限的无形资产计提的累计摊销情况，企业应设置"累计摊销"科目。该科目属于"无形资产"科目的调整科目，贷方登记企业计提的无形资产摊销，借方登记处置无形资产转出的累计摊销；期末余额在贷方，表示企业无形资产的累计摊销额。

4．"无形资产减值准备"科目

为了核算企业计提的无形资产减值准备的情况，企业应设置"无形资产减值准备"科目。该科目属于"无形资产"科目的调整科目，贷方登记企业计提的无形资产减值准备，借方登记处置无形资产转出的无形资产减值准备；期末余额在贷方，表示企业无形资产累计计提的减值准备。

（二）外购无形资产的核算

外购无形资产是企业通过买卖交换的方式从其他企业获得的无形资产。外购无形资产的成本主要包括购买价款、相关税费以及直接归属于使该项资产达到预定用途所发生的合理的必要支出。

外购无形资产时的会计分录如下：

借：无形资产

应交税费——应交增值税（进项税额）

贷：银行存款

应付票据等

（三）企业内部研发无形资产的核算

企业内部研发形成的无形资产的成本，主要包括可直接归属于该无形资产的各项开发耗费以及直接归属于使该无形资产达到预定可使用状态前所发生的合理支出。

企业内部研发的无形资产，应当区分研究阶段支出和开发阶段支出。研究阶段的支出全部费用化，计入"研发支出——费用化支出"科目。企业开发阶段发生的各项支出，不满足资本化条件的，计入"研发支出——费用化支出"科目；满足资本化条件的，计入"研发支出——资本化支出"科目。费用化支出在期末转入管理费用，资本化支出在无形资产开发完成时转入无形资产。

1.企业自己研发无形资产,发生不满足资本化条件的支出时的业务处理

(1) 企业自己研发无形资产,发生不满足资本化条件的支出时的会计分录

借:研发支出—费用化支出

贷:原材料

银行存款

应付职工薪酬等

(2) 期末,将研发支出转入管理费用时的会计分录

借:管理费用

贷:研发支出—费用化支出

2.企业自己研发无形资产,发生满足资本化条件的支出时的业务处理

(1) 企业自己研发无形资产,发生满足资本化条件的支出时的会计分录

借:研发支出—资本化支出

贷:原材料

银行存款

应付职工薪酬等

(2) 所研发的无形资产达到预定用途,结转资本化支出时的会计分录

借:无形资产

贷:研发支出—资本化支出

(四) 无形资产计提摊销的核算

企业取得无形资产时应当分析判断其使用寿命,对使用寿命有限的无形资产应当计提摊销,对使用寿命不确定的无形资产不应当计提摊销。一般而言,使用寿命有限的无形资产,其净残值应当视为零。对于使用寿命有限的无形资产应当自达到预定用途的当月开始摊销,处置当月不再摊销。无形资产的摊销方法包括直线法、生产总量法等。企业选择的无形资产的摊销方法,应当反映与该项无形资产有关的经济利益的预期实现方式有关,无法可靠确定预期实现方式的,应当采用直线法摊销。

企业应当按月对无形资产进行摊销。无形资产的摊销额一般应当计入当期损益,企业自用的无形资产,其摊销金额计入管理费用;出租的无形资产,其摊销金额计入其他业务成本;某项无形资产包含的经济利益通过所生产的产品或其他资产实现的,其摊销金额应当计入相关资产成本。

计提无形资产摊销时的会计分录如下:

借:管理费用

其他业务成本

贷:累计摊销

(五) 无形资产减值的核算

企业取得无形资产时,应当合理估计无形资产的使用寿命,如果有确凿证据表明

无法合理估计其使用寿命的无形资产,应作为使用寿命不确定的无形资产核算。对于使用寿命不确定的无形资产,在持有期间内不需要进行摊销,但应当至少在每年年度终了按照有关规定进行减值测试,无形资产减值损失一经确认,在以后会计期间不得转回。

在减值测试中,如果有迹象表明无形资产的可收回金额低于账面价值,企业应当将该无形资产的账面价值减记至可收回金额,减记的金额确认为减值损失,计入资产减值损失,同时计提无形资产减值准备。

计提无形资产减值准备时的会计分录如下:

借:资产减值损失—计提的无形资产减值准备

贷:无形资产减值准备

(六) 无形资产处置和报废的核算

无形资产的处置和报废,主要是指当无形资产对外出租、出售以及无法给企业带来经济利益时,应对无形资产进行转销,并终止确认无形资产。

1. 无形资产出租

企业让渡无形资产使用权并收取相应租金,在满足收入确认条件时,应确认为收入,同时将其摊销确认为费用。

(1) 出租无形资产取得租金收入时的会计分录

借:银行存款等

贷:其他业务收入等

(2) 计提出租无形资产的累计摊销时的会计分录

借:其他业务成本

贷:累计摊销

2. 无形资产出售

企业出售无形资产,应将出售时取得的价款与该无形资产账面价值的差额计入资产处置损益。

出售无形资产时的会计分录如下:

借:银行存款

应收票据等

累计摊销

无形资产减值准备

资产处置损益(日常活动出售无形资产的净亏损)

贷:无形资产

应交税费—应交增值税(销项税额)

银行存款

资产处置损益(日常活动出售无形资产的净收益)

3.无形资产报废

如果无形资产预期不能为企业带来未来经济利益,则不再符合无形资产的定义,应将其报废并予以转销,其账面价值转入营业外支出。

报废无形资产时的会计分录如下:

借:累计摊销

　　无形资产减值准备

　　营业外支出

贷:无形资产

第三节　投资性房地产的核算

一、投资性房地产概述

投资性房地产,是指企业为赚取租金或资本增值,或者两者兼有而持有的房地产,主要包括已出租的土地使用权、持有并准备增值后转让的土地使用权、已出租的建筑物。投资性房地产作为一种经营投资性资产,其持有属于经营性活动;投资性房地产持有的目的,是与存货和固定资产不一致的,应当相互区分;投资性房地产应当能够单独计量和出售。

某项资产能否确认为投资性房地产,除了要满足投资性房地产的定义,还需要同时满足以下两个条件:一是与该投资性房地产有关的经济利益很可能流入企业,二是该投资性房地产的成本能够可靠地计量。

(一) 投资性房地产的核算范围

投资性房地产主要包括已出租的土地使用权、持有并准备增值后转让的土地使用权和已出租的建筑物。

1.已出租的土地使用权

已出租的土地使用权是指企业通过出让或转让方式取得并以经营租赁方式出租的土地使用权。企业计划用于出租但尚未出租的土地使用权,不属于此类。对于以经营租赁方式租入土地使用权再转租给其他单位的,不能确认为投资性房地产。

2.持有并准备增值后转让的土地使用权

持有并准备增值后转让的土地使用权是指企业通过出让或转让方式取得并准备增值后转让的土地使用权。但是,按照国家有关规定认定的闲置土地,不属于持有并准备增值后转让的土地使用权。

3.已出租的建筑物

已出租的建筑物是指企业拥有产权并以经营租赁方式出租的房屋等建筑物,包括自行建造或开发活动完成后用于出租的建筑物。

企业在判断和确认已出租的建筑物时，应当把握以下要点。

（1）用于出租的建筑物是指企业拥有产权的建筑物，企业以经营租赁方式租入再转租的建筑物不属于投资性房地产。（2）已出租的建筑物是企业已经与其他方签订了租赁协议，约定以经营租赁方式出租的建筑物。一般应自租赁协议规定的租赁期开始日起，经营租出的建筑物才属于已出租的建筑物。（3）企业将建筑物出租，按租赁协议向承租人提供的相关辅助服务在整个协议中不重大的，应当将该建筑物确认为投资性房地产。例如，企业将其办公楼出租，同时向承租人提供维护、保安等日常辅助服务，企业应当将其确认为投资性房地产。

（二）不属于投资性房地产的项目

下列房地产不属于投资性房地产。

1. 自用房地产

为生产商品、提供劳务或者经营管理而持有的房地产，包括自用建筑物（固定资产）和自用土地使用权（无形资产）。

2. 作为存货的房地产

通常指房地产开发企业在正常经营过程中销售的或为销售而正在开发的商品房和土地。

如果某项房地产部分用于赚取租金或资本增值、部分自用（即用于生产商品、提供劳务或经营管理），能够单独计量用于出售、赚取租金或资本增值的部分，应当确认为投资性房地产；不能够单独计量用于出售、赚取租金或资本增值的部分，不确认为投资性房地产。该项房地产自用的部分，以及不能够单独计量用于出售、赚取租金或资本增值的部分，应当确认为固定资产或无形资产。

（三）应设置的会计科目

为了核算投资性房地产的取得、摊销、减值和处置等情况，企业应当设置"投资性房地产""投资性房地产累计摊销""投资性房地产累计折旧""投资性房地产减值准备""公允价值变动损益""其他业务收入""其他业务成本"等科目。

1. "投资性房地产"科目

为了核算企业采用成本模式计量的投资性房地产的成本，或采用公允价值模式计量投资性房地产的公允价值，企业应设置"投资性房地产"科目。该科目属于资产类科目，借方登记取得投资性房地产的成本，贷方登记由于改变用途、出售等原因转出投资性房地产的账面余额；期末余额在借方，表示企业投资性房地产的余额。

采用公允价值模式计量的投资性房地产，还应当分别设置"成本"和"公允价值变动"明细科目进行核算。

2. "投资性房地产累计摊销"科目

为了核算企业对采用成本模式核算的投资性房地产（已出租的土地使用权部分）计提的累计摊销情况，企业应设置"投资性房地产累计摊销"科目。该科目属于"投资性房地产"科目的调整科目,贷方登记企业计提的投资性房地产累计摊销,借方登记由于处置投资性房地产等原因转出的累计摊销;期末余额在贷方,表示企业投资性房地产的累计摊销额。

3."投资性房地产累计折旧"科目

为了核算企业对采用成本模式核算的投资性房地产(已出租的建筑物部分)计提的累计折旧情况,企业应设置"投资性房地产累计折旧"科目。该科目属于"投资性房地产"的科目调整科目,贷方登记企业计提的投资性房地产累计折旧,借方登记由于处置投资性房地产等原因转出的累计折旧;期末余额在贷方,表示企业投资性房地产的累计折旧额。

4."投资性房地产减值准备"科目

为了核算企业计提的投资性房地产减值准备的情况,企业应设置"投资性房地产减值准备"科目。该科目属于"投资性房地产"科目的调整科目,贷方登记企业计提的投资性房地产减值准备,借方登记由于处置投资性房地产等原因转出的投资性房地产减值准备;期末余额在贷方,表示企业投资性房地产累计计提的减值准备。

二、投资性房地产的取得

(一)外购投资性房地产的确认和初始计量

企业外购的房地产,只有在购入的同时开始对外出租或用于资本增值,才能作为投资性房地产加以确认。如果企业购入房地产,自用一段时间之后再改为出租或用于资本增值,应当先将外购的房地产确认为固定资产或无形资产;自租赁期开始日或用于资本增值之日起,才能从固定资产或无形资产转换为投资性房地产。

企业外购投资性房地产时,应当按照取得时的实际成本进行初始计量。取得时的实际成本,包括购买价款、相关税费和可直接归属于该资产的其他支出。

1.采用成本模式进行后续计量的,在购入投资性房地产时的会计分录

借:投资性房地产

贷:银行存款等

2.采用公允价值模式进行后续计量的,在购入投资性房地产时的会计分录

借:投资性房地产——成本

贷:银行存款等

(二)自行建造投资性房地产的确认和初始计量

企业自行建造的房地产,只有在自行建造活动完成(即达到预定可使用状态)的同时开始对外出租或用于资本增值,才能将自行建造的房地产确认为投资性房地产。

企业自行建造房地产达到预定可使用状态后一段时间才对外出租或用于资本增值的,应当先将自行建造的房地产确认为固定资产、无形资产或存货;自租赁期开始日或用于资本增值之日开始,从固定资产、无形资产或存货转换为投资性房地产。

自行建造投资性房地产，其成本由建造该项资产达到预定可使用状态前发生的必要支出构成，包括土地开发费、建筑成本、安装成本、应予资本化的借款费用、支付的其他费用和分摊的间接费用等。

1.采用成本模式进行后续计量的，自行建造投资性房地产完成时的会计分录

借：投资性房地产

贷：在建工程

开发产品

2.采用公允价值模式进行后续计量的，自行建造投资性房地产完成时的会计分录

借：投资性房地产——成本

贷：在建工程

开发产品

三、投资性房地产的后续计量

投资性房地产的后续计量有成本和公允价值两种模式，通常应当采用成本模式，满足特定条件时也可以采用公允价值模式。但是，同一企业只能采用一种模式对所有投资性房地产进行后续计量，不得同时采用两种计量模式。

（一）采用成本模式计量的投资性房地产

企业通常应当采用成本模式对投资性房地产进行后续计量。采用成本模式进行后续计量的投资性房地产，应当遵循以下会计处理规定。

1.按照固定资产或无形资产的有关规定，按期（月）计提折旧或摊销

计提折旧或摊销时的会计分录：

借：其他业务成本

贷：投资性房地产累计折旧（摊销）

2.取得租金收入时的会计分录

借：银行存款等

贷：其他业务收入

3.投资性房地产存在减值迹象的，适用资产减值的有关规定

经减值测试后确定发生减值的，应当计提减值准备。

计提减值准备时的会计分录：

借：资产减值损失

贷：投资性房地产减值准备

（二）采用公允价值模式计量的投资性房地产

只有存在确凿证据表明投资性房地产的公允价值能够持续可靠取得，企业才可以采用公允价值模式对投资性房地产进行后续计量。企业一旦选择采用公允价值计量模式，就应当对其所有投资性房地产采用公允价值模式进行后续计量。

采用公允价值模式进行后续计量的投资性房地产，应当同时满足以下两个条件：一是投资性房地产所在地有活跃的房地产交易市场，二是企业能够从活跃的房地产交易市场上取得同类或类似房地产的市场价格及其他相关信息，从而对投资性房地产的公允价值进行合理估计。

采用公允价值模式计量，平时不对投资性房地产计提折旧或摊销。企业应当以资产负债表日投资性房地产的公允价值为基础调整其账面价值，公允价值与原账面价值之间的差额计入当期损益。

1.资产负债表日，投资性房地产的公允价值高于原账面价值时的会计分录

借：投资性房地产——公允价值变动

贷：公允价值变动损益

2.资产负债表日，投资性房地产的公允价值低于原账面价值时的会计分录：

借：公允价值变动损益

贷：投资性房地产——公允价值变动

3.取得租金收入时的会计分录

借：银行存款等

贷：其他业务收入

（三）投资性房地产后续计量模式的变更

为保证会计信息的可比性，企业对投资性房地产的计量模式一经确定，不得随意变更。只有在房地产市场比较成熟、能够满足采用公允价值模式计量的条件下，才允许企业对投资性房地产从成本模式计量变更为公允价值模式计量。成本模式转为公允价值模式的，应当作为会计政策变更处理，将计量模式变更时公允价值与账面价值的差额，调整期初留存收益。

转换计量模式时的会计分录：

借：投资性房地产——成本

投资性房地产累计折旧（摊销）

投资性房地产减值准备

贷：投资性房地产（按照原账面余额）

利润分配——未分配利润（可能出现在借方）

盈余公积等（可能出现在借方）

注意：已采用公允价值模式计量的投资性房地产，不得从公允价值模式转为成本模式。

四、房地产的转换

房地产的转换是房地产用途的变更。企业有确凿证据表明房地产用途发生改变的，应当将投资性房地产转换为其他资产或者将其他资产转换为投资性房地产。

（一）成本模式下的转换

1. 投资性房地产转换为自用房地产

企业将采用成本模式计量的投资性房地产转换为自用房地产时，应当按该项投资性房地产在转换日的账面余额、累计折旧、减值准备等，分别转入"固定资产""累计折旧""固定资产减值准备"等科目。

（1）成本模式计量下的投资性房地产转换为固定资产时的会计分录：

借：固定资产

投资性房地产累计折旧

投资性房地产减值准备

贷：投资性房地产

累计折旧

固定资产减值准备

（2）成本模式计量下的投资性房地产转换为无形资产时的会计分录：

借：无形资产

投资性房地产累计摊销

投资性房地产减值准备

贷：投资性房地产

累计摊销

无形资产减值准备

2. 投资性房地产转换为存货

企业将采用成本模式计量的投资性房地产转换为存货时，应当按照该项房地产在转换日的账面价值入账。

成本模式计量下的投资性房地产转换为存货时的会计分录：

借：开发产品

投资性房地产累计折旧（摊销）

投资性房地产减值准备

贷：投资性房地产

3. 自用房地产转换为投资性房地产

企业将自用土地使用权或建筑物转换为采用成本模式计量的投资性房地产时，应当按该项建筑物或土地使用权在转换日的原价、累计折旧、减值准备等，分别转入"投资性房地产""投资性房地产累计折旧（摊销）""投资性房地产减值准备"科目。

（1）固定资产转换为成本模式计量下的投资性房地产时的会计分录

借：投资性房地产（按其账面余额）

累计折旧

固定资产减值准备

贷：固定资产
投资性房地产累计折旧
投资性房地产减值准备

（2）无形资产转换为成本模式计量下的投资性房地产时的会计分录
借：投资性房地产（按其账面余额）
累计摊销
无形资产减值准备
贷：无形资产
投资性房地产累计摊销
投资性房地产减值准备

4.作为存货的房地产转换为投资性房地产

将作为存货的房地产转换为采用成本模式计量的投资性房地产，应当按该项存货在转换日的账面价值入账。

作为存货的房地产转换为采用成本模式计量的投资性房地产时的会计分录：
借：投资性房地产
存货跌价准备
贷：开发产品（按其账面余额）

（二）公允价值模式下的转换

1.投资性房地产转换为自用房地产

将采用公允价值模式计量的投资性房地产转换为自用房地产时，以其转换当日的公允价值作为自用房地产的账面价值，公允价值与原账面价值的差额计入当期损益。

（1）公允价值模式计量下的投资性房地产转换为固定资产时的会计分录
借：固定资产（转换日投资性房地产的公允价值）
投资性房地产——公允价值变动（价值累计下降的部分）
贷：投资性房地产——成本
　　——公允价值变动（价值累计上升的部分）
公允价值变动损益（差额部分，有可能在借方）

（2）公允价值模式计量下的投资性房地产转换为无形资产时的会计分录
借：无形资产（转换日投资性房地产的公允价值）
投资性房地产——公允价值变动（价值累计下降的部分）
贷：投资性房地产——成本
　　——公允价值变动（价值累计上升的部分）
公允价值变动损益（差额部分，有可能在借方）

2.投资性房地产转换为存货

企业将采用公允价值模式计量的投资性房地产转换为存货时，应当以其转换当日的公允价值作为存货的入账价值，公允价值与原账面价值的差额计入当期损益。

公允价值模式计量下的投资性房地产转换为固定资产时的会计分录：

借：开发产品等（投资性房地产的公允价值）

投资性房地产—公允价值变动（价值累计下降的部分）

贷：投资性房地产—成本

—公允价值变动（价值累计上升的部分）

公允价值变动损益（差额部分，有可能在借方）

3.自用房地产转换为投资性房地产

企业将自用房地产转换为采用公允价值模式计量的投资性房地产时，应当认其转换当日的公允价值作为投资性房地产的入账价值，公允价值与原账面价值的差额，若为借方差额，应计入当期损益，若为贷方差额，应计入其他综合收益。

（1）企业将自用土地使用权或建筑物转换为采用公允价值模式计量的投资性房地产，转换日的公允价值大于账面价值时的会计分录

借：投资性房地产—成本（土地使用权或建筑物在转换日的公允价值）

累计摊销（无形资产累计摊销）

累计折旧（固定资产累计折旧）

无形资产减值准备

固定资产减值准备

贷：无形资产（按其账面余额）

固定资产（按其账面余额）

其他综合收益

（2）企业将自用土地使用权或建筑物转换为采用公允价值模式计量的投资性房地产，转换日的公允价值小于账面价值时的会计分录

借：投资性房地产—成本（土地使用权或建筑物在转换日的公允价值）

累计摊销（无形资产累计摊销）

累计折旧（固定资产累计折旧）

无形资产减值准备

固定资产减值准备

公允价值变动损益

贷：无形资产（按其账面余额）

固定资产（按其账面余额）

五、投资性房地产的处置

（一）成本模式计量下投资性房地产的处置

处置采用成本模式计量的投资性房地产时的会计分录：

借：银行存款

应收票据等

贷：其他业务收入

同时

借：其他业务成本（投资性房地产的账面价值）

投资性房地产累计折旧（摊销）

投资性房地产减值准备

贷：投资性房地产（投资性房地产的账面余额）

（二）公允价值模式计量下投资性房地产的处置

处置采用公允价值模式计量的投资性房地产时的会计分录：

借：银行存款

应收票据等

贷：其他业务收入

同时

借：其他业务成本（投资性房地产的账面价值）

投资性房地产—公允价值变动（价值累计下降的部分）

贷：投资性房地产—成本

投资性房地产—公允价值变动（价值累计上涨的部分）

第九章 收入、费用与利润的核算

第一节 收入的核算

一、收入概述

（一）收入的定义

收入，是指企业在日常活动中形成的、会导致所有者权益增加、与所有者投入资本无关的经济利益的总流入。

（二）收入的特点

1.收入是企业在日常经营活动中形成的

收入是企业在日常经营活动中形成的经济利益的总流入，而不是从偶发性的交易或事项中产生的经济利益的流入。企业日常经营活动带来的经济利益总流入与非日常活动带来的经济利益的净流入，是区分收入和利得的重要标志。其中，日常活动是指企业为完成其经营目标所从事的经常性活动以及与之相关的辅助性活动；非日常活动是与企业日常经营活动没有必然关系的各项交易或事项。

2.收入会导致所有者权益的增加

与收入相关的经济利益的流入应当会导致所有者权益的增加，不会导致所有者权益增加的经济利益的流入不符合收入的定义，不应确认为收入。例如，企业向银行借入款项，尽管也导致了企业经济利益的流入，但该流入并不导致所有者权益增加，反而使企业承担了一项现时义务。企业对于因借入款项所导致的经济利益的增加，不应将其确认为收入，应当确认为一项负债。

3.收入是与所有者投入资本无关的经济利益的总流入

收入应当会导致经济利益的流入，从而导致资产的增加。例如，企业销售商品，应当收到现金或者有权在未来收到现金，才符合收入的定义。但是在实务中，经济利益的流入有时是所有者投入资本的增加所导致的,所有者投入资本的增加不应当确认为收入,应当将其直接确认为所有者权益。

(三) 收入的确认条件

企业收入的来源渠道多种多样,不同来源收入的特征有所不同,收入的确认条件也往往存在差别,如销售商品、提供劳务、让渡资产使用权等取得的人。一般而言,收入只有在经济利益很可能流入企业并导致企业资产增加或者负债减少,且经济利益的流入额能够可靠计量时才能予以确认。因此,收入的确认至少应当同时满足以下条件:一是与收入相关的经济利益很可能流入企业;二是经济利益流入企业的结果会导致企业资产的增加或者负债的减少;三是经济利益的流入额能够可靠地计量。

(四) 收入的分类

收入按照不同的标准,可以分为不同的种类。

按照企业收入的性质,收入可分为销售商品收入、提供劳务收入、让渡资产使用权收入。销售商品收入是指企业通过销售商品所获得的收入,如工业企业生产并销售产品、商业企业销售商品等所获得的收入;提供劳务收入是指企业通过提供劳务所获得的收入,如管理咨询公司提供管理咨询服务、软件开发公司为客户开发软件、安装公司提供安装服务等所获得的收入;让渡资产使用权收入是指企业通过让渡资产使用权所获得的收入,如商业银行对外贷款、租赁公司出租资产等所获得的收入。

按照企业收入的主次,收入可分为主营业务收入和其他业务收入。主营业务收入是指企业为完成其经营目标所从事的主要的、经常性的活动所获得的收入,如工业企业生产并销售产品、商业企业销售商品等所获得的收入。其他业务收入是指企业为完成其经营目标所从事的与经常性活动相关的各项辅助性活动所获得的收入,如工业企业对外出售多余的不需用的原材料等所获得的收入。

(五) 应设置的会计科目

为了准确反映企业实现的各项收入,企业应当设置以下会计科目。

1. "主营业务收入"科目

为了核算企业在销售商品、提供劳务等日常活动中所产生的收入,企业应当设置"主营业务收入"科目。该科目属于损益类科目,贷方表示增加,借方表示减少;期末结转后无余额。在"主营业务收入"科目下,应按照主营业务的种类设置明细科目,进行明细核算。

2. "其他业务收入"科目

为了核算企业除主营业务收入以外的其他销售或其他业务实现的收入,如材料销售、代购代销、包装物出租等,企业应当设置"其他业务收入"科目。该科目属于损益类科目,贷方表示增加,借方表示减少;期末结转后无余额。在"其他业务收入"科目下,应按其他业务的种类,如"材料销售""代购代销""包装物出租"等设置明细科目,进行明细核算。

二、销售商品收入

(一) 销售商品收入的定义

销售商品收入是企业通过销售商品所获得的收入。例如,工业企业生产并销售产品、商业企业销售商品等所获得的收入。

(二) 销售商品收入的确认条件

销售商品收入只有同时满足下列条件,才能予以确认。

1. 企业已将商品所有权上的主要风险和报酬转移给购货方

企业已将商品所有权上的主要风险和报酬转移给购货方是指与商品所有权有关的主要风险和报酬同时转移给了购货方。在实际工作中,判断企业是否已将商品所有权上的主要风险和报酬转移给购货方,应当关注买卖交易活动的实质,而不仅仅是表面形式,并结合买卖交易的所有权凭证是否转移或实物是否交付进行判断。一般而言,与商品所有权有关的任何损失均不需要销货方承担,与商品所有权有关的任何经济利益也不属于销货方,就意味着商品所有权上的主要风险和报酬转移给了购货方。

一般而言,转移商品所有权凭证并交付实物后,商品所有权上的所有风险和报酬随之转移,如大多数零售企业销售的各种商品。

某些情况下,转移商品所有权凭证或交付实物后,商品所有权上的主要风险和报酬随之转移,企业只保留商品所有权上的次要风险和报酬,如交款提货方式销售商品。在这种情形下,应当视同商品所有权上的所有风险和报酬已经转移给购货方。

某些情况下,转移商品所有权凭证或交付实物后,商品所有权上的主要风险和报酬并未随之转移。主要包括以下几种情况。①企业销售的商品在质量、品种、规格等方面不符合合同或协议要求,又未根据正常的保证条款予以弥补,因而销售方仍负有责任,主要风险和报酬并未转移。②企业销售商品的收入是否能够取得,取决于购买方是否已将商品销售出去,如采用支付手续费方式委托代销商品等。③企业尚未完成售出商品的安装或检验工作,且安装或检验工作是销售合同或协议的重要组成部分。④销售合同或协议中规定了买方由于特定原因有权退货的条款,且企业又不能确定退货的可能性。

2. 企业既没有保留通常与所有权相联系的继续管理权,也没有对已售出的商品实施有效控制

一般而言,企业售出商品后不再保留与商品所有权相联系的继续管理权,也不再对售出商品实施有效控制,商品所有权上的主要风险和报酬已经转移给购货方,通常应在发出商品时确认收入。如果企业在商品销售后保留了与商品所有权相联系的继续管理权,或能够继续对其实施有效控制,说明商品所有权上的主要风险和报酬没有转移,买卖交易活动不成立,不应确认收入,如售后租回等交易。

3.收入的金额能够可靠地计量

收入的金额能够可靠地计量是指收入的金额能够合理地估计。如果收入的金额不能够合理地估计，则不符合收入的确认条件，不应确认为收入。一般而言，企业在销售商品时，商品销售价格已经确定，企业应当按照从购货方已收或应收的合同或协议价款确定收入金额。

4.相关的经济利益很可能流入企业

在买卖商品的交易活动中，与交易相关的经济利益主要表现为商品的价款。相关的经济利益很可能流入企业是指销售商品价款收回的可能性大于不能收回的可能性，即销售商品价款收回的可能性大于50%。

5.相关的已发生或将发生的成本能够可靠地计量

一般而言，销售商品相关的已发生或将发生的成本能够合理地估计，如库存商品的成本等。如果库存商品是本企业生产的，其生产成本能够可靠计量；如果是外购的，购买成本能够可靠计量。有时，销售商品相关的已发生或将发生的成本不能够合理地估计，此时企业不应确认收入，已收到的价款应确认为负债。

（三）销售商品收入的一般业务处理

企业销售商品，同时满足收入定义和收入确认条件的，可以确认为企业的收入，及时办理入账。

1.款项未收业务

（1）企业销售商品采用托收承付方式的，在办妥托收手续时确认收入。

①确认收入并结转成本时的会计分录

借：应收账款

贷：主营业务收入

应交税费—应交增值税（销项税额）

借：主营业务成本

贷：库存商品

②收到款项时的会计分录

借：银行存款

贷：应收账款

（2）采用商业汇票结算的，在满足收入确认条件时确认收入

①确认收入并结转成本时的会计分录

借：应收票据

贷：主营业务收入

应交税费—应交增值税（销项税额）

借：主营业务成本

贷：库存商品

②商业汇票到期收回款项时的会计分录

借：银行存款

贷：应收票据

2.款项已收业务

企业采用交款提货方式销售商品的，在开出发票账单、收到货款时确认收入。确认收入并结转成本时的会计分录：

借：银行存款

贷：主营业务收入

应交税费—应交增值税（销项税额）

借：主营业务成本

贷：库存商品

3.款项预收业务

采用预收款方式销售商品的，销售企业在收到最后一笔货款时才将商品交付给购买方，与商品所有权相关主要的风险和报酬只有在收到最后一笔货款时才转移给购货方。企业在发出商品之前所收到的款项应当计入预收账款，作为负债处理。

（1）预收货款时的会计分录：

借：银行存款

贷：预收账款

（2）发出商品确认收入并结转成本时的会计分录：

借：预收账款

贷：主营业务收入

应交税费—应交增值税（销项税额）

借：主营业务成本

贷：库存商品

（四）销售商品收入的特殊业务处理

1.商业折扣业务

商业折扣，是企业为了促销而在标价上给予的价格扣除。例如，在大宗商品买卖中，在价格上给予购买方5%的优惠。企业销售商品涉及商业折扣的，应当按照扣除商业折扣后的金额（即净额）确定收入。

确认带商业折扣的销售收入并结转成本时的会计分录：

借：应收票据

应收账款

银行存款等

贷：主营业务收入

应交税费—应交增值税（销项税额）

借：主营业务成本

贷：库存商品

2.销售折让业务

销售折让，是因售出商品的质量、规格等不符合合同要求而在售价上给予的减让。对于销售折让，企业应分不同情况进行处理。

一般情况下，已确认收入的售出商品发生销售折让，应当在发生时冲减当期销售商品收入；已确认收入的售出商品发生销售折让，属于资产负债表日后事项的，应按照有关资产负债表日后事项的相关规定进行处理。

（1）确认收入并结转成本时的会计分录

借：应收票据

应收账款

银行存款等

贷：主营业务收入

应交税费—应交增值税（销项税额）

借：主营业务成本

贷：库存商品

（2）发生销售折让时的会计分录

借：主营业务收入

应交税费—应交增值税（销项税额）

贷：应收账款

应收票据

银行存款等

3.现金折扣业务

现金折扣，是指债权人为鼓励债务人在规定的期限内付款而向债务人提供的债务扣除。企业销售商品涉及现金折扣的，应当按照扣除现金折扣前的金额确定销售商品收入。现金折扣在实际发生时计入当期财务费用。一般现金折扣的表示方法为：2/10，1/20，n/30（10天内付款给予2%的折扣，20天内付款给予1%的折扣，20天以后付款没有现金折扣，最迟的付款期为30天）。

对于现金折扣，一般采用总价法处理，即销售商品涉及现金折扣的，应当按照扣除现金折扣前的金额确定销售商品收入金额。现金折扣在实际发生时计入当期财务费用。现金折扣额是否包含增值税主要取决于交易双方的合同或协议约定。

（1）确认涉及现金折扣的销售收入并结转成本时的会计分录

借：应收账款

贷：主营业务收入

应交税费—应交增值税（销项税额）

借：主营业务成本

贷：库存商品

（2）确认现金折扣并收回货款时的会计分录

借：银行存款

财务费用

贷：应收账款

4.销售退回业务

销售退回，是指企业售出的商品由于质量、规格型号、品种不符合要求等而发生的退货。对于销售退回，企业应分不同情况进行会计处理。

（1）尚未确认收入的售出商品发生销售退回

①发出商品时的会计分录

借：发出商品

贷：库存商品

②退回商品时的会计分录如下：

借：库存商品

贷：发出商品

（2）对于已确认收入的售出商品发生销售退回的

企业应在发生销售退回时冲减当期销售商品收入，同时冲减当期销售商品成本。如该项销售退回已发生现金折扣的，应同时调整相关财务费用的金额；如该项销售退回允许扣减增值税额的，应同时调整"应交税费—应交增值税（销项税额）"科目的相应金额。

①确认收入并结转成本时的会计分录

借：应收账款

银行存款等

贷：主营业务收入

应交税费—应交增值税（销项税额）

借：主营业务成本

贷：库存商品

②确认退回商品时的会计分录

借：主营业务收入

应交税费—应交增值税（销项税额）

贷：应收账款

银行存款等

（五）销售材料等收入的业务处理

企业在日常活动中可能产生对外销售不需用的原材料、随同商品对外销售单独计价的包装物等。

销售原材料确认收入并结转成本时的会计分录：

借：银行存款

应收账款

应收票据等

贷：其他业务收入

应交税费—应交增值税（销项税额）

借：其他业务成本

贷：原材料

三、提供劳务收入

提供劳务收入是指企业通过提供劳务实现的收入，如咨询公司提供咨询服务、软件开发公司为客户开发软件、安装公司提供安装服务等实现的收入。

（一）在同一会计期间内开始并完成的劳务

1.对于一次就能完成的劳务，企业应在提供劳务完成时按合同或协议约定的金额确认收入

（1）提供劳务完成时确认收入的会计分录

借：应收账款

银行账款等

贷：主营业务收入等

（2）同时，按提供劳务所发生的相关支出结转成本的会计分录

借：主营业务成本等

贷：银行存款等

2.对于持续一段时间但在同一会计期内开始并完成的劳务，应在劳务完成时确认收入，并在提供劳务期间分期确认劳务成本

（1）为提供劳务发生相关支出时的会计分录如下：

借：劳务成本

贷：银行存款

应付职工薪酬

原材料等

（2）劳务完成确认劳务收入时的会计分录如下：

借：应收账款

银行存款等

贷：主营业务收入等

（3）同时，结转相关劳务成本的会计分录如下：

借：主营业务成本等
　　贷：劳务成本

（二）不同会计期间完成的劳务

1. 提供劳务交易结果预期能够可靠估计

企业在资产负债表日提供劳务交易的结果能够可靠估计的，应当采用完工百分比法确认提供劳务收入。

提供劳务交易的结果能够可靠估计，应同时满足下列条件。

（1）收入的金额能够可靠地计量

指提供劳务收入的总额能够合理地估计，一般根据合同或协议的条款约定，可以估计劳务收入的金额。收入不能合理估计的，不能采用完工百分比法核算。

（2）相关的经济利益很可能流入企业

指提供劳务收入总额收回的可能性大于50%。企业在确定提供劳务收入总额能否收回时，应当结合接受劳务方的具体情况来综合判断，如可以根据接受劳务方的信誉、以前的经验以及双方就结算方式和期限达成的合同或协议条款等因素。

（3）交易的完工进度能够可靠地确定

指交易的完工进度能够合理地估计。企业确定提供劳务交易的完工进度，可以选用下列方法。

①已完工作的测量。这是一种比较专业的测量方法，由专业测量师对已经提供的劳务进行测量，并按一定方法计算确定提供劳务交易的完工程度。②已经提供的劳务占应提供劳务总量的比例。这种方法主要以劳务量为标准确定提供劳务交易的完工程度。③已经发生的成本占估计总成本的比例。这种方法主要以成本为标准确定提供劳务交易的完工程度。只有反映已提供劳务的成本才能包括在已经发生的成本中，只有反映已提供或将提供劳务的成本才能包括在估计总成本中。

（4）交易中已发生和将发生的成本能够可靠地计量

指交易中已经发生和将要发生的成本能够合理地估计。企业应当建立完善的内部成本核算制度和有效的内部财务预算及报告制度，准确地提供每期发生的成本，并对完成剩余劳务将要发生的成本进行科学、合理的估计。同时应随着劳务的不断提供或外部情况的不断变化，随时对将要发生的成本进行修订。

2. 采用完工百分比法的业务处理

完工百分比法，是指按照提供劳务交易的完工进度确认收入和费用的方法。在这种方法下，确认提供劳务收入金额能够提供各个会计期间关于提供劳务交易及其业绩的有用信息。

企业应当在资产负债表日按照提供劳务收入总额乘以完工进度扣除以前会计期间累计已确认提供劳务收入后的金额，确认当期提供劳务收入；同时，按照提供劳务估计总成本乘以完工进度扣除以前会计期间累计已确认劳务成本后的金额，结转当期劳务成本。

计算公式如下：

本期确认的收入＝劳务总收入×本期末止劳务的完工进度－以前期间已确认的收入

本期确认的费用＝劳务总成本×本期末止劳务的完工进度－以前期间已确认的成本

采用完工百分比法确认提供劳务收入的情况下，按确定的收入金额确认收入并结转成本的会计分录：

借：应收账款
　　银行存款等
　贷：主营业务收入等
借：主营业务成本等
　贷：劳务成本

3.提供劳务交易结果预期不能可靠估计

在资产负债表日，企业提供劳务交易结果不能够可靠估计的，企业不能采用完工百分比法确认提供劳务收入。此时，企业应正确预计已经发生的劳务成本能否得到补偿，分别进行如下业务处理。

（1）已经发生的劳务成本预计能够得到补偿的，应按已收回或预计能够收回的金额确认提供劳务收入，并结转已经发生的劳务成本。（2）已经发生的劳务成本预计全部不能得到补偿的，应将已经发生的劳务成本计入当期损益，不确认提供劳务收入。

四、让渡资产使用权收入

（一）让渡资产使用权收入概述

让渡资产使用权收入是企业收入的来源之一，主要包括利息收入、使用费收入、出租资产收取的租金、进行债券投资取得的利息、进行股权投资取得的现金股利等。

（1）利息收入主要是指金融企业对外贷款形成的利息收入，以及同业之间发生往来形成的利息收入等。（2）使用费收入主要是指企业转让无形资产（如商标权、专利权、专营权、软件、版权）等资产的使用权形成的使用费收入。（3）企业对外出租资产收取的租金、进行债权投资收取的利息、进行股权投资取得的现金股利，也构成让渡资产使用权收入，有关的会计处理参照租赁、金融工具确认和计量、长期股权投资等内容。

（二）让渡资产使用权收入的确认条件

让渡资产使用权收入只有同时满足以下条件，才能予以确认。

1.相关的经济利益很可能流入企业

相关的经济利益很可能流入企业是指让渡资产使用权收入金额收回的可能性大于

50%。企业在确定让渡资产使用权收入金额能否收回时,应当根据对方企业的具体情况进行综合判断,如对方企业的信誉和生产经营情况、双方就结算方式和期限等达成的合同或协议条款等因素。如果企业估计让渡资产使用权收入金额收回的可能性小于或等于50%,就不应确认为收入。

2.收入的金额能够可靠地计量

收入的金额能够可靠地计量是指让渡资产使用权收入的金额能够合理地估计。一般让渡资产使用权会通过合同或协议约定相关条款,包括让渡资产使用权对应的价款。如果让渡资产使用权收入的金额不能够合理地估计,就不应确认为企业的收入。

(三)让渡资产使用权收入的业务处理

企业让渡资产使用权的使用费收入,一般通过"其他业务收入"科目核算;所让渡资产计提的摊销额等,一般通过"其他业务成本"科目核算。

确认让渡资产使用权的使用费收入时的会计分录:

借:银行存款

应收账款等

贷:其他业务收入等

注意:如果合同或协议规定一次性收取使用费,且不提供后续服务的,应当视同销售该项资产一次性确认收入;提供后续服务的,应在合同或协议规定的有效期内分期确认收入。如果合同或协议规定分期收取使用费的,通常应按合同或协议规定的收款时间和金额或规定的收费方法计算确定的金额分期确认收入。

第二节 费用的核算

一、费用概述

(一)费用的定义

费用是指企业在日常活动中发生的、会导致所有者权益减少的、与向所有者分配利润无关的经济利益的总流出。

(二)费用的特点

1.费用是企业在日常活动中形成的

费用必须是企业在日常活动中形成的,这些日常活动的界定与收入定义中涉及的日常活动的界定相一致。日常活动所产生的费用通常包括销售成本(营业成本)、职工薪酬、折旧费、无形资产摊销等。将费用界定为日常活动形成的,目的是将其与损失相区分,企业非日常活动形成的经济利益的流出不能确认为费用,而应当确认为损失。

2.费用会导致所有者权益的减少

与费用相关的经济利益的流出应当会导致所有者权益的减少，不会导致所有者权益减少的经济利益的流出不符合费用的定义，不应确认为费用。

3.费用是与向所有者分配利润无关的经济利益的总流出

费用的发生应当会导致经济利益的流出，从而导致资产的减少或者负债的增加，其表现形式包括现金或者现金等价物的流出，存货、固定资产和无形资产等的流出或者消耗等。企业向所有者分配利润也会导致经济利益的流出，而该经济利益的流出属于所有者权益的抵减项目，不应确认为费用，应当将其排除在费用的定义之外。

（三）费用的确认条件

费用的确认除了应当符合定义外，还应当同时满足以下条件：一是与费用相关的经济利益很可能流出企业；二是经济利益流出企业的结果会导致资产的减少或者负债的增加；三是经济利益的流出额能够可靠计量。

（四）费用的分类

1.费用按范围分为狭义的费用和广义的费用

狭义的费用仅指与本期营业收入相配比的那部分耗费，广义的费用泛指企业各种日常活动发生的所有耗费。

2.费用按照功能可以分为构成产品成本的费用和期间费用

（1）构成产品生产成本的费用

主要包括直接材料、直接人工和制造费用。其中，直接材料是指企业生产产品和提供劳务的过程中所消耗的、直接用于产品生产、构成产品实体的各种材料及主要材料、外购半成品以及有助于产品形成的辅助材料等；直接人工是指企业在生产产品和提供劳务过程中，直接从事产品生产的工人的工资、津贴、补贴和福利费等；制造费用是指在生产产品过程中发生的那些不能归入直接材料、直接人工的各种间接费用。

（2）期间费用

指企业本期发生的、不能直接或间接归入营业成本，而是直接计入当期损益的各项费用，包括销售费用、管理费用和财务费用。

（五）应设置的会计科目

1."主营业务成本"科目

为了核算企业在销售商品、提供劳务等日常活动中所发生的营业成本，企业应设置"主营业务成本"科目。该科目属于损益类科目，借方表示增加，贷方表示减少；期末结转后无余额。

2."其他业务成本"科目

为了核算企业除销售商品、提供劳务等主营业务活动以外的其他辅助性活动所发生的营业成本，企业应设置"其他业务成本"科目。该科目属于损益类科目，借方表示增加，贷方表示减少；期末结转后无余额。

3."管理费用"科目

为了核算管理企业所发生的相关管理性费用，企业应设置"管理费用"科目。该科目属于损益类科目，借方表示增加，贷方表示减少；期末结转后无余额。

4."销售费用"科目

为了核算企业销售商品、材料、提供劳务等活动中所发生的相关费用，企业应设置"销售费用"科目。该科目属于损益类科目，借方表示增加，贷方表示减少；期末结转后无余额。

5."财务费用"科目

为了核算企业生产经营过程中为筹集资金而发生的筹资费用，企业应设置"财务费用"科目。该科目属于损益类科目，借方表示增加，贷方表示减少；期末结转后无余额。

6."税金及附加"科目

为了核算企业经营活动中应负担的消费税、城市维护建设税、资源税和教育费附加、印花税、房产税、城镇土地使用税等，企业应设置"税金及附加"科目。该科目属于损益类科目，借方表示增加，贷方表示减少；期末结转后无余额。

二、营业成本

营业成本，是指企业为生产产品、提供劳务等发生的可归属于某项产品的成本或某项劳务的成本。营业成本应当与销售商品收入、提供劳务收入等匹配，在确认商品收入、劳务收入等的同时结转其成本。营业成本包括主营业务成本和其他业务成本。

（一）主营业务成本

主营业务成本是企业销售商品、提供劳务等日常活动所发生的成本。企业一般在确认销售商品、提供劳务等主营业务收入时，或在月末，将已销售商品、已提供劳务的成本结转入主营业务成本。期末，将主营业务成本转入本年利润，结转后"主营业务成本"科目无余额。

1.结转主营业务成本时的会计分录

借：主营业务成本

贷：库存商品

　　劳务成本

2.期末将"主营业务成本"科目余额结转入"本年利润"科目时的会计分录

借：本年利润

贷：主营业务成本

（二）其他业务成本

其他业务成本是企业确认的除主营业务活动以外的其他经营活动所发生的耗费，

包括销售材料的成本、出租固定资产计提的折旧额、出租无形资产计提的摊销额、出租包装物的成本或摊销额等。

企业应通过"其他业务成本"科目，核算其他业务成本的确认和结转情况。

1.发生其他业务成本时的会计分录

借：其他业务成本

贷：原材料

周转材料

累计折旧

累计摊销

银行存款等

2.期末将"其他业务成本"科目余额结转入"本年利润"科目时的会计分录

借：本年利润

贷：其他业务成本

三、期间费用

（一）期间费用概述

期间费用是企业日常活动中发生的不能计入特定核算对象的耗费，而应在发生时计入当期损益的费用。期间费用包括管理费用、销售费用和财务费用。

1.管理费用

管理费用，是指企业为组织和管理生产经营活动而发生的各种耗费，包括企业在筹建期间发生的开办费、董事会和行政管理部门在企业的经营管理中发生的或者应由企业统一负担的公司经费（含行政管理部门职工工资、修理费、物料消耗、低值易耗品摊销、办公费和差旅费等）、工会经费、劳动保险费、董事会会费（包括董事会成员津贴、会议费和差旅费等）、聘请中介机构费、咨询费（含顾问费）、诉讼费、业务招待费、技术转让费、研究费用、排污费以及企业生产车间（部门）和行政管理部门发生的固定资产修理费等。

2.销售费用

销售费用，是指企业在销售商品、材料或提供劳务过程中发生的各项费用，包括企业在销售商品过程中发生的包装费、保险费、展览费和广告费、商品维修费、预计产品质量保证损失、运输费、装卸费等，以及企业发生的为销售本企业商品而专设的销售机构的职工薪酬、业务费、折旧费、固定资产修理费等费用。

3.财务费用

财务费用，是指企业为筹集生产经营所需资金等而发生的筹资费用，包括利息支出、汇兑损益以及相关的手续费、企业发生的现金折扣或收到的现金折扣等。

（二）期间费用的业务处理

1.发生期间费用时的会计分录

借：管理费用

销售费用

财务费用

贷：库存现金

银行存款

应付职工薪酬等

2.期末将期间费用转入本年利润时的会计分录

借：本年利润

贷：管理费用

销售费用

财务费用

四、税金及附加

（一）税金及附加概述

税金及附加，是指企业在经营活动中应负担的各种税费，包括消费税、城市维护建设税、教育费附加和资源税、房产税、车船税、印花税、土地使用税等。

（二）税金及附加的业务处理

1.按规定计提与经营活动相关的税费时的会计分录

借：税金及附加

贷：应交税费——应交消费税

——应交城市维护建设税

——应交教育费附加等

2.期末将税金及附加的余额转入本年利润时的会计分录

借：本年利润

贷：税金及附加

收入是指企业在日常活动中形成的、会导致所有者权益增加的、与所有者投入资本无关的经济利益的总流入。

按照企业收入的性质，可将收入分为销售商品收入、提供劳务收入、让渡资产使用权收入。其中，销售商品收入是指企业通过销售商品所获得的收入；提供劳务收入是指企业通过提供劳务所获得的收入；让渡资产使用权收入是指企业通过让渡资产使用权所获得的收入。

按照企业收入的主次，可将收入分为主营业务收入和其他业务收入。其中，主营业务收入是指企业为完成其经营目标所从事的主要的、经常性的活动所获得的收入；其他业务收入是指企业为完成其经营目标所从事的与经常性活动相关的各项辅助性活动所获得的收入。

销售商品收入包括一般业务处理、特殊业务处理和销售材料等的业务处理。提供劳务收入包括同一期间开始并完成的劳务和不同会计期间完成的劳务；提供劳务的开始和结算不在同一会计期间，如果预期结果可以确定，应当用完工百分比法核算。

费用是指企业在日常活动中发生的、会导致所有者权益减少的、与向所有者分配利润无关的经济利益的总流出。

构成产品生产成本的费用主要包括直接材料、直接人工和制造费用。其中，直接材料是指企业生产产品和提供劳务的过程中所消耗的、直接用于产品生产、构成产品实体的各种材料及主要材料、外购半成品以及有助于产品形成的辅助材料等；直接人工是指企业在生产产品和提供劳务过程中，直接从事产品生产的工人的工资、津贴、补贴和福利费等；制造费用是指在生产过程中发生的那些不能归入直接材料、直接人工的各种间接费用。

期间费用是指企业本期发生的、不能直接或间接归入营业成本，而是直接计入当期损益的各项费用，包括销售费用、管理费用和财务费用。

费用的核算包括营业成本的核算（主营业务成本、其他业务成本）及业务处理、管理费用的核算及业务处理、销售费用的核算及业务处理、财务费用的核算及业务处理和税金及附加的核算及业务处理。

第三节 利润的核算

一、利润

（一）利润概述

利润是企业在一定期间从事生产经营活动所形成的最终经营成果，主要体现为盈利和亏损两种情况。利润是分析、考核和评价企业经营成果的一项直观的、重要的综合性指标，也是评价管理层业绩的重要指标。利润由企业的收入减去费用后的净额加上直接计入当期利润的利得减去直接计入当期利润的损失构成。企业在一定时期内的收入、利得大于相关的费用、损失，意味着企业是盈利的；反之，企业就是亏损的。

直接计入当期利润的利得或损失是指计入当期损益、会导致所有者权益发生增减变动、与所有者投入资本或者向所有者分配利润无关的利得或者损失，如营业外收入、营业外支出等。

（二）利润计算的相关公式

企业利润包括营业利润、利润总额和净利润。

1. 营业利润的计算

营业利润是日常经营活动形成的,是企业利润的主要来源。营业利润的计算公式如下。

营业利润＝营业收入－营业成本－税金及附加－销售费用－管理费用－研发费用－财务费用－资产减值损失－信用减值损失＋其他收益＋公允价值变动收益（－公允价值变动损失）＋投资收益（－投资损失）＋资产处置收益（－资产处置损失）

营业收入,是指企业日常经营活动中各项业务所确认的收入总额,包括主营业务收入和其他业务收入。

营业成本,是指企业日常经营活动中各项业务所发生的实际成本总额,包括主营业务成本和其他业务成本。

资产减值损失,是指企业计提各项资产减值准备所形成的损失。

信用减值损失,是指企业对各项金融工具计提的减值准备所形成的预期信用损失。其他收益,是指企业从各级政府部门取得的政府补助。

公允价值变动损益（公允价值变动收益和公允价值变动损失）,是指企业交易性金融资产等以公允价值作为初始计量的资产或负债,在资产负债表日公允价值发生变动形成的差额,按企业会计准则规定应计入当期损益的利得（或损失）的部分。

投资收益,是指企业以各种方式对外投资所取得的收益。投资收益包括企业对外投资分得的利润、股利和利息,投资到期收回或者中途出售取得的价款高于其账面价值的差额,以及按照权益法核算的长期股权投资在被投资单位增加的净资产中所拥有的数额等。

投资损失包括到期收回或者中途出售取得款项低于账面价值的差额,以及按照权益法核算的长期股权投资在被投资单位减少的净资产中所分担的数额等。

2. 利润总额

利润总额是企业日常活动和非日常活动形成的成果的综合反映,是企业会计核算的重要组成部分,主要由营业利润、营业外收入和营业外支出构成。利润总额的计算公式如下。

利润总额＝营业利润＋营业外收入－营业外支出

营业外收入,是指企业在非日常活动中发生的直接计入当期损益的各项得利,即与企业生产经营活动没有直接关系的各种利得。营业外收入不是由企业日常经营活动形成的,不需要企业为此承担费用或损失。营业外收入实际上是一种经济利益的净流入,不可能也不需要与有关费用进行匹配。通过营业外收入核算的内容主要包括处置固定资产的净收益、罚款净收入、捐赠利得、非货币性资产交换利得、债务重组利得,以及确实无法支付而按规定程序经批准后转作营业外收入的应付款项等。

营业外支出,是指企业在非日常活动中发生的直接计入当期损益的各项损失,即企业发生的与日常生产经营没有关系的支出。营业外支出核算的内容主要包括固定资产盘亏净损失、处置固定资产净损失、非常损失、捐赠支出、罚款支出、赔偿金支出、违约金支出、债务重组损失、非货币性资产交换损失等。

3.净利润

利润总额扣除所得税费用后即为净利润。净利润的计算公式为：

净利润＝利润总额－所得税费用

所得税费用是指企业按照国家规定依据应纳税所得额的一定比例确认应缴的税费。我国现在所得税率有三种：一是25%的基本税率，一般企业均按25%的税率征收企业所得税；二是对符合条件的小型微利企业，按20%的税率征收企业所得税；三是对国家重点扶持的高新技术企业，按15%的税率征收企业所得税。

二、利润的核算

利润的核算主要依赖收入、费用、利得和损失的确认和计量。只有正确地核算收入、费用、利得和损失，利润的计算才会准确。

（一）资产减值损失的核算

1.资产减值损失是企业计提各项资产减值准备所形成的损失

主要包括对存货、长期股权投资、债权投资、固定资产、无形资产等计提减值准备所形成的减值损失。为核算资产减值损失，企业应设置"资产减值损失"科目。

发生减值时的会计分录：

借：资产减值损失

贷：存货跌价准备

长期股权投资减值准备

债权投资减值准备

固定资产减值准备

无形资产减值准备等

2.企业计提坏账准备、存货跌价准备、债权投资减值准备等后

影响减值的因素消失，相关资产的价值得到恢复的，应在原已计提的减值准备金额内，按恢复增加的金额入账。

资产减值恢复时的会计分录：

借：坏账准备

存货跌价准备

债权投资减值准备等

贷：资产减值损失

3.期末应将"资产减值损失"科目的余额转入"本年利润"科目

期末将资产减值损失结转到本年利润时的会计分录：

借：本年利润

贷：资产减值损失

（二）公允价值变动损益的核算

公允价值变动损益反映企业交易性金融资产、交易性金融负债以及采用公允价值模式计量的投资性房地产等公允价值变动形成的应计入当期损益的差额。

为核算企业发生的公允价值变动损益，应设置"公允价值变动损益"科目，并按照交易性金融资产、交易性金融负债、投资性房地产等进行明细核算。期末应将"公允价值变动损益"余额转入"本年利润"科目。

期末将公允价值变动损益结转到本年利润时的会计分录：

借：本年利润

贷：公允价值变动损益（属于公允价值变动损失的）

或

借：公允价值变动损益（属于公允价值变动收益的）

贷：本年利润

（三）投资收益的核算

投资收益反映企业以各种方式对外投资所取得的收益；如为损失，则在计算营业利润时减去。投资收益核算的内容主要包括长期股权投资获得的投资收益或损失，持有和处置交易性金融资产获得的收益或损失等。

为了核算投资损益，企业需要设置"投资收益"科目，并按照具体投资项目进行明细核算。期末将"投资收益"科目余额转入"本年利润"。

期末将投资收益结转到本年利润时的会计分录：

借：本年利润

贷：投资收益（属于投资损失的）

或

借：投资收益（属于投资收益的）

贷：本年利润

（四）营业外收入的核算

营业外收入，是指企业发生的与其日常经营活动无直接关系的各项经济利益的净流入，主要包括处置非流动资产利得、非货币性资产交换利得、债务重组利得、政府补助利得、盘盈利得、捐赠利得等。

为核算营业外收入，企业需要设置"营业外收入"科目，并按照营业外收入项目进行明细核算。

1.发生营业外收入业务时的会计分录

借：库存现金

银行存款

应付账款等

贷：营业外收入

2.期末将营业外收入结转到本年利润时的会计分录

借：营业外收入

贷：本年利润

（五）营业外支出的核算

营业外支出是企业发生的与其日常经营活动无直接关系的各项经济利益的净流出，主要包括处置非流动资产损失、非货币性资产交换损失、债务重组损失、盘亏损失、公益性捐赠支出、非常损失等。

为了核算营业外支出，企业需要设置"营业外支出"科目。

1.发生营业外支出业务时的会计分录

借：营业外支出

贷：无形资产

原材料

固定资产清理

库存商品

待处理财产损益

银行存款等

2.期末将营业外支出结转到本年利润时的会计分录

借：本年利润

贷：营业外支出

（六）政府补助

1.政府补助概述

（1）政府补助的定义

政府补助是企业无偿地从政府获取货币性资产或非货币性资产。政府补助不包括政府认投资者身份投入的资本。这里所指的"政府"包括各级政府及其所属机构，如财政、卫生、税务、环保部门等；联合国、世界银行等国际类似组织也视同为政府。

政府补助分为与资产相关的政府补助和与收益相关的政府补助。其中，与资产相关的政府补助是指企业取得的、用于购建或以其他方式形成长期资产的政府补助；与收益相关的政府补助是指除与资产相关的政府补助之外的政府补助。不管是哪个方式的政府补助，都具有无偿性。

根据政府补助准则规定，与企业日常活动相关的政府补助，应当按照经济业务实质，计入其他收益或冲减相关成本费用；与企业日常活动无关的政府补助，应当计入营业外收支。一般而言，如果政府补助的成本费用项目是营业利润之中的项目，或政府补助与日常销售等经营行为密切相关（如增值税即征即退等），就认为该政府补助与日常活动相关，该政府补助即计入其他收益。

（2）政府补助的特征

1）政府补助是免费的

政府是公共职能的管理机构和服务机构，为了地区的经济发展、解决就业问题等，政府会向特定的企业提供补助，这种补助是免费的，不需要企业偿还或者提供抵押。

2）政府补助带有限制条件

政府补助一般带有限制性，主要体现在以下几个方面。

①政策条件

不是所有的企业都能获取政府的补助，只有符合政府相关扶持政策的企业才有机会获得政府补助。

②使用条件

企业已获批准取得政府补助的，应当按照政府相关文件等规定的用途使用政府补助，如果企业获取政府补助后，违规使用政府补助资产，将会受到相应的处罚。

③政府补助不包括政府作为投资者投入的资本

政府补助是免费的，政府把补助发给企业，政府不能插手企业的管理和决策。政府如果作为投资者将资本投入企业，其就是企业的所有者，享有相应的决策权和经营管理权。

（3）应设置的会计科目

企业选择总额法对与日常活动相关的政府补助进行会计处理的，应设置"其他收益"科目。该科目属于损益类科目，贷方表示增加，借方表示减少，期末结转后无余额。

2.政府补助的主要形式

政府补助主要表现为政府免费地将资产转移给企业，一般转移的是货币性资产，转移非货币性资产的情况非常少。政府补助主要包括财政拨款、财政贴息、税收返还三种形式。

（1）财政拨款

财政拨款是政府为了支持企业而无偿拨付的款项，一般在拨款之前就明确了资金的用途，企业拿到资金后，必须按照政府规定的用途使用，否则，政府有权将资金强制性收回。

（2）财政贴息

财政贴息主要是企业向银行贷款后，符合享受政府补助的企业可以得到政府的贷款利息补贴，降低企业的成本。

（3）税收返还

税收返还是政府按照先征后返（退）、即征即退等办法向企业返还的税款，属于以税收优惠形式给予的一种政府补助。增值税出口退税不属于政府补助。除税收返还外，税收优惠还包括直接减征、免征税额，增加计税抵扣额，抵免部分税额等形式。

3. 与资产相关的政府补助的业务处理

与资产相关的政府补助是为了构建企业的长期资产，因此，与资产相关的政府补助应当先确认为递延收益，并在构建资产的使用寿命内平均分摊，分期转入"其他收益"科目。如果构建的长期资产在使用寿命结束前被处置，应将尚未分摊的递延收益余额一次性转入资产处置当期的"营业外收入"科目。

（1）获得与资产相关的政府补助时的会计分录：

借：银行存款等

贷：递延收益

（2）构建长期资产时的会计分录：

借：在建工程

固定资产

研发支出

无形资产等

贷：银行存款

（3）分摊递延收益时的会计分录：

借：递延收益

贷：其他收益

4. 与收益相关的政府补助的业务处理

与收益相关的政府补助用于补偿企业以后期间的相关费用或损失的，先确认为递延收益，并在以后确认相关费用的期间分摊计入"其他收益"科目；用于补偿企业已发生的相关费用或损失的，取得时直接计入"其他收益"科目。

（1）收到与收益相关的政府补助时的会计分录：

借：银行存款

财务会计与实务

贷：其他收益（补偿已发生的相关费用）

或

借：银行存款

贷：递延收益（补偿未来期间发生的相关费用）

（2）分期摊销递延收益时的会计分录：

借：递延收益

贷：其他收益

5. 与资产和收益均相关的政府补助

企业取得与资产和收益均相关的政府补助时，应当将其分解为与资产相关的部分和与收益相关的部分，分别进行业务处理，如果不能区分与资产相关的政府补助和与收益相关的政府补助，企业可以将整项政府补助归类为与收益相关的政府补助。

三、所得税费用的认知与核算

（一）所得税费用概述

确认和计量企业所得税，是为了确定当期应当交纳的所得税税额和利润表中的所得税税额，进而准确地计量各个会计期间实现的净利润。解决不同会计期间所得税的分配问题需要通过确认递延所得税资产和递延所得税负债来实现。按照资产负债表债务法进行核算时，利润表中的所得税费用由两个部分组成，即当期所得税和递延所得税费用（或收益）。

（二）暂时性差异

1. 暂时性差异概述

暂时性差异是指资产、负债的账面价值与其计税基础不同所产生的差额。其中，账面价值是指按照会计准则规定确定的有关资产、负债在资产负债表中应列示的金额。由于资产、负债的账面价值与其计税基础不同，产生了在未来收回资产或清偿负债的期间内，应纳税所得额增加或减少并导致未来期间应交所得税增加或减少的情况，在这些暂时性差异发生的当期，一般应当确认相应的递延所得税负债或递延所得税资产。

2. 暂时性差异的分类

（1）应纳税暂时性差异

①资产的账面价值大于其计税基础

一项资产的账面价值代表的是企业在持续使用或最终出售该项资产时会取得的经济利益的总额，而计税基础代表的是一项资产在未来期间可予税前扣除的总金额。资产的账面价值大于其计税基础，该项资产未来期间产生的经济利益不能全部税前抵扣，两者之间的差额需要交纳所得税，产生应纳税暂时性差异，符合条件的应确认为递延所得税负债。

②负债的账面价值小于其计税基础

一项负债的账面价值为企业预计在未来期间清偿该项负债时的经济利益流出，而其计税基础代表的是账面价值在扣除税法规定未来期间允许税前扣除的金额之后的差额。因负债的账面价值小于其计税基础不同产生的暂时性差异，实质上是税法规定就该项负债在未来期间可以税前扣除的金额为负数，即应在未来期间应纳税所得额的基础上调增，增加应纳税所得额和应交所得税金额；产生应纳税暂时性差异，符合条件的应确认递延所得税负债。

（2）可抵扣暂时性差异

①资产的账面价值小于其计税基础

从经济含义来看，资产在未来期间产生的经济利益少，按照税法规定允许税前扣除的金额多，则企业在未来期间可以减少应纳税所得额并减少应交所得税；产生可抵扣暂时性差异，符合条件的应确认为递延所得税资产。

②负债的账面价值大于其计税基础

由于负债账面价值大于其计税基础而产生的暂时性差异实质上是税法规定就该项负债可以在未来期间税前扣除的金额。一项负债的账面价值大于其计税基础，意味着未来期间按照税法规定构成负债的全部或部分金额可以自未来应税经济利益中扣除，减少未来期间的应纳税所得额和应交所得税；产生可抵扣暂时性差异，符合条件的应确认为递延所得税资产。

（三）当期所得税

当期所得税是指企业按照税法规定计算确定的针对当期发生的交易或事项应缴纳给税务机关的所得税税额，即应交所得税。当期所得税应当以适用的税收法规为基础来计算确定。

企业在确定当期所得税时，对于当期发生的交易或事项，会计处理与税收处理不同的，应在会计利润的基础上，按照适用税收法规的要求进行调整（即纳税调整），计算出当期应纳税所得额，按照应纳税所得额与适用所得税税率的乘积计算确定当期应交所得税。一般情况下，应纳税所得额在会计利润的基础上经过调整得来，调整公式如下。

应纳税所得额＝利润总额＋纳税调整增加额－纳税调整减少额

应交所得税＝应纳税所得额×所得税税率

（四）递延所得税

递延所得税是指按照会计准则规定应予确认的递延所得税资产和递延所得税负债在会计期末应有的金额相对于原已确认金额之间的差额，即递延所得税资产和递延所得税负债的当期发生额，但不包括计入所有者权益的交易或事项对所得税影响。递延所得税的计算公式如下：

递延所得税＝当期递延所得税负债的增加＋当期递延所得税资产的减少－当期递延所得税负债的减少－当期递延所得税资产的增加

（五）所得税费用

计算确定了当期应交所得税及递延所得税以后，利润表中应予确认的所得税费用就是两者之和。所得税费用的计算公式如下：

所得税费用＝当期所得税＋递延所得税

四、本年利润的核算

为了进行利润的核算，企业应当设置"本年利润"科目，核算企业实现的利润或发生的亏损。期末结转利润的方法有账结法和表结法两种。

（一）账结法

账结法是企业每月结账时，将损益类科目的余额，全部转入"本年利润"科目，通过"本年利润"科目结出本月的利润总额或亏损总额，以及本年累计损益。采用账结法核算本年利润，月末，企业应将各损益类科目的余额转入"本年利润"科目，结转以后，"本年利润"科目余额如在借方，则表示企业发生的亏损总额；余额如在贷方，则反映企业本年度累计实现的利润总额。

结转损益时的会计分录：

借：主营业务收入

其他业务收入

投资收益

营业外收入等

贷：本年利润

同时

借：本年利润

贷：主营业务成本

税金及附加

其他业务成本

销售费用

管理费用

财务费用

营业外支出等

（二）表结法

表结法是企业每月结账时，不需要把损益类各科目的余额转入"本年利润"科目，而是通过结出各损益类科目的本年累计余额，据以逐项填制"利润表"，通过"利润表"计算出从年初到本月止的本年累计利润，然后减去截至上月末的本年累计利润，得出本月的利润或亏损。

企业采用表结法进行利润核算的情况下，年终时仍需采用账结法，将损益类各科目的全年累计余额转入"本年利润"科目，在"本年利润"科目集中反映本年的全年利润及其构成情况。

（三）本年利润的结转

年终，企业计算出本年利润的余额后，不管是盈利还是亏损，均应按照国家税收的有关规定进行账务处理，并将"本年利润"科目的最终余额（即净利润）转入"利润分配"科目。结转后"本年利润"科目没有余额。

结转本年利润时的会计分录：

借：利润分配—未分配利润

贷：本年利润（结转净亏损）

借：本年利润（结转净收益）

贷：利润分配—未分配利润

利润是企业在一定期间从事生产经营活动所形成的最终经营成果，主要体现为盈利和亏损两种情况。利润是分析、考核和评价企业经营成果的一项直观的、重要的综合性指标，也是评价管理层业绩的重要指标。

利润由企业的收入减去费用后的净额加上直接计入当期利润的利得减去直接计入当期利润的损失构成。

参考文献

[1] 熊璐瑛.物业财务管理［M］.北京：北京理工大学出版社有限责任公司，2022.05.

[2] 魏静.财务管理案例［M］.昆明：云南大学出版社，2022.08.

[3] 李巧巧，魏玉平.国际财务管理理论与实务第1版［M］.武汉：华中科技大学出版社，2022.04.

[4] 裘益政，柴斌锋.财务管理案例第4版［M］.沈阳：东北财经大学出版社，2022.02.

[5] 王莹，李蕊，温毓敏.企业财务管理与现代人力资源服务［M］.长春：吉林出版集团股份有限公司；全国百佳出版社，2022.06.

[6] 曾召庆，刘伟，韩建鹏.当代企业管理与财务经济研究第1版［M］.北京：文化发展出版社，2022.01.

[7] 黄虹，洪兰.财务管理［M］.北京：清华大学出版社，2022.06.

[8] 张慧娟，卢有秀，穆婵.财务管理［M］.北京：中国经济出版社，2022.03.

[9] 罗华伟，王运陈.财务管理［M］.北京：中国财政经济出版社，2022.05.

[10] 王吉凤，王莉莉，程腊梅.财务管理［M］.北京：北京理工大学出版社，2022.04.

[11] 任翠玉，宋淑琴.财务管理［M］.大连：东北财经大学出版社有限责任公司，2022.04.

[12] 姚永红.财务管理［M］.成都：成都西南财大出版社有限责任公司，2022.03.

[13] 贾会远.财务管理［M］.北京：中国纺织出版社，2022.05.

[14] 揭志锋.财务管理第3版［M］.大连：东北财经大学出版社有限责任公司，2022.01.

[15] 陈玉菁，宋良荣.财务管理第5版［M］.北京：清华大学出版社，2022.05.

［16］高云进，董牧，施欣美.大数据时代下财务管理研究［M］.长春：吉林人民出版社，2021.11.

［17］刘芳.能源企业财务管理与资产管理研究［M］.北京：中国华侨出版社，2021.07.

［18］丛晓琪著；冯天馨，徐晓君.财务管理与会计学的发展与应用研究［M］.长春：吉林科学技术出版社，2021.05.

［19］孟静华.企业财务管理创新研究［M］.长春：吉林文史出版社，2021.03.

［20］李霞.中小企业财务管理与资本运营研究［M］.长春：吉林出版集团股份有限公司，2021.

［21］郭明星.企业财务管理投融资研究［M］.长春：吉林出版集团股份有限公司，2021.

［22］陈俊忠，王玉，王伟.财务会计实务［M］.北京：北京理工大学出版社，2020.07.

［23］杨雄，黄秋凤.小企业会计实务第3版［M］.北京：北京理工大学出版社，2020.07.

［24］田高良，曹文莉.政府会计实务［M］.沈阳：东北财经大学出版社，2020.01.

［25］杜燕蓉.会计改革与会计管理研究［M］.北京：北京工业大学出版社，2020.04.

［26］王海燕，王亚楠.会计信息化教学研究［M］.长春：吉林大学出版社，2020.03.

［27］付磊.新中国会计制度发展演变研究［M］.上海：立信会计出版社，2020.

［28］陶燕贞，李芸屹.财务管理与会计内部控制研究［M］.长春：吉林人民出版社有限责任公司，2020.06.

［29］姜晓琳，韩璐，杨硕.财务会计基础及经济管理研究［M］.北京：文化发展出版社，2020.07.

［30］杨俊峰，张丽英.异常审计费与审计质量及会计信息质量研究［M］.石家庄：河北科学技术出版社，2020.12.

［31］游宇.无形资产会计演进及经济增长贡献研究［M］.北京：中国时代经济出版社，2020.08.